대한자강회월보
편역집
1

CCt 부산대학교 점필재연구소 고전번역학센터

2006년 설립된 부산대학교 점필재연구소 고전번역학센터는 현재 인문한국(HK) 지원사업을 통해 고전에 대한 체계적인 연구와 번역을 진행하고 있습니다. 이로써 동아시아 지성사의 교류를 고찰하여 '학술적 번역 체계'로서의 '한국고전번역학'을 제시하려는 것입니다. 특히 한국 고전 자료의 번역과 연구를 기반으로 현대적 매체와 결합시켜 고전문화컨텐츠를 개발하고 사회로 환원하는 현대화 및 대중화 사업을 진행하고 있습니다. 이제 근대적 경계짓기로 절연된 인간다움을 회복하기 위한 '소통의 인문학'을 인류의 삶이 집적된 고전을 통해 펼쳐 내고자 합니다.

번역 참가자 명단

김남이 부산대 한문학과
김소정 부산대 중어중문학과
김종인 경희대 후마니타스 칼리지 중핵교과
신상필 부산대 점필재연구소
유영옥 부산대 한문학과
이상현 부산대 점필재연구소
임상석 부산대 점필재연구소
홍인숙 이화여대 국어국문학과

고전번역학총서 - 번역편
대한자강회월보 편역집 1 교육, 학술의 근대적 전환

1판 1쇄 인쇄 2012년 6월 20일 **1판 1쇄 발행** 2012년 6월 29일

옮긴이 부산대학교 점필재연구소 고전번역학센터 **펴낸이** 박성모 **펴낸곳** 소명출판
등록 제13-522호 **주소** 137-878 서울시 서초구 서초동 1621-18 (란빌딩 1층)
대표전화 (02) 585-7840 **팩시밀리** (02) 585-7848
이메일 somyong@korea.com **홈페이지** www.somyong.co.kr

ISBN 978-89-5626-732-6 93810 값 20,000원

이 책은 정부(교육과학기술부)의 재원으로 한국연구재단의 지원을 받아 출판되었음.(NRF-2007-361-AM0059)

고전번역학총서 - 번역편

대한자강회월보 편역집 1

교육, 학술의 근대적 전환

The Anthology of Daehanjagangbhoe Monthly on Translation

부산대학교 점필재연구소 고전번역학센터

소명출판

■ 일러두기

1. 본 편역서의 대본은 1976년 亞細亞文化社에서 영인한 "韓國開化期學術誌"의 『大韓自强會月報』 上, 下권이다.
2. 법령, 광고, 회원 명부, 규칙 등을 제외한 대부분의 기사를 번역하였다.
3. 『대한자강회월보』의 기사들을 주제별로 나누어 편역, 출간한다.
4. 각 권의 세부목차는 기사의 성격에 따라, 건의서, 논설 및 저술, 번역, 기타기사 등으로 편집하였다.
5. 일본인명과 지명은 일본음으로, 중국인명과 지명은 한국 한자음으로 표기하였다.
6. 괄호는 세 가지를 사용했다. 음독인 경우 "( )"으로, 훈독인 경우 "[ ]", 원문의 괄호는 "【 】"으로 표기하였다. "( )"이 독해의 편의를 위해 삽입된 경우도 있다.
7. 괄호 안의 해설은 ";"으로 구분했다.
8. 기타 번역 과정에서 설명이 필요한 부분은 각주를 사용하였다.
9. 본문에 나오는 작가나 인명에 대한 주석은 권 말미에 따로 정리했다.
10. 각주에 나오는 인명이나 서명을 색인에 포함한 경우도 있다

:: 발간사

고전이란 시간과 공간을 뛰어넘는 인간의 보편적 가치를 지니고 있는 작품이라 일컬어진다. 또는 오랜 시간이 지났지만 낡고 빛바랜 것이 아니라 '오래된 미래'라는 이름으로 불리기도 한다. 고전에 대한 굳은 믿음과 아름다운 찬사이다. 물론 반론도 만만치 않다. 고전의 가치란 시공간을 벗어나 존재하기 어려우며, 고전이 형성되는 과정에서 개입하는 지배 권력의 음험한 작동을 부정할 수 없기 때문이다. 실제로 고전이란 이름으로 시대와 인간을 억압했던 사례 또한 역사에 선연하다. 그런 점에서 고전이 보편적 가치를 지닌다는 통념은 이데올로기적 허구에 가깝고, 고전이 지니고 있는 역기능에 보다 유념해야 한다는 경고는 경청할 만하다. 우리가 기억하는 고전 목록의 대부분이 과거 지배이데올로기였던 불교와 성리학, 그리고 근대 서구중심주의를 강화하는 데 복무했던 사실을 상기한다면 더욱 그러하다.

하지만 역설적이게도 위기와 변혁의 시기, 고전에 대한 재해석으로부터 갱신의 계기를 마련했다는 사실도 함께 기억할 필요가 있다. 서구에서 그리스—로마의 고전을 재해석함으로써 르네상스 시대를 열었다

든가 동양에서 제자백가 시대의 유가 경전을 재해석함으로써 신유학의 시대를 열었다는 사실은 잘 알려진 바이다. 고전은 이렇듯 시공간의 아득한 간극에도 불구하고 쉽게 지워지지 않은 채 우리들에게 늘 이중의 과제를 부과하고 있었던 것이다. 과거의 고전을 오늘의 지평으로 끌고 와서 지금도 여전히 유효한 가치를 지니는가를 되묻는 현재적 질문과 동시에 과거의 고전이 담고 있던 문제의식을 재음미하면서 우리로 하여금 새로운 가치를 창출하도록 만드는 미래적 반추가 그것이다. 고전에 대한 이런 되물음과 재음미는 번역의 과정을 통해 비로소 가능하다. 기실, 번역이란 단순한 축자 해석의 차원을 넘어선다. 고전을 번역한다는 것은 고전을 산출한 과거의 지적 시공간을 오늘날의 지적 시공간 속에 삽입하는 과정이자 모두가 읽고 공유할 수 있는 지적 층위를 확충해가는 과정이기 때문이다. 고전을 과거의 현재화, 지식의 민주화라 부르는 까닭이다.

그렇다면 고전번역학이란 거듭해서 음미할 만한 가치를 지닌 고전적 텍스트를 현재와 대면시키면서 새로운 의미를 확보해가는 학문적 분투의 여정이라 할 수 있다. 고전번역은 고전에 새로운 생명을 불어넣는 갱신의 과정이며, 아득한 과거로의 회귀가 아니라 언제나 현재적 기획일 수밖에 없다. 불교 경전이 전래되어 삼국시대에 번역되며 한국 불교문화를 꽃피웠을 때도 그러했고, 유가 경전과 신유학의 고전이 전래되어 번역되며 조선 성리학을 일구었을 때도 그러했다. 뿐만 아니라 근대전환기 서양의 문명과 고전이 전래되어 번역되던 시기에도 번역은 과거로의 침잠이 아니라 늘 미래를 향한 현재적 기획의 자세를 견지했다. 바로 그 지점에서 고전번역학은 비교문화학과 해후할 수밖에 없다. 이들 둘은 기본적으로 문화와 문화 간의 차이를 넘어서려는 횡단적 성격을 공유한다. 물론 차이가 있기는 하다. 고전번역학이 시간적 차원에서 문화와 문화의 관계를 해석하는 작업이라 한다면, 비교문화학은 공간적 차원에서 문화와 문화의 사이를 해석하는 작업인 것이다. 고전번역학이 비교문화학과 어깨를 겯고 공명(共鳴)해야 하는 근거이다.

이번에 발간하게 되는 '고전번역학총서'는 단순한 축자 번역을 넘어서서 하나의 문화를 또 다른 문화로 옮기는 문화번역까지 포괄하는 입장에 서서, 고전번역과 관련된 세 가지 차원의 작업을 병행하고자 한다. 첫째, 한국문명의 전환을 이루었던 불교·성리학·서구문명의 전래와 그 고전적 텍스트의 번역에 관련된 자료를 광범위하게 수집·정리하는 작업이다. 이는 고전번역학의 토대를 구축하는 데 크게 기여할 수 있을 것이다. 둘째, 고전번역학의 맥락에서 문명전환기에 중요한 역할을 했던 고전적 텍스트를 선별·번역하는 작업이다. 이는 고전의 현재화를 통해 모두가 활용하는 지적 자산으로 제공될 것이다. 셋째, 고전적 텍스트가 번역되며 새로운 문명전환의 계기가 마련되어 가는 과정을 정밀하게 탐색하고 이를 이론적 차원으로 끌어올리는 작업이다. 이는 한국학계에 고전번역학이란 학문분야를 정립하는 의미 있는 시도가 될 것이다.

돌이켜 보면 고전과 번역은 한국학의 정체성은 물론 문명전환의 과정을 규명할 수 있는 중요한 관건이었음에도 불구하고 이제까지 문헌정리조차 제대로 이루어지지 못했다. 특히 근대 전환기에 유구한 전통을 지닌 우리 / 동양 고전이 새롭게 전래된 서구 고전과의 뜻 깊은 만남, 그리고 그 과정에서 빚어진 파열과 화해의 관계에 대한 탐구는 거의 없었다. 우리는 이런 상황을 직시하고, 한국 고전번역학을 정립하기 위해 자료 수집과 번역, 이론 연구의 기초적인 작업부터 차분하게 시작하고자 한다. 우리가 펴내는 '고전번역학총서'가 그런 힘겨운 여정에 보탬이 되는 디딤돌이 되기를 기대한다.

2012년 6월

부산대학교 점필재연구소

차례

제3부
학술관계 논설 및 저술

제4부
교육정책론과 교육학교과서

제5부
교육관계 기사

1부 교육관계 건의서

의안 | 학부에 의무교육을 건의함 | 대한자강회 건의서 | 교육 실시에 대한 질문 | 건백서 | 의무교육 품의

의안(議案)

윤효정

학부 참여관 시데하라 타이라[幣原坦]가 우리나라 학도들에 걸맞지 않게 일본어로 쓴 교과서를 편집한다는 주장이 있어서 이미 각 신문에 논쟁이 상세하다. 그 후에 시데하라도 잘못된 의견이라고 깨달았는지, 초등과 중등 교과서에는 일본어를 사용하지 않기로 결정했다는 신문도 있어서 우리들은 서로 다행이라고 축하하였다. 그리고 이번 달 6일 『대한매일신보』에 게재한바, 「교육화태(敎育禍胎; 교육의 재앙이 될 빌미)」라는 논설이 아래와 같다.

소위 교과서는 자국(自國)의 사상과 자국의 풍속과 자국의 물정(物情)에 적합한 다음에 어린이 교양을 계발할 수 있거늘 지금 시데하라는 그렇지 않아 일본어로 한국 유년의 교과서를 편집하고 있다. 학부 대소 관원 중에 동의한 이가 한 사람도 없거늘, 시데하라가 강퍅하게 몸소 밀어 붙여서 아집을 고치지 않고 일본어 교과서를 편집하기 위하여 일본인을 다수 모집하여 종사시킨다 한다.

한국 유년으로 일본어 교과서를 익혀서 배우게 하면 아동의 뇌수를 뚫고서 저 소위 일본혼(日本魂)이란 것을 주입하고자 함이다.

만의 하나, 진정 실제로 이와 같은 사례가 있다면 소위 한국정신을 교육으로써 개발하고 양성하기는 절망일 뿐 아니라, 오늘에 겨우 생겨난 자국(自國)사상도 이 교과서로 말미암아 눈이 녹듯 구름이 흩어지듯 다시 남을 것도 없겠다. 사람이 자국의 정신이 없는 이는 국민이라 이르기 불가하고 타국의 정신이 있는 자는 곧 반민(叛民; 반역의 백성)이라 할 수 밖에 없다. 교육으로 반민을 양성해서 국가의 원소로 근근이 존재해온 이 이천만 인민을 수 십 년 이내에 모두 잃어버리도록 할 사람이 있겠는가. 만약 그 증거를 논하자면 우리나라가 전래로 중국을 숭상하고 독립의 정신이 박약함은 한문을 오로지 학습한 폐해가 어찌 아니리오. 차라리 국민의 교육을 전폐(全廢)할 수 있으나 자국의 정신을 모두 잃을 수는 없으니 이는 교육의 흥폐(興廢)와 국가의 존망에 큰 관건이다. 그러나 고명한 식견으로 한일 정부의 위탁을 받은 시데하라이기에, 어찌 교육 기관 속에서 화심(禍心; 남을 해치는 마음)을 간직하고서 이웃나라 인민의 정신을 침탈하고자 하리오. 이럴 리는 없을 것이니, 사실여부에 대해 한 편 신문 논설만을 믿고서 서로 분개함은 불가하다. 또 본회의 특색인 대한정신을 잃지 않을까 또, 본회의 제2조 목적인[1] 교육방침을 그르칠까 염려하고 있기에 학부대신에게 대표위원을 선출해 보내어 교과서 편집에 관한 전후 사실을 일차 질문할 사안이 가결되었고 질문의 총대(總代)는 윤효정, 장지연, 김상범 세 사람이 피선되었다.

(2호, 36~37면)

1 대한자강회규칙 2조: "목적은 교육의 확장과 실업의 발달을 연구 실시함으로 자국의 부강을 기도하여 훗날 독립의 기초를 이룰 일." 대한자강회규칙은 총4조이며, 1조 "회명(會名), 3조 위치, 4조 방법"으로 구성된다. "대한자강회회칙", 『대한자강회월보』 1호, 1906.7, 10면.

학부에 의무교육을 건의함*

윤효정

12월 22일 임시평의회를 개최하였다. 의무교육 질문의 총대(總代) 윤효정이 정부에 다녀온 전말을 다음과 같이 보고하였다.

"본인이 어제 참정대신(參政大臣)[1]을 청하여 뵙고 질문하기를 '의무교육건의서를 올릴 때 각하는 동의한다 하시고 학부대신[2]이 조정에 돌아오기를 기다려 의결한다 하셨는데, 그간에 일이 어떻게 되었는지 제가 총대로서 질문드립니다' 하자, 참정이 '해당 건은 학부대신이 '의무교육

* 이 글은 『대한자강회월보』 7호의 "본회회보"에 나오는 내용으로 교육과 관계되는 부분이기에 수록한다. 제목은 임의로 붙였다.

1 참정대신(參政大臣) : 대한제국 때 의정부(議政府)에 속한 관직. 서열은 의정대신(議政大臣) 다음이며, 총리대신(總理大臣)을 보좌하여 국가 전반의 정사(政事)를 맡아보았다. 1906년 12월 당시의 참정대신은 박제순(朴齊純, 1858~1916)이었다.

2 학부대신 : 원문은 "學相"으로 학부대신(學部大臣)을 이른다. 대한제국 때 학부(學部)의 장관이었다. 이때의 학부대신은 이완용(李完用, 1856~1926)이었다.

이 오늘날의 교육방침에 합당한지 연구하겠노라'하고는 다시 제의한 바가 없었으며, 또 '교육에 관한 사항은 학부로 바로 가서 질문해도 무방할 듯하오' 합디다. 내가 '뒷날 학부에 질문할 일은 본회의 의결에 달렸거니와, 건의서는 정부에 올린 것이므로 그 결과를 정부에 질문 드리는 바입니다. 또 지금까지 잃어버린 국권과 인민의 복리를 정부나 민간에서 직접 회복하기를 바라는 것은 가망이 없고, 다만 교육이라는 하나의 간접적 길로 나아가 10년, 20년 후에나 효과를 기대하는 것입니다. 교육 확장에 대한 세계 여러 문명국들의 우수한 방법은 오직 의무교육이니, 각하는 이를 깊이 살피십시오' 하자, 참정이 '무슨 일이건 사회[3]와 정부가 서로 저버리지 않고 협의하여 좋은 방법을 취하는 것이 옳소. 의무교육에 관해서는 나도 뜻을 같이하고 찬성하는 바이라' 하였습니다."

남궁훈이 의제를 내어 정부에만 질문할 것이 아니라 학부에도 총대를 특파해 질문하여 속히 시행되기를 도모하기로 가결하고, 해당 총대로는 남궁훈의 특청으로 정운복, 설태희 두 사람이 추천 받아 뽑혔다.[4]

(7호, 59면)

3 사회 : 여기서 "사회"는 지금의 어감으로는 민간 혹은 시민사회 정도에 가깝다. 이 당시 사회(社會)는 지금의 사전적 의미와 달리 단체, 협동 등의 의미로도 쓰였다.

4 7호의 다음호인 8호에 대한자강회의 의무교육 건의서가 게재되었다. 그러나 대한제국의 의무교육은 실시되지 못하였다.

대한자강회 건의서

삼가 아뢰옵니다.

국세(國勢)의 침체를 구제하고 정치교화의 융성을 기도하려면 그 법은 본래 한둘이 아니지만, 오직 국민의 교육은 근본을 배양하는 요체이기에 국가의 기초가 반드시 여기서 비롯되어 공고해질 것이다. 대저 국민이 보통교육을 고르게 받아 각기 개명한 지식을 갖추면 인민과 국가의 의무와 권리를 알게 되니, 인민은 공무에 스스로 과감히 나설 것이고 관(官)은 정치하는 데 힘이 들지 않아 관과 민이 화합하고 상하가 서로 진보하게 된다. 그러면 국가의 만사가 활동하고 면려할 기운을 자득하여 침체를 구제하고 정치교화의 융성이 반드시 이루어질 날을 기대할 수 있다. 이미 우리 정부의 제공(諸公)과 각하들도 이를 해득하시고 국민교육을 예의주시하셔서 보통학교령을 반포해서 회복의 결실을 얻으려 하였다. 그 뜻이 참으로 아름답지만 그 법은 최선이 아닐 수 있기에, 교육의 마땅한 뜻을 국가의 원리로 벽파(劈破)[1]하지 못한 까닭으로 일반 인민들은 여전히 국민교육이 국민의 의무임을 알지 못하고 있다.

대저 국민 각 개인은 국가를 조직하는 일원이라는 자격을 갖추었기에 국가의 흥패존망을 반드시 자신의 당연한 책임으로 깨달아야만 한다. 그래서 국민이 자제를 교육함은 국가의 근본을 배양하고 기초적 원리를 공고히 하는 것이라, 반드시 국민이 자제를 교육함이 국민의 일대 의무로 삼아야만 한다. 우리 동양에서 의무교육은 일본만 실시하고 있으니, 그 효과를 논한다면 동양에서 문명과 부강이라는 이름을 차지한 것이 지금 과연 어느 나라인가? 또한 세계 열국이 왕성하게 매일 문명과 부강의 지경으로 나아가는데도 오히려 의무교육에 태만하지 않거늘, 하물며 우리처럼 몽매하고서 문명에 나아가고자 하며 빈약하면서 부강을 도모하려는 나라에서 인민[2]이 교육의 의무를 알지 못하고서 그것을 어찌 얻을 수 있겠는가!

대한자강회는 우리나라의 현상이 나약함을 심히 개탄하며 앞으로 극복할 것을 간절히 염려하기에 강구하고, 경영할 것에 감히 조금도 게으르지 않으리니, 그 만회의 대책은 교육의 한 길에서 결코 벗어나지 않는다. 그런데 지금의 관립·공립의 학교를 지방에 갑작스레 확장하기는 어렵고 또한, 국고(國庫)가 공허하니 만약 관립·공립의 학교가 일반에 보급되기를 기다리기만 한다면 십 년, 이십 년 세월로도 되지 않을 것이 염려된다. 그러므로 인사(人士)들의 자치에 대한 개념을 진흥하며 국민의 보통지식을 양성함에는 오직 의무교육이 금일의 최급선무이다. 우선 정부에서 의무교육의 영을 반포하고 학무위원의 제도를 설정하여 학교를 경영할 비용을 구역의 인민들이 부담하게 하고 정부는 그 감독과 지휘만 한다면 구역의 인민 된 자들이 그 비용을 부담하는 것 때문에

1 벽파(劈破) : 사전적으로는 '쪼개어 깨트린다'는 의미이지만 여기서는 '완전히 다한다'는 뜻이다.

2 인민 : 원문은 "民"이나 『대한자강회월보』의 기사에서 인민이라는 용어를 자주 쓰고 있어 본서에서는 "民"을 일괄하여 "인민"으로 옮긴다.

점차 그 자치의 정신을 얻을 것이다. 그렇다면 절로 활기(活機; 활달한 조짐)가 움직이고 서로 명예가 높아져 각 구역이 경쟁하며 전진하는 교육 효과를 반드시 몇 년 안에 거둘 수 있다. 혹 "교원이 될 사람이 없거나 교사(校舍)가 갖춰지지 않아서 전국에 일제히 실행하기 어렵다" 하므로 의문이 없을 수 없겠으나, 먼저 도회(都會) 지역으로부터 점차 실시한다면 쉽게 실행할 편의도 넉넉하게 여지가 있을 것이니 본회가 의무교육의 건의를 하는 까닭이다. 열국의 통례에 근거하고 우리나라의 지금 실정을 참조하여 그 조례는 아래와 같이 간략히 제시한다. 학무위원 선거법과 직무권한 등에 대한 상세한 사항에 대해서는 본회에서 또한 조사한 바가 있으니 필요하시다면 참조하시도록 제공할 수 있다.

삼가 제공과 각하께서는 이 뜻을 굽어 살피셔 신속히 단행하소서. 여망(輿望)에 부응하시기를, 간절히 바라마지 않습니다.

의무교육 조례 대요(大要)

1. 적당한 행정구역을 한 학구로 하고 구립(區立) 소학교를 설치함.
2. 구립 소학교의 설비 및 유지비용은 구역 내 주민의 부담으로 함. 단, 비용의 부담은 자녀의 취학 여부와 관계없음.
3. 구역 내 주민은 매 구역마다 20인 이내의 학무위원을 선출하여 소학교에 관한 교과서의 선정과 기타 일체 사무를 위임함.
4. 학무위원은 구역 내 주민의 빈부등급을 정하여 학교비용의 부과 징수를 담당함.
5. 학무위원은 구역 내 주민의 학령아동을 조사하여 그 취학을 독촉함. 단, 아동이 병약하거나 발육이 불완전하여 취학하기 불가능한 이는 그 취학을 연기함.
6. 학령아동의 보호자는 그 아동을 취학시키는 의무를 부담하니 이른바 보호자는 부모나 혹은 부모를 대신할 만한 지위에 있는 자를 가리킴.

7. 학령아동이 혹 간질・백치 또는 불치병이 있거나 다른 부득이한 사정으로 학무위원회에서 취학하기 어렵다고 인정한 경우에는 보호자의 의무를 면제함.
8. 학령은 남녀 만 7세로부터 만 15세의 8년간으로 하여 처음 5년간은 초등과로 하고 마지막 3년간은 고등과로 하되 처음 5년간으로써 의무교육의 연한을 삼음.
9. 현재로서 7세 이상 15세 이하 남자는 연령을 불구하고 초등과를 수료하게 함을 의무교육으로 함. 단, 현재 여자 9세 이상은 취학을 지원하는 이가 아니면 보호자의 의무를 면제함.
10. 구역 내 주민 가운데 이상의 의무를 따르지 않는 자에 대해서는 상당한 벌칙을 제정하여 실시하게 함.[3]

(8호, 40~42면)

3 잡지의 발행은 1907년 2월이었는데, 이 건의서는 1906년 8월에 발의되었다. 이 건의서가 게재된 "본회회보"에는 대체로 몇 개월 전의 사안들이 뒤늦게 실렸다.

교육실시에 대한 질문*

1월 11일에 대한자강회에서 의무교육을 실시할 사안으로 대표 설태희가 학부대신을 접견하고 문답하였다.

설태희 말하길, "본회는 의무교육제를 실시할 사안을 정부에 건의한 지가 이미 수개월이 지났는데 저번에 참정대신이 말씀하시길 '이 사안은 당연히 실행할 사안으로 알고 있으나 주무대신과 의논한 즉, 검토를 잠시 기다리라 하셨다'고 합니다. 제가 이번에 뵙는 바는 그 동안 검토해보신 여부를 알고자 함입니다."

학부대신 말하길, "당연히 실시할 것이나 이는 하루 이틀 사이에 결정될 사안이 아니오."

대표 말하길, "건의한 지가 이미 수개월이 지났으니 그 진행방법은 다음

* 의무교육 건의에 대한 사정이 제목 없이 8호의 "잡록(雜錄)"에 게재되었기에 제목을 임의로 달아 수록한다.

단계에 하겠지만, 명령을 내릴 사안이라면 왜 여러 날을 기다려야 합니까?"

학부대신 말하길, "의견이란 것이 문서를 보낸 다음에는 그 실시여부가 당국자에게 달린 것이라 귀회(貴會)에서는 기다려 주실 일이지 이와 같이 담금질하듯 재촉할 일은 아니오."

대표 말하길, "이는 그렇지 않으니 이 사안이 단순한 의견일 뿐 아니라 한편으로는 실시를 청구한 것이기에 어찌 기다리고만 있겠습니까?"

학부대신 말하길, "잠시 돌아가 계시면 자연히 방침이 있으리오."

대표 말하길, "지금 국가에 남은 것이 오직 바로 교육 한 가지 일일 뿐입니다. 지방의 사정을 말한다면 학교를 발기한다는 소문은 흔히 있지만, 유지할 방침을 생각한다면 대책이 전혀 없기에 이와 같은 시기를 맞아 정부에서 이끌어 주고 지도한다면 일은 줄고 공은 늘 것인데 어찌 이를 요량하지 못하십니까?"

학부대신 말하길, "나 역시 질문 전에 한 가지 뜻이 있었으니 '귀회의 의견 중에 제 몇 조는 어떻게 하고 어떠한 사안은 이렇게 하자'고 서로 논하면 큰 효과와 도움이 있을 것이며 속행할 방침이 바르게 될 터인데, 오늘 대표와는 마땅한 협상이 될 수 없으니 귀회의 회장[1]과 회담하게 되면 일이 반드시 빨리 결정되겠소."

대표 말하길, "회장은 지금 집에 없으니 부회장 윤효정이 어떻습니까?"

학부대신 말하길, "기어이 회장과 회담해야만 하오."

대표 말하길, "그래서 속히 결정된다 하신다면 회장이 계신 곳에 사람을 보내 며칠 안에 찾아오게 하오리다."

대표가 위와 같이 하고 돌아왔다. 이틀 후에 회장과 학부대신이 난제를 토의한 개요는 "정부의 조회(照會)를 기다려 실시방침을 취한다"라고 회장이 알려왔다.

(8호, 65~66면)

---

1 회장 : 당시의 회장은 윤치호이다.

건백서(建白書)

광무(光武) 10년(1906) 11월 8일에 본회에서 내부(內部)[1]에 건의한 전문(全文)이 다음과 같다.

삼가 아룁니다.

본회는 교육과 식산의 발달을 목적으로 삼고 국권과 인민 이익의 회복을 꾀한다. 그러므로 이 두 가지 목적에 이로운 것과 해로운 것을 인지하여 정부에 아뢰거나 각 부처에 건의하여 인민과 나라에 만의 하나라도 도움이 되고자 도모한다. 10월 26일 본회에서 남양군(南陽郡; 현재 화성시) 지회(支會)의 소명서를 접수하였는데, 이 지회에서 10월 22일에 청원서를 남양군수에게 제출하였다 한다. 그 내용의 요지는 아래와 같다.

1 내부(內部) : 이조(吏曹)를 계승한 대한제국의 부처로 지금의 행정안전부에 해당한다.

우리 보흥학교(普興學校)는 본 지회의 아무개 지사가 세우고 창립한 이래 3년이 되었는데 경비가 고갈되어 유지가 곤란하니, 영어과가 폐지된 지 지금 3, 4개월째이고, 한문과는 위태하여 앞날을 보장하기 어렵다. 그러므로 3년 동안 학교를 세워 교육한 40명의 학도가 장차는 하루아침에 해산됨을 우려하여 고민이 극도에 달했다. 그러므로 부득이 본군(本郡)의 향교(鄕校) 부지[2] 절반을 우리 학교에 옮겨 주어 교비를 보조한다는 취지로 학부(學部)에 청원하였고, 학부는 이에 따라 부지를 나누어 주라는 훈시를 이미 예닐곱 차례나 내렸다. 그러나 군에서는 아직 어떻게 하라는 조치가 없기에 점점 의심스러워 이에 다시 무례를 무릅쓰고 청하니, 훈시에 따라 해당 향교 부지의 절반을 나누어 주시길 삼가 바랍니다.

군수의 답장 요지는 아래와 같다.

향교 부지의 절반을 나누어 주는 일은 상부의 훈칙(訓飭)을 받았기에 어찌 행하지 않겠습니까만, 유림들의 누차에 걸친 호소도 생각하지 않을 수 없습니다. 때문에 사리로 깨우치고 훈칙에 따라 절반을 나누어 주어야 한다고 향교에 공문을 보냈습니다. 그러나 유림들은 끝까지 시일을 끌면서, 현재 다수가 상경하여 호소하고 있는 중이니 제가 자의로 처리할 수 없습니다.

가만히 살펴보니 각 군의 예전 설립된 향교는 그 본의를 따져보면 진실로 교육에 있다. 교육의 표준을 세우기 위해 향교에서는 반드시 문묘(文廟)를 세우고 선성(先聖)과 선현들을 제사지내니 문묘를 세운 본의도 교육에 있는 것이다. 만일 교육이 아니라면 반드시 향교를 설립하거나 문묘를 세워야만 하는 의미가 없거늘, 근래 교육 정책이 무너져서 향교에서 글 읽는 소리도 사라졌는데 이른바 유림과 군수는 이 본의를

---

2 향교 부지 : 원문은 "校土"인데, 문맥상 이와 같이 옮겼다.

유념하지 않는다. 향교 재산이 남으면 매번 재주 없는 선비들이 술추렴으로 써버리거나 탐악한 관리가 횡령해 간다. 이들이 걸핏하면 "막중성묘(莫重聖廟; 문묘가 막중하다)"의 넉자를 내세워 저지른 간악을 일일이 셀 수 없음은 세상이 모두 아는 일이다.

지금 교육이 반드시 필요한 때를 만나, 보홍학교의 청원과 학부의 훈칙에 모두 향교 부지의 절반을 학교로 옮겨주라 한 것은, 정당한 이치에서 나온 것이다. 군에서 마땅히 바로 받들어 따라야 할 일인데 학부의 훈칙이 예닐곱 차례나 내려왔음에도 군수는 백방으로 미루다가 결국에 자의로 처분하기 어렵다고 한다. 학부의 훈칙을 무시하는가? 자의라니 무슨 말인가! 이 어찌 안일하게 호도하는 말이 아니겠는가.

사리로 미뤄봄에 이미 횡령의 추태가 여지없이 드러났도다. 무릇 관리의 직권은 국가를 대표하는 것이다. 고로 직권을 수행하기 위하여 그에 상당한 권위가 있으니 만일 지방 관청에 상부의 훈칙을 좇아 받들지 않는 자가 있다면 반드시 국가의 권위로써 수행하게 해야 한다. 문명국이라면 이른바 복무규율과 징계재판법이 있다. 지금 이 군수의 행위를 충신(忠信)과 명결(明潔), 성실한 복무, 또는 교육의 흥성이라고 말하겠는가? 아니면 몰래 간악을 행하고 상부를 무시하며 교육을 방해한다 하겠는가. 군수라면 위로는 정부 부처의 훈칙을 받들고 아래로는 인민의 목숨을 보살펴야 한다. 지금 인민과 나라가 어려운 지경에 처했는데, 필시 이런 군수는 각하의 공평한 총명에 누를 끼치고 지역인의 바람을 잃을 것이다.

원컨대 각하는 빨리 도모하시어 위만(違慢; 그릇되고 태만함)을 징계하시고 교육을 도우시기를 간절히 기원합니다.

광무 10년 11월 8일.

내부(內部) 회답.

인민과 나라의 간난에 즈음하여 안팎의 급무에서 교육보다 우선인 것이 없으니 해당 군수가 사무에 의당 열심히 찬성해야 하거늘 도리어 갑자기 중간에 자기 마음대로 하여 부지를 학교에 돌려주지 않으니 일이 너무도 마땅함을 잃었다. 내부에서 남양군수를 불러 마땅히 조사하여 처리할 것.

(8호, 47～49면)

의무교육 품의(稟議)

지난달에 한성(漢城) 각구(各區)[1]에서 대표인으로 김희창(金熙昶) 등 다섯 분을 뽑아서 의무교육을 실시하자는 품의서를 학부에 제출하였는데 그 전문과 지령(指令)이 다음과 같다.

삼가 아룁니다.

현재 세계의 문화가 크게 열려 무릇 국가라는 이름이 있다면 동양과 서양할 것 없이 교육을 급무로 여기지 않는 곳이 없음은 왜인가. 대개 인민의 지혜가 열리지 않고 학술이 강론되지 않으면 비록 현명하고 지혜로운 자가 있어 일을 담당하여 경영하더라도 경쟁세계에서 열패할 수밖에 없다. 그러므로 교육의 실무에 급급한 이유가 이것이다. 그렇

1 한성(漢城) 각구(各區) : 조선은 서울의 행정구역을 동부, 서부, 남부, 북부, 중부의 5부로 설치하였으나 대한제국은 1895년에 동서(東署), 서서(西署), 남서(南署), 북서(北署), 중서(中暑)의 오서(五署)로 변경했다.

지만 학교 설립의 경비를 모두 국고에서 마련한다면 비록 영국, 미국과 같은 부유한 나라들이라도 실행할 수 없다. 이 때문에 각국의 소학(小學)은 의무교육을 마련해 강제교육의 법령을 실시한다. 의무라는 것은 첫째 일정한 나이에 이른 자제는 모두 입학해야만 하고, 둘째 국토의 인민이 모두 학비를 부담해야 한다. 이로부터 지금 천하 열강이 모두 이러한 규정을 통용하여 교육을 확장했음은 아마도 합하(閤下)[2]께서 아시는 바이다.

지금 우리나라 현재의 교육이 더욱 만 배나 시급하여 지사들이 개탄하는 것이다. 지난 번 가만히 들어보니 자강회에서 의무교육을 실시할 일을 정부에 건의하였고, 또한 중추원에서 이미 협의해 가결하여 정부로부터 장차 실시하자는 초안을 만들었으며, 근래 다시 보국(輔國)[3] 민영휘(閔泳徽)가 글을 올려 시행을 청하여 황상의 정중한 비지(批旨)를 받들기에 이르렀다. 그러므로 온 나라의 많은 지사가 눈을 부비고 바라며 조만간에 법령이 반포되기를 기다리고 있다. 지금 국가의 위태한 형세가 얼마나 절박하며, 교육이 일어나지 못하고 쇠퇴함은 어떠한가. 주무(主務)하시는 제공은 진실로 명목장담(明目張膽; 당당하고 두려움이 없음)하고 발분망식(發憤忘食; 분발하여 끼니도 거르고 노력함)함이 당연하다. 하물며 이는 인민이 권하고 의원이 청하며 황상께서 신칙한 바이건만 유독 귀부(貴部)만이 어찌하여 시일을 끌며 늦장을 부려 뒤로 미뤄두는가. 진실로 이 사업은 중대한 것이기에 역량이 부족하거든 우선 먼저 법령을 반포하고 가까이로부터 멀리 차례대로 시행하더라도 불가하지 않다.

그러므로 우리들이 적이 격동하는 마음을 이기지 못하고서 이에 우러러 여쭈니, 살피신 이후에 시행하는 일을 바로 반포하시어 전국 인민의 의혹을 깨치도록 하시기를 삼가 바랍니다.

---

2 합하(閤下) : 정1품 벼슬아치에 대한 경칭인데, 여기서는 품의서의 대상인 학부장관을 지칭한다. 1907년 당시의 학부대신은 이재곤(李載崑)이었다.

3 보국(輔國) : 정1품 관급인 보국숭록대부의 약칭이다. 민영휘는 정1품 관직을 역임했다.

학부에서 품의에 대해 내린 지령.

품의는 열람해 자세히 살펴보았다. 의무교육의 한 가지 사업은 본부(本部)에서 한창 상의 중이니 장차 자세히 알 수 있을 것.

(11호, 73~75면)

2부 ▌교육, 학술관계 논설 및 저술

교육의 필요 | 가정교육 | 여자교육의 필요 | 지사의 눈물과 학생의 단지 | 교육의 효과 | 의무교육의 본의 | 한국의 새 학교 정책 | 교육론 | 교육설 | 교사의 개념 | 교육의 종지와 정치의 관계 | 교육 종지 속설 | 우리 교육계의 시급한 방침을 논함 | 정신의 교육 | 사범양성을 논함

교육의 필요

정운복

무릇 교육 두 글자는 최근 상투어가 되어 조정의 제공(諸公)과 재야의 지사들이 마음을 다해 연구하지 않는 것은 아니지만, 그 범위가 매우 클 뿐 아니라 우리나라에서는 학교 정책이 느슨히 버려지고 일어나지 못하니 어떻게 해야 쉽게 발달시킬 수 있겠습니까? 교육상에 가장 중차대한 강령의 몇 가지를 들어 이야기해 보겠습니다.

첫째는 교육의 기초입니다. 구미의 각국으로 말하자면 예수교가 교육의 기초가 되어, 소학교의 독본부터 자주 성경의 말씀을 인용하여 후진(後進)과 자제들의 도덕성을 기르기 때문에 덕육과 지육이 병행되고 어긋나지 않습니다. 그래서 학문을 닦은 인사(人士)는 행위가 단정하여 족히 일세의 사표가 될 만하고 범사(凡事)에 임하면 확고하여 꺾을 수 없는 뜻이 있습니다. 동양의 선진국이 된 일본으로 말하자면 일본 천황 폐하의 교육칙어(教育勅語)[1]로 교육의 기초를 삼았는데 그 교육칙어의 대의는 바로 삼강오륜(三綱五倫)입니다. 중국 유학에 이른바 삼강오륜의 본령은 효를 우선으로 하고 충이 그 다음이었으나 일본의 교육칙어는 충을 우선으로 하고 효가 다음이 되니, 국민들이 항상 하는 말이 "만약 나라에 충성을 다하지 않아서 대대로 내려온 조종의 유업을 잃었다면 이를 어찌 효라고 하리오" 합니다. 이로써 교육의 기초로 삼아 거의 사십 년이 가깝기에 외국의 침입이 닥쳐오면 상하 국민이 한 마음이 되어 죽기로 싸워 용맹하게 곧장 앞으로 나아갔기 때문에, 청나라를 패퇴시키고 러시아를 구축하여 유럽과 아시아에서 열강의 대열에 나란히 서게 되었으니 이 어찌 우연히 된 것이겠습니까! 실로 교육 기초의 여부에서 비롯된 것이외다.

우리나라로 말하자면 태조 고황제(高皇帝)[2]가 창업하여 황통(皇統)을 이어온 이래로 또한 삼강오륜을 교육의 기초로 삼았으나 지금 오백여 년 사이에 이 도리가 몇 번이나 추락하여, 윤리를 해치고 강상을 어지럽힌 폐단이 종종 있어왔으니 어찌 한심스러워 통곡하지 않겠습니까! 그러니 이때에 교육의 기초를 먼저 정한 이후에야 교육이 가히 일어나고 인재도 따라 이루어질 수 있을 것이니, 청하건대 우리 회원 및 조야의 지사(志士)들은 이 문제를 반드시 연구하시오.

둘째는 교육의 희망입니다. 조금 전 오가키 다케오의 말씀[3]과 같이 인재 등용의 길이 있은 다음에서야 교육이 진흥될 것이니, 앞길에 희망이 없다면 교육을 하는 자나 받는 자의 열심이 어디에서 생기겠습니까. 우리나라에도 갑오 이전에 과거법이 있었으므로 경향 각처에서 글 읽는 소리[4]가 끊이지 않았고, 허벅지를 찌르고 반딧불을 모아[5] 시부(詩

1 교육칙어(教育勅語) : 1890년 일본제국이 메이지(明治) 천황의 이름으로 반포한 교육에 대한 헌장. 천황을 강조하는 국수주의와 유교적 가치가 습합되어 있다. 모토다 나카자네(元田永孚)가 기초하였다.

2 고황제(高皇帝) : 전통적으로 천자국인 중국 왕조의 시조들에게 붙이는 호칭이지만, 대한제국을 개국하였기에 이태조가 태조 고황제로 승격된 것이다.

3 오가키 다케오의 말씀 : 본서에 번역한 오가키 다케오의 연설 「교육의 효과」를 가리키는 것으로 보인다.

4 글 읽는 소리 : 원문은 "絃誦"으로 거문고를 타며 시를 읊는 일인데 의미가 확장되어, 책

賦)와 표책(表策) 및 경서의 강독에 부지런히 열심이었지요. 한 번 과거가 폐지된 이후로는 벼슬길에 오르는 방법이 학문의 깊이 여부에 있지 않고, 뇌물이나 권귀에 아첨하고 세력에 붙좇는 등의 일에만 달렸으니, 누가 교육에 종사하려 하겠습니까! 이러므로 소위 선비의 자제들이 협잡을 능사로 여기고 권문세가에 아첨하기를 장기로 여겨서 선비의 기운이 땅에 떨어지고 국권이 손상되니, 교육이 일어나고 안 일어나는 것은 실로 조정이 사람을 쓰는 방법 여하에 있지 않겠습니까?

셋째는 가정교육입니다. 대저 어린아이는 언어와 행동을 오직 부모에게서 배우나니 그 부모 된 자가 어찌 잠시라도 방심하겠습니까. 이러기에 옛날의 성인이 태교(胎敎)와 삼천지교(三遷之敎)를 받지 않았습니까. 우리나라에도 3, 40년 전까지는 사대부가에서 자제를 교육하는 법도에 저마다 가풍이 있어서 엄정하고 삼가더니, 최근 소위 행세하는 집안에서는 그 자제들이 곁에 있더라도 벗들을 맞이하여 화투와 골패를 벌여놓거나, 기생을 불러 음악을 울려서 풍속을 손상하는 소리를 듣게 만드니 그 자제들이 무엇을 따라서 현인군자의 행실을 익힐 수 있겠습니까. 그러니 지각없는 7, 8세 된 아이가 듣는 것이 음담패설 아니면 협잡을 경륜[6]하는 일과 관작을 매매하는 등이요, 배우는 것이 골패와 화투와 담배 피우고 먹고 마시는 일 뿐이니, 충애의 마음이 어디에서 나오겠으며 학문의 도가 어디서 나와 일어나겠습니까? 오호, 동포여! 우리 자제를 교육하고자 한다면 먼저 우리 가정을 바르게 합시다.

넷째는 완전한 학교입니다. 최근 서울과 각 지방에 공사립 학교가 허다하지만 내 보기에는 완전한 학교는 하나도 없을 것 같습니다. 어찌

을 낭독하고 시와 글을 지으면서 자신을 수양하는 상황을 지칭하기도 한다.

5 허벅지를 …… 모아 : 원문은 "刺股拾螢"이다. 중국 전국시대 소진(蘇秦)은 잠을 쫓으려 허벅지를 찔러가며 공부를 했다고 하며, 동진(東晉)의 차윤(車胤)은 여름밤에 등불이 없어 반딧불을 모아 책을 읽었다는 고사가 있다.

6 협잡을 경륜 : 원문은 "挾雜經綸"으로 경륜은 천하사를 이끄는 긍정적 의미로 쓰이나 여기서는 협잡을 조직하고 구성한다는 부정적 의미로 사용되었다.

그런가 하면 아직 우리나라에서는 인민의 생산력이 발달하지 못한 까닭에, 월사금 내고 수학할 학생은 전혀 없고 오히려 지필묵과 식비까지 대주면서 배우라고 해도 배우러 오는 자가 거의 없으니, 누구의 힘으로 그 학교를 유지하겠습니까. 또 우리나라 사람들은 길게 멀리 보는 뜻이 없어 아침에 자녀를 학교에 보내고 저녁에 그 효험을 보려 하니, 이는 이른바 조장(助長)하는 송나라 사람의 마음[7]인 것입니다. 서양 속담에 말하기를, "내일의 닭이 오늘의 달걀만 못하다"고 하더니, 우리나라 사람은 모두 이 속담대로 합니다. 봄이면 밭에 씨를 뿌려 긴 여름 동안 땀 흘려 밭을 간 연후에 가을이 되어 곡식을 거두거늘, 어찌 아침에 씨를 뿌려 저녁에 곡식을 거두리오! 이는 다름이 아니라, 먹고사는 방도에 급급하기 때문이니 그 사정을 깊이 살핀다면 어진 군자가 눈물을 닦으며 울어야 할 곳이 아니겠습니까. 탐관오리의 주구(誅求)는 만족이 없고 강도와 화적의 침탈이 횡행하여 한치 앞도 예측할 수 없는데, 어느 겨를에 학비를 마련하여 그 학교를 유지하겠습니까. 그러니 아아! 우리 동포 여러분은 그 나태한 구습을 버리고 각자의 일을 열심히 닦아 의식이 자족한 연후에 완전한 학교를 만들 수 있을 것이니, 힘쓰고 힘써야 할 것입니다!

다섯째는 교과서입니다. 교과서라 하는 것은 아동의 정신을 배양하는 기계(機械)[8]인즉, 이 기계가 정미(精美)해야 아동의 정신이 선량하게 발달할 것인데, 아직 우리나라의 교과서가 미비하고 그저 "23년이라, 처음으로 진대부(晉大夫)를 명했다"[9]거나 "천황씨(天皇氏)는 목덕(木德)으

7 조장(助長)하는 …… 마음 : 원문은 "揠苗宋人之心"이다. 중국 전국시대 송나라의 어떤 사람이 곡물을 빨리 자라게 하려고 묘목을 뽑아 올려서 말라죽게 했다는 고사가 있는데 조장(助長)의 어원이 된다.

8 기계(機械) : 지금의 사전적 의미와는 좀 다른 의미로, 기관이나 기틀, 도구 등의 의미까지 포함되어 있다.

9 23년에 …… 명했다 : 원문은 "有二十三年이라, 初命晉大夫"이다. 주자(朱子)가 편찬한 『통감강목(通鑑綱目)』의 편수(篇首)에 나오는 말로 "처음으로 명했다"와 "진나라 대부"라는 구절에는 천자와 제후 사이의 질서가 혼란해진 춘추시대를 포폄하는 의미가 숨어 있다고 한다.

로 왕이 되었다"[10]는 식의 진부한 책뿐이니 어찌 문명한 학문을 가르칠 수 있겠습니까. 참 부끄럽고도 한심한 일입니다. 이것이 우리 자강회가 하나의 큰 주의(主義)로 강구하는 바이오니, 오호! 동포 여러분이 극력 찬성해주실 것을 바라옵니다.

여섯째는 교사입니다. 교육을 시행하려 하면 반드시 우선 현명한 교사를 택해야 하는데 우리나라에는 교사될 만한 인사가 거의 없다 해도 망발이 아니지요. 어찌 그러한가 하면 최근 외국에 유학한 여러 인사들이 번성하지만, 혹 관직에 있으며 혹 곳곳에 고용되어 생활의 계책을 강구하니 누가 능히 교육의 책임을 맡겠습니까. 월급을 후히 주고 효과를 이루도록 맡기면 교육의 목적에 도달할 것이니 우선 교사될 만한 인재를 배양하는 것이 또한 큰 급무외다.

일곱째는 기본금입니다. 이상 논술함과 같은 완전한 학교를 세운다든지 교과서를 편찬하든지 교사를 초빙하든지 하는 일들이 모두 재정에 관계되지 않음이 없으니, 소위 기본금이 어디서 나오겠습니까. 먼저 농상공업을 발달하게 하여 민력(民力)을 충족하게 해야 하니, 실업에 관해서는 장지연 씨가 장차 설명하실 터입니다.[11] 이런 까닭으로 나는 유독 기본금 없이 설립한 학교는 성경에서 이른바 사상누각과 같아서 무너지기 쉽다고 염려 하옵니다. 아아! 제군이여. 이 아이는【연단 앞에 서 있는 한 아이를 가리키며】누구의 자식인지 모르지만 나이 이제 열 살이니, 결코 이 아이를 남의 자식이라 생각하지 마시고 내 자식으로 생각들 하십시오. 이 아이는 양 어깨에 국가라고 하는 짐을 지고 서 있사오니 이 아이의 지력을 확충하게 하면 이 짐을 지고 자강의 영역에 도달

10 천황씨(天皇氏)는 …… 되었다: 원문은 "天皇氏는 以木德으로 王이라"이다. 『십팔사략(十八史略)』「태고(太古)」의 첫 부분에 나오는 말이다. "23년에 …… 명했다" 부분을 포함한 이 두 구절은 춘추의리를 따지거나 신화적 중국 역사에만 집중된 전통적 교육을 비판하기 위해 인용된 것이다.

11 장지연 …… 터입니다: 장지연의 「식산의 필요」란 제목의 연설이 『대한자강회월보』 1호에 실려 있다.

할 것이오, 만약 위에 말한 바의 일곱 개 조를 완비하지 못하면 이 아이도 또한 우리와 같이 엎어져 넘어질 것이니 어찌 두렵지 않겠습니까! 오호! 동포여. 동심(同心)으로 협력하여 붙잡아 인도하여 전진하게 합시다.

(1호, 28~32면)

가정교육

정운복

사람은 일생 동안 세 가지 교육을 받는다. 세 가지 교육은 첫째 가정, 둘째 학교, 셋째 사회가 바로 그것이니, 이 세 교육은 따로따로 분립한 것이 아니고 서로 일관된 정신으로 존재하는 바이다. 지금 가정을 가지고 논술하건대, 첫째, 가정은 무엇인가. 피상적으로만 보면 그저 신체를 쉬고 음식을 이바지하며 수면하고 세탁하는 등의 일을 하기 위해 성립한 것 같지만 결코 그렇지 않다. 그 실질을 따라서 본다면, 가정은 이렇게 소홀히 할 곳이 아니니, 단순히 잠을 자는 곳일 뿐이라 한다면 가정에서 지냄이 여관에 기숙함과 큰 차이가 없다. 그러나 가정과 여관이 다른 바는 생활을 함께 하는 친밀한 가족이 심신을 서로 휴식하는 곳이기 때문이다. 또 단지 음식을 이바지하기 위해서라 한다면 가정은 요리점과 다를 바가 없으나 그와 다른 바는 기호를 함께 하는 친밀한 가족이 식탁을 마주하는 곳이기 때문이다. 그밖에 세탁과 오락 같은 일들이 모두 이와 같아서 가정의 고유한 실질이 아닌 것이 없다. 그러므로 가정의 정신을 연구해 보면 요리점과 여관과 세탁소 등처럼 무미하고 간단한 것과는 아주 달라서 일마다 의미가 있으며 취지가 있다.

또 가정은 사회의 축도(縮圖)이다. 그러므로 사회에 벌어지는 일은 가정이 갖추지 않은 것이 하나도 없으니 아동에게 실로 좋은 교육 장소라 할 수 있다. 가정은 바로 아동이 훗날 사회에 나아가 하는 만반의 일에 여러 가지 준비를 해 주는 곳이다.

(1호, 67~68면)

대개 가정에는 어버이와 자식의 애정이라 하는 것이 있어 화평한 생활을 이루어가기에 그 사이에 양육되는 아동은 부모와 자매들의 온정에 싸여서 자연히 그 마음이 온유하게 길러진다. 훗날 사회에 나아갈 때가 되면 남에게 온화한 애정을 주입하는 근본도 되고 여러 사람들에게 동정을 베푸는 준비가 되기에, 단체생활에 필수적인 요건을 갖출 수 있다. 또 가정은 복종을 가르치는 곳이니 정해진 기간 동안은 어버이의 명령에 복종케 한다. 이 습관이 뒤에 사회에서 자립할 때, 자기 양심에 따라 활동할 수 있게 하는 것인즉 부모에게 복종하게 하는 일이 극히 긴요하고 절실하다. 이렇게 어버이의 교육을 받는 기간에 어버이의 명령에 잘 따르는 사람은 훗날 제2기에 교사의 명령에 복종하는 학생이 되고, 제3기에 사회의 제재와 국가의 법률에 복종하는 양민(良民)이 되기 때문에, 어버이 된 자는 항상 주의하여 그 자식이 장래 독립할 소지를 준비할 수 있게 마음을 쓰지 않으면 불가하도다.

이로부터 논하자면 아동에게 완구로 놀게 함도 또한 의미가 깊으니 완구의 놀이는 정돈과 사리 분별의 재주를 양성하는 근본이기 때문에, 성장한 후에 여자에 있어서는 일가의 정리에 수단이 늘고 남자에 있어서는 사무와 사리 분별에 민첩함을 떨치리니, 완구 놀이로 지혜를 갖춤이 적지 않다. 그러므로 가정교육은 작은 일에서 큰 일로 나아가는 순서로 교도(敎導)의 최우선을 삼아야 한다. 또 가정의 각종 일이 직접, 간접으로 모두 그 자녀를 가르침이니 두세 가지 예를 들면 부모 형제가 한 방에 모여 식사할 때 유쾌한 안색으로 수저를 드는 일은 자녀를 위하여 사회 교제의 행동 방식을 보고 익히게 하는 좋은 기회이며, 식사 시간을 엄수케 함은 사회에 나가 타인의 초대, 또는 공공의 집회에 시각을 어기지 않고 출석하는 좋은 습관을 배양하는 근본이다.

그러므로 이와 같은 예를 하나씩 들면 사회상, 처세상에 필요한 일은 모두 가정에서 미리 익히게 되는 줄을 가히 알 수 있다. 세계 열국 가운데 영국인은 가정교육을 가장 중요시하는 것으로 타국인보다 가장 앞서니 훗날 상세하게 기술할 수 있으리라.

(2호, 10~12면)

여자교육의 필요

윤효정

내가 지난 번 모임에서 설명한 「본회 취지」에서 "발기자들은 우리 대한이 약함에 피를 토할 듯 가슴이 아파서, 회(會)의 명칭을 '자강(自强)'이라 했다"고 하여 이미 여러분이 경청해주셨다. 그러나 강하고 약함에도 정도가 있어 혹은 서로 두 배나 다섯 배가 되며 혹은 서로 열 배나 백 배의 차이가 있으니 지금 여러 나라의 부강을 비교한 표로 한번 우리나라의 미약한 실상을 논하자면 진실로 마음이 아파 피를 토할 것이다. 미국의 국부는 1,200억이나 우리는 5억이니 이는 거의 300배요, 영국의 국민재산은 1인당 2,400원이나 우리는 25원이니 이는 거의 100배요, 영국의 수출은 27억이나 우리는 500만이니 이는 곧 50배 이상이다. 미국의 저축은 44억이나 우리는 1전도 없고, 영국의 군함은 450척이나 우리는 1척도 없고, 프랑스와 러시아의 육군은 각각 80만이나 우리는 1만 이내이니 이는 80배이다. 또 지식은 그 학문에 따라 고하가 있으니, 구미 각국과 일본은 대학교 출신의 학사, 박사가 모두 몇 만을 헤아리지만 우리는 비로소 작년에 농학사 한 명이 있을 뿐이다. 지식으로 말하자면 저들이 우리의 몇 만 배가 되니 전에 말한 소위 세계 중 최하위국이 바로 우리라. 이런 나라로 곧장 열강의 가운데에 나란히 서고자 하는 것이 혹 깊이 생각하지 못했기 때문일까!

여러분이 나라가 이렇게 약한 것을 한스러워 하여 본회의 자강이라는 이름을 보고 속으로 기뻐하여 지금 이렇게 광림(光臨)해 주심은 분명히 자강의 방략을 듣고자 하심이라. 그러나 "여자 교육의 필요"라는 연설 제목을 보고 깜짝 놀라 두리번대며 흥미가 다 떨어졌음이 분명하지만, 나라의 슬기로움과 어리석음, 부유함과 가난함이 실로 여자를 가르치고 안 가르치는 것에 큰 관계가 있으니 이는 실로 자강의 기본이 있는 곳이니, 청컨대 여러분은 이 거친 논의를 끝까지 들어주시오.

나는 이 한 제목을 다시 네 개의 주제로 나눌 것이니, 여자 교육은 재산의 큰 자본이라는 것, 여자의 무교육은 재산의 큰 손해라는 것, 여자 교육은 교육의 큰 근본이라는 것, 여자의 무교육은 교육의 큰 원수라는 것이다. 여자 교육의 보편적 필요는 최근 신문 지상에서 여러 사람의 논의 중에 설명이 이미 다 되어 있으니 덧붙일 필요가 없고, 나는 다만 본회의 목적인 교육·식산, 두 가지에 관계 되는 것을 간략히 논하려 한다.

무릇 나라는 반드시 인민이 있어야 하고 인민은 반드시 가정이 있어야 하고 가정에는 반드시 남녀가 있어서 함께 그 생활의 정리를 도모해야 한다. 남자의 의무는 국가 사회에 많으며 여자의 의무는 가족 사회에 많아 서로 표리를 이루는데 그 의무를 다하고자 하면 반드시 지식이 필요하고, 그 지식을 넓히고자 하면 교육이 필요하니, 이것이 실로 남녀에게 교육이 필요한 이유이다.

그러므로 문명국의 교육 받은 부녀는 가정으로 말하면, 자선과 친목으로 한 집안의 화평을 도모하고 쓸고 닦는 청결로 한 집안의 위생을 도모하며, 만물의 경제를 살펴 수입 지출을 능히 기록하고, 또 근검하고 절제하여 남편이 미치지 못하는 바를 보좌한다. 사회로 말하자면,

하원(下院)의 의원 선거와 정부의 관리 임면(任免)하는 일과 육해군의 모병 · 출전하는 일들은 여자의 기질이 약하고 성정이 치우쳤다 하여 문명국이라도 오히려 허락하지 않는다. 그렇지만 학교의 교수, 은행의 부기, 우편사무, 미술, 공업, 상점의 거래, 농사의 감독, 목축과 회사 등 만반의 사업을 모두 남자와 함께 차등 없이 월급도 받고 이자를 남겨서 그 생활을 자급하고 저축도 넉넉하게 한즉 가정의 일을 스스로 안에서 주관하여 관리한다. 그러므로 남편 된 자가 혹 해외로 다니거나 혹 먼 지역에 벼슬하러 가서도 집안과 국가의 일을 경영함에 모두 자유롭게 활동할 수 있어서, 또한 능히 공을 세우고 업적을 세워 가정과 나라가 함께 부유해지니, 이것이 모두 여자 교육의 효과이다. 어찌 재산의 큰 바탕이 아니겠는가!

최근 미개국에서 무교육의 부녀는 위생과 자선이 무슨 일인지 전혀 모르는데, 또한 경제와 부기가 어떤 것인지 논할 수 있겠는가. 가난한 집안의 부녀들에 대해 말해보자면, 직업을 가질 계획이 없고 영위할 일이 없어 믿는 것은 남편뿐이지만, 그 남편은 아내와 자식이라는 감옥에 매여 이미 주변을 두루 경영할 능력이 없다. 끝내 굶주림과 추위가 뼈에 사무치게 되면, 원망하고 화내는 매도의 말에 비애하고 처량한 기색이 규중에 끊이지 않아서 가족의 화목한 기운이 손상된다. 부귀한 집안의 부녀들에 대해 말해보자면, 높고 귀한 문벌로 이미 강보에서부터 복스런 터전을 차지하고는 분단장하고 연지 칠하여 남편에게 잘 보이는 기술만 이루어, 드는 칼로 저미는 소리를 듣지 않고도 진미가 한껏 차려지고, 뽕나무와 누에를 기르는 수고는 알지 못하고서도 비단옷이 옷장에 가득하며, 한 번 봄나들이에 낭비함이 남편의 몇 달치 봉급을 다하고, 한밤중 화투의 득실을 계산하면 중인(中人) 열 집안의 재산에 이르니, 그들이 모여 하는 한담을 듣는다면 해괴하여 경악하리로다. 아무아무 부인의 산호 · 불수(佛手),[1] 옥장도는 북경에서 주문한 몇 만 냥짜리요, 아무아무 별실(別室; 첩)의 보석 반지와 금시계는 신식 서양 물건으로 수 천 원이며, 화류(樺榴; 자단나무) 옷장 네다섯 짝은 너희 낭군이 신정(新情)[2]을 기념해 사주었고, 금은 반상 열두 벌은 우리 영감이 산과 바다로 맹세하며 사주었다는 등 치정의 속된 말과 사치를 다투는 음탕함이 습관을 이루었다. 그러기에 남편을 자기 집의 시중드는 노복으로 보니 그 남편 된 자도 또한 이를 심상히 여겨, 조정에서는 대신과 협판(協辦)[3]이 탐오(貪汚)를 자행하고 외직에서는 관찰사와 군수가 백성을 끝없이 벗겨 먹으니 이들 중 십중팔구는 오로지 자기 부녀를 받들기 위해 이렇게 행하는 자들이다. 그러니 여자의 무교육이 비단 한 집안을 좀먹는 도적일 뿐 아니라 또한 국가를 좀 먹는 큰 도적이다!

일찍이 들으니 문명국의 교육 받은 부녀는 아이를 임신했을 때 태육(胎育; 태교)을 실시하고, 출산하면 체육을 실시하며, 점차 자람에 덕육(德育)을 실시한다고 한다. 시청언동(視聽言動)을 반드시 바르게 함, 춥고 덥고 마르고 습함은 반드시 그 정도를 알맞게 함, 배고프면 먹이고 목마르면 마시게 함을 지나치지 않게 함, 그리고 운동과 수면에 때를 놓치지 않음을 모두 일컬어 태육과 체육이라 한다. 아이가 나와서 삼사 세 되면 차츰 각성(覺性; 지각을 깨우침)을 갖추어, 그 성정의 선함과 악함, 유희의 단정함과 미련함이 반드시 그 자모(慈母)의 행동을 따라 때 맞춰 감화된다. 그 감화의 빠름은 울림이 소리로 응함이나 그림자가 형체를 따름과 같기에 그 자모 된 자는 희로애락의 감정과 말하고 일하는 것을 결코 잠시도 구차하고 비루하게 보이지 말아야 하고, 항상 자상하고 경근(敬謹; 공경하고 삼가다)하는 태도로 아이를 어른 대하듯 하고, 때때로 가언(嘉言; 좋은 말)과 선행으로 훌륭한 양지양능(良知良能)[4]을 보태고 더해야 한다. 이는 소위 덕육의 바탕이 먼저 가정에서 세워지고 재예(才藝; 재능과

1 산호 · 불수(佛手) : 노리개의 일종이다.

2 신정(新情) : 사전적으로 새롭게 정분을 맺었다는 의미이다. 문맥상 본처가 아닌 첩이 새로 정분을 맺은 기념으로 옷장을 받은 것으로 보인다.

3 협판(協辦) : 갑오개혁으로 설치된 관직으로 지금의 차관에 해당한다.

4 양지양능(良知良能) : 선천적으로 구비한 재능을 말한다.

기예)를 기르는 학문은 나중에 학교에서 이루어진다는 것이다. 그러므로 서양인들은 여자 학교를 교육이 발원하는 땅이라고 하며, 또 여학교의 많고 적음으로 그 나라의 문명 정도를 추측하니, 그런즉 여자의 교육이 어찌 교육의 큰 근본이 아니겠는가.

또 미개국의 교육 없는 부녀를 보면 학문을 스스로 닦지 않았으니 어찌 그 자녀에게 가르침을 베풀겠는가. 잉태한 처음부터 거개가 먹는 음식물에서 병을 얻고 운동이 부족하여 이미 불완전한 태내에서 길러서, 출산 후에는 수유의 정도에 절제가 없고 의복도 마땅치 않아 또한 불완전한 아이를 기른다. 점차 자란 뒤에는 보여줌이 악행과 패습(悖習; 잘못된 버릇)이요, 들려줌은 노매(怒罵; 화내어 꾸짖음)와 추욕(醜辱; 더러운 욕)이고, 말해줌은 비리하고 속된 이야기며, 행동하면 교만한 행태와 미련한 놀이라. 분에 넘치는 비단옷을 입히고 생선과 고기를 물리도록 먹임이 자녀를 사랑하는 지극한 정이요, 형과 누나를 시기하여 때리게 부추기고 노복을 꾸짖어 욕하도록 가르치는 것이 자녀와 노는 본색이고, 달아나는 사내종과 애걸하는 계집종을 북 두드리듯 매질하여 자녀를 질책하는 법식을 삼고, 머리를 때리고 뺨을 올려붙이며 어지러이 치는 매가 자녀를 징계하는 양법(良法)이다. 그러니 매일 하는 일이 삶을 해치고 버릇을 그르치는 일뿐이라, 사람이 육축(六畜)[5]을 기르면 잘 먹이기만 하고 가르치지 않을지언정 삶을 해치고 버릇을 그르치기를 바라지는 않을 것인데, 지금 그 자녀 보기를 도리어 육축만 못하게 여기는가!

어릴 때 이렇게 기르니, 가령 사람에게 문왕(文王)의 자질이 두루 있고 아이가 맹자의 품성을 다 갖추었어도, 태교[6]와 삼천지교(三遷之敎)가 없었다면, 훗날 좋은 스승의 교육으로도 또한 어찌 그 선미(善美)에 이를 수 있었겠는가? 체육을 모르기에 낳아서 키움이 변변치 못하고, 덕

5 육축(六畜) : 양, 말, 소, 돼지, 닭, 개의 대표적인 여섯 가축을 아울러 이르는 말이다.

6 태교 : 앞에서 언급한 문왕(文王)은 그 어머니 태임(太任)이 현숙하다고 칭송 받았다. 뒤에 나오는 맹자 어머니의 삼천지교와 대구를 이루어 쓴 것이다.

육을 모르기에 교육의 바탕이 없어 국민이 번영하지 못하고 인재가 떨치지 못함에 이르렀다. 그러한즉 여자를 교육하지 않은 폐해가 어찌 교육의 큰 원수가 아니겠는가!

마찬가지로 여자를 가르치는 유무에 따라 저들과 우리의 손익이 위와 같고 국가에 관계됨이 또 위와 같으니, 자국의 부강을 도모하고자 하는 자로서 여자교육이 필요하다고 하지 않으리오. 지금 한 마디로 결론을 맺고자 한다. 우리나라가 예부터 유교를 존중하고 숭상하여 남녀의 구별과 부부의 예법을 규중의 아름다운 법이라 할 것이다. 하지만 여자는 종일 규중 안에 거하여 교제, 출입 등 제반 행동에 일절 자유가 없는 것이 비록 고대의 바른 예법이라 하였으나, 지금은 육대주의 풍기가 순환하고 남녀의 예속(禮俗)도 서로 통하게 되었다. 외국인이 한국 부녀를 평하여, "감옥과 질곡 속의 벙어리, 귀머거리, 소경, 앉은뱅이"라고 한다. 우리나라 부녀는 이미 감옥 속에서 태어나 벙어리, 귀머거리, 소경, 앉은뱅이를 겸하고 감옥 속에서 자라고 늙고 병들어 죽는다. 그러므로 그 감옥 속에서 틀어박힌 정황을 편하게 망각한 셈이지만, 이는 곧 종신토록 갇혀 있는 일대 죄수인 것이니, 또한 슬프고 슬프도다. 나라에 이천 만의 백성이 있는데 죽을 때까지 갇혀 있는 자가 일천 만이니, 이러고도 오히려 자강을 도모하고자 하는가!

지금 돌아보니, 우리나라의 부인 사회가 교육이 일어나지 않음에 비분강개하여 모임을 설립하고 배움을 일으켜 일변하기를 도모하고 있고, 황귀비(皇貴妃)[7] 전하도 또한 장려하시고 고무하시어 바야흐로 여학교 창립의 성대한 쾌거가 있게 되었다. 무릇 우리 국민은 모두 교육과 무교육의 이해(利害)를 깊이 생각하여 집안에 어린 영애(令愛)를 둔 이는 각기 입학시켜 수업을 받게 하고, 나이가 차서 입학하기 어려운 부인들은 따로 부인회를 설립하고 내외국의 고명하신 여사(女史)를 초빙하여

7 황귀비(皇貴妃) : 명성황후가 을미사변으로 암살당한 뒤에, 1903년 황귀비로 진봉(進封)된 순헌황귀비(純獻皇貴妃)를 말한다. 흔히 엄비(嚴妃)로 불린다.

때맞춰 규중에 필요한 학문과 연설로 그 지식을 개발하여 낡은 구습의 폐를 혁거(革去)하고 문명의 영역으로 옮겨 간다면 실로 나라의 큰 다행이요, 자강회의 희망이로다.

(1호, 40~46면)

지사의 눈물과 학생의 단지(斷指)

윤효정

오호라! 만장(滿場)한 제군이여, 오늘 연설의 제목을 볼지어다. 만약 제목을, "지사의 사업과 학생의 쾌락"이라 하였다면 연설장의 제군들이 보고 즐거우셨을 텐데, 어찌하여 하필 눈물과 지혈(指血)[1] 등의 글자로 말도 시작하기 전에 비감(悲感)을 일으키는 것인가. 그 경우의 서로 다름에서 비롯한다면, 혹은 통곡이 장가(長歌)보다 나을 수 있으며 혹 탄식이 환희와는 다를 수 있으니, 우리들 오늘의 경우를 돌아본다면 제목을 지은 자의 주의가 또한 연유가 있음이라. 다만 말로 뜻을 다하지 못함이 한스럽지만, 조용히 들어주시는 영광을 얻게 된다면 큰 다행이로라.

내가 광무 10년(1906) 12월 31일 저녁에 추운 날씨의 세모를 만나서 문을 닫고 홀로 있으면서 만감이 가득 찼었노라. 가만히 우리 효종대왕이 내리신 "날은 저물고 길은 먼데, 지극한 아픔이 마음에 있다"[2]는 칙어를

1 지혈(指血) : 단지(斷指)하여 흐르는 피를 가리킨다.

2 날은 …… 있다 : 원문은 "日暮途遠至痛在心"의 여덟 글자로 효종이 당시의 영의정 이경

되새기며 과거를 되짚어 지금을 생각하니 감정을 누를 수 없는 터에 홀연 문밖에 두드리는 소리가 나며 한 사람이 돌연 빗장을 열어젖히고 바로 들어오니 곧 한일 양국 간에 성명을 우레같이 울리는 지사라. 악수할 겨를도 없이 바로 앉아서 큰 소리로 부르짖어 "광무 10년 12월 31일이 오늘이 아닌가" 또 확인하며 반복하기를, "광무 10년 12월 31일이 오늘이 아닌가" 그리고 한마디도 없이 망연자실이라.

나는 처음에 막다른 길의 완적[3]인가 하여 손잡고 앞으로 가 살펴보니, 홀로 깬 삼려대부[4]이더라. 형용이 고고(枯槁)하고 미우(眉宇; 눈썹 주위)가 참담하여 찬 눈물이 뚝뚝 떨어져 이미 옷깃에 가득 젖었어라. 나 또한 말할 바를 모르고 그저 서로 보고만 있었더니 지사가 이윽고 말하길,

> 지금 세계의 생존경쟁이 과연 어떤 시국이며, 우리 국가 권위의 타락이 과연 어떤 시국이고, 정부가 분명(奔命)[5]을 작파함과 인민의 참담한 궁박(窮迫)은 이 과연 어떤 시국이란 말인가! 금년 간 정부와 인민의 사업 성적을 통계 내어 보면 지명(指名)할 것이 없음이라. 없을 뿐이 아니라, 도리어 위축된 것들을 이루 다 헤아릴 수 없으니 빠른 세월이 어느덧 금년의 이 날이 되었으니 이로써 세계 경쟁의 가운데에서 보전하기를 도모한다면 또한 오활하다 하겠으니, 어찌하면 좋으리오.

한 마디마다 눈물이 떨어지고 한 구절마다 탄성을 뱉고, 오열을 삼키

여(李敬輿)에게 내린 소비(疏批) 중에 나온다. 병자호란에 대한 와신상담에 힘쓰라는 의미가 담겨 있다.

3 막다른 길의 완적 : 원문은 "阮籍窮途"로 중국 위나라의 완적은 염세의 마음이 지극해 막다른 길을 만날 적마다 곡을 하였다는 고사가 있다.

4 홀로 깬 삼려대부 : 원문은 "三閭獨醒"이다. 삼려는 삼려대부(三閭大夫)였던 굴원을 가리킨다. 굴원의 「어부사(漁父辭)」에 "모두 취했는데 나만 혼자 깨었는지라, 이로써 쫓겨났다"는 구절이 있다. 그리고 삼려는 전국시대 초나라의 왕족인 소씨(昭氏) · 굴씨(屈氏) · 경씨(景氏)의 세 집안을 의미한다. 삼려대부는 이 세 집안을 단속하는 직위였다.

5 분명(奔命) : 임금의 명을 받들어 분주히 수행하는 일.

는 가운데 눈물 섞인 몇 마디를 위와 같이 어렴풋이 알아들으니 비록 목석처럼 미련한 나지만 역시 눈물로 화답할 수밖에 없었소. 또한, 지사의 슬픔을 달래지 않을 수 없어 나는 말하길,

> 그만하시오, 작년 이날에 그대가 나와 함께 구속되어서[6] 감옥의 풍설에 아침 저녁 서로 말하길, "이제 우리의 앞길은 북해의 음습한 굴에서 소무(蘇武)처럼 눈을 씹을지도[7] 장차 알 수 없을 것이오, 추운 흑룡강에서 굴원(屈原)처럼 바위를 안고 흘러갈[8] 지도 모름이라" 하더니, 당시에 지기가 늠름하여 추호의 근심이나 비감의 모양이 없이 이를 분수에 당연한 일로 여기던 이가 바로 그대가 아닌가. 그대와 내가 구속을 벗고 감옥에서 나와서 한 덩이 조국혼을 합쳐서 자강회를 이루어 그 실무는 교육과 식산이고 그 목적은 회복과 독립이라. 혹 정부에 건의를 내어 정부가 채택하기도 하고, 인사들을 지도하여 그들의 마음을 돌리니 다만 범위와 규칙 안에서 국권을 회복할 여지가 넉넉하더라. 나는 가만히 기뻐하고 있는데, 군은 어찌 우는 것이오.

술을 주고 노래를 불러, "화살을 묶어 큰 집을 지지할 것이오, 뭇 마음이 성(城)을 쌓으리라. 정신일도하사불성(精神一到何事不成)이리오." 지사가 기뻐하며 빙그레 웃고서 내년 한 해의 축사를 주었으니, "하늘이 우리 한국을 버리지 않으신다면 원하니 이천만 동포 모두가 한 사람도 빠짐없이 자강회에 들게 하소서" 하고서 표연히 떠났다.

눈물은 울음의 증거라. 일이 뜻대로 이루어지지 않아 통한스럽고 절

---

6 구속되어서 : 윤효정은 공진회의 회원으로 정부를 업신여기고 고관들을 욕보였다는 혐의로 이준(李儁), 나유석(羅裕錫)과 함께 1905년 황해도 황주군 철도(鐵島)에 유배되었다. 본문을 보면 윤효정을 찾아온 지사는 장지연인데, 그도 「시일야방성대곡」의 집필 때문에 1905년 말에 구금되었다.

7 소무(蘇武) …… 먹을지도 : 원문은 "蘇郎之齧雪"으로 중국 한나라 때 소무가 흉노족에게 사신으로 갔다가 19년 동안 억류되어 있으면서 먹을 것이 없어 눈을 먹었다는 고사가 있다.

8 굴원처럼 …… 흘러갈 : 원문은 "屈子之抱石"으로 굴원은 부패한 초나라 조정에서 쫓겨나 「어부사(漁父辭)」를 읊고서 강물에 몸을 던져 죽었다는 고사가 있다.

박한 감정이 밖으로 흘러나온 것이라. 그러므로 다 같은 눈물이지만 효자는 대나무를 보고 울고[9] 충신은 결(玦)[10]을 보고 우니, 푸줏간에서 서로 울며 의협이 되기도 하고,[11] 신정(新亭)에서 마주 울어서[12] 명사가 되기도 하며, 장사(壯士)가 말년에 꽃을 슬퍼해 울기도 하고 영웅의 큰 뜻으로 혹은 넓적다리를 쓰다듬으며 운다.[13] 지금 이 지사가 차가운 눈물을 흘린 까닭은 4천 년 조국과 2천 만 국민과 3천 리 강토의 안위와 흥망을 자신의 소임으로 삼아서 촌각을 따지고 연월을 헤아리며 그 회복과 진흥을 도모하였으나, 매일 석양이 서편에 깔리고 매년 물은 동쪽으로 흘러가 주저하며 돌아보는 사이에 사업은 이루어지지 못하여, 광무 10년의 마지막 날에 그 통한하고 절박한 감정이 절로 눈물이 되어 흘러나옴을 면치 못함 때문이 아니겠는가!

광무 10년의 1년을 통계 내어 보자면 우리 전국의 슬프고 기쁜 정태(情態)가 얼마나 될까. 권문세가를 근근이 좇아서 일자반급(一資半級; 하찮은 관직)이라도 얻은 이는 기뻐하고 얻지 못한 자는 슬플 것이며, 상업과 농업에 매일 부지런하여 조그마한 이익이라도 얻은 자는 기쁘고 얻지 못한 자는 슬플 것이고, 도박장에서 돈을 잃은 자는 슬프고 딴 자는 기쁠 것이며, 정신이 가물거리는 홍등가[14] 속에서 꽃을 보내는 자는

9 대나무를 보고 울고 : 원문은 "泣竹"으로, 중국 삼국시대 오(吳)나라의 효자 맹종(孟宗)이 한겨울 대숲에서 어머니가 즐기는 죽순이 없음을 슬퍼하여 울자, 눈 속에서 죽순이 솟았다는 고사가 있다.

10 결(玦) : 고대 중국에서 신하를 유배 보내 놓고, 유배를 풀고 조정에 소환할 경우는 둥근 고리인 환(環)을 보내고 유배를 풀지 않고 군신(君臣)의 연을 끊는 경우에는 고리의 한 쪽이 끊어진 결(玦)을 보냈다고 한다.

11 푸줏간에서 …… 하고 : 중국 전국시대 위(魏)나라 신릉군(信陵君)은 푸줏간에서 일하는 주해(朱亥)와 의기가 통해 그를 문객으로 초빙했다. 주해는 뒤에 신릉군을 위해 암살을 한다. 『사기』 「신릉군열전」에 나온다.

12 신정(新亭)에서 마주 울어서 : 진(晉)나라가 중원을 잃고 양자강 유역으로 천도하여 동진(東晋)이 되었는데, 하루는 그 신하들이 강소성(江蘇省)에 있는 신정(新亭)에서 모여 놀다가 눈물을 흘리며 중원을 그리워했다고 한다.

13 영웅의 …… 운다 : 『삼국지연의』에서 유비가 말을 타지 않아서 살찐 넓적다리를 슬퍼하는 이야기가 있다. 사자성어 비육지탄(髀肉之嘆)의 유래이다.

슬프고 꽃을 맞이한 자는 기쁠 것이라. 사업을 이루지 못함과 세월을 만나지 못함에 비분하고 억울한 감정을 금하지 못하고 한 움큼의 눈물을 떨치는 그런 사람이 다시 있는가?

어찌하면 그 한 움큼 눈물로써 우리 2천만 국민의 4천만 안구에 주입하여 기어이 금년의 마지막 날에 한 마음으로 눈물을 뿌릴 수 있겠는가! 만장한 제군이여, 감히 묻노니 이 사람이 누구인가? 다른 사람이 아니라, 「시일야방성대곡(是日也放聲大哭)」의 장지연 군이 이 사람이니 군은 곡을 잘하고 잘 울었다 하겠노라. 눈물이란 것은 결코 헛된 가식으로 만들어져 나오지 못하기에 사람들을 감화함이 가장 깊고, 피는 눈물에 비해 더욱 심하여 피를 써서 대개 결심과 맹약을 세우고 혈전(血戰), 혈당(血黨), 혈수(血讐), 혈맹(血盟) 같은 것들은 하나도 심상하고 등한한 일에서 나온 것이 없으니, 작으면 개인의 뜻과 크면 국가의 일이 대개 많은 피를 흘린 뒤에 이루어지기에 피를 흘리고도 결과가 없는 일은 드무니라. 그렇다면 피[血]는 일을 이루는 꽃이라 말해도 또한 옳으리니 혈화(血花)의 성질은 반드시 찬비와 처참한 바람을 맞은 뒤에야 피어날 것이로다.

이번 달 12일에 한성의 각 신문지상에 붉은 방울이 뚝뚝 떨어질 듯 특필 된 "일진회 파견 21학생의 동맹 단지"[15]는 또한, 곧 고금동서 학생계의 처음 있는 일이라. 그들이 말하길, "우리들은 신(信)도 없고 의(義)도 없는 일진회(一進會)에 의뢰하지 않을 것을 맹서하고 노동하여 수학할 지라도 사업이 이루어지지 않으면 반드시 귀국하지 않아 국민 된 의무를 만분의 일이나마 다하리라" 하고 21개의 손가락을 한 칼로 돌아가며 자르니 일진회의 학생 제군에 대한 관계 여하는 아직 상세히 듣지 못했다. 그러나

---

14 홍등가 : 원문은 "迷魂帳"으로 축자적으로는 영혼을 미혹하는 곳인데, 유흥가, 홍등가 등을 의미한다.

15 일진회 …… 동맹 단지 : 일진회에서 파견한 일본 유학생 21인이 일진회에서 지원금이 끊겨 숙소에서 쫓겨나자 단지한 손가락과 피로 쓴 혈서를 같이 봉하여 일진회장 이용구와 천도교 교주 손병희에게 보냈다는 기사가 있다. 「二十一學生의 斷指」, 『皇城新聞』, 1907.1.12.

이 단체가 일부러 신(信)도 없고 의(義)도 없는 일을 행하였겠는가마는, 경우가 이다지도 비참한데 결행은 이다지도 과단하며 그 정신은 이다지도 영걸스러우며 그 향배는 이다지도 정대하도다. 비록 군자가 행할 중용(中庸)의 도(道)는 아니나 오늘 우리 한국 청년 남자들이 변고 속에서 마음을 결정함에 이와 같은 기습(氣習)이 없다면 이룰 수 없었을 것이오. 또한 세상의 나약한 학생들로 하여금 놀라 유약함을 깨우치게 하는 효과가 있으리라. 가령 우리 2천만 동포가 모두 조국정신을 지녀서 일시에 단지할 결심을 한다면 국가의 흥기회복을 곧바로 기대할 수 있으리라. 비록 스스로 자를 수는 없겠으나 이 단지한 피에 대하여 동정을 표시하여 함께 감격의 눈물을 흘릴 수 있다면 민지(民志)가 진전됨을 또한 알 수 있으리라. 오직 이 학생 제군들이 훗날 좋은 성과를 이루어서 국가의 위대한 사업을 담임할 것은 오늘 이미 그 꽃을 본 셈이니 찬비와 처참한 바람을 불러서 이 귀한 꽃을 피운 자들은 바로 일진회이다. 그러므로 나는 일진회를 위하여 경하하고 또한 학생들을 위해 경하하고 다시 동포들에게 고하노니, "장지연 군의 눈물을 보고 학생의 피를 듣고도 감동이 없다면 국가의 앞날이 어쩔 것이오!" 감동 할 지어다, 동포 제군들이여![16]

(8호, 50~54면)

16 이 연설은 『황성신문』(1907.1.21)에도 게재되었다.

교육의 효과

오가키 다케오

내가 대한 시국의 급선무인 교육 문제에 대하여 나의 소견을 여러분의 면전에서 연설함을 다행이자 영광으로 생각하고 또 여러분이 본회의 연설을 경청하시는 모양이 있음을 보고 국사(國事)에 열심인 것을 헤아리니 이에 감사한 뜻을 표합니다.

무릇 교육에는 가정교육과 학교교육과 사회교육의 구별이 있고 사회교육 중에도 몇 종의 분류가 있다. 신문을 읽어 안팎의 형세를 알고 세상일의 선악을 앎이 그 하나요, 연설을 들어 정치의 득실을 알고 사물의 시비를 앎이 그 둘이요, 도서관의 국내외 서적을 두루 읽어 고금 흥망성쇠의 유래를 알고 국내외 선철(先哲)의 말한 바를 깨달음이 그 셋째요, 연극장에 들어가 고래의 충신・의사와 효자・절부(節婦)의 말과 행동을 보고 권선징악의 의리를 깨달음이 그 넷째이다. 그러나 현재 협률사(協律社)[1]는 역시 연극장이라 칭하나 많은 기생을 모아 청년배의 음탕한 마음을 꾀어내, 풍속의 문란을 괘념치 않고 다만 자기들 몇몇의

지갑을 채우는 것이 목적이니 협률사는 결코 위와 같은 교육에 들어가지 않음을 알 수 있다.

요컨대 어린이와 소년은 가정교육과 학교교육의 두 종류에 속하고 정년(丁年; 20세) 이상은 거의 사회교육의 범위에 속한다. 문명국에서는 신문의 효능과 연설의 감화력을 극력 칭송하여 국민교육에 지대한 효과가 있다고 하여 상하의 권장이 그치지 않거늘, 한국에서는 군수 등 지방관이 그 관하에 신문 반포를 방해하거나 신문을 반송하는 자가 있으니, 이는 진시황이 그 인민을 어리석게 함과 유사하여 문명의 적이자 개진(開進)의 적이며 또, 대한 황제의 성의를 거스르는 죄인이라 이를지라. 대개 가정교육과 학교교육은 10년 내지 15년이 경과하지 않으면 그 효과를 낼 수 없는데, 사회교육 중에서 신문과 연설은 즉시 인심을 감동케 하여 국민의 의사를 좌우하는 위대하고 현저한 효과를 내니 이는 세계 문명국에서 실험된 것으로 누구든지 대체로 승인하고 반대함은 전혀 없다.

연설의 제목으로 걸어둔바, 교육이라 함은 위에 말한 구별과 분류 중 한 부분에만 치우치지 않고, 교육의 본지와 목적을 총괄 지정하여 그 정의를 말하여 그 효과를 논술하고자 한다. 즉 교육이라 함은 사람으로 하여금 사물의 이치를 알며 인생 본래의 의무와 권리를 깨달아 알게 하여 자주 향상의 생각을 양성하고 의식주의 세 가지를 완성하여 건전한 국민으로 국가사회에 서게 함에 있다. 그러나 한국 종래의 교육은 국가사회의 현상 및 인생의 권리와 의무를 설명하지 않고 역사에만 의지하여 과거의 국가를 알게 하고 경서에만 의지하여 국가에 대한 예의도덕만 교수함에 불과하니, 이 교육은 격물치지의 본뜻을 발휘하고 자주 향상의 생각을 일으켜 국가사회를 위해 맹진할 만한 건전한 국민을 양성함에는 적당하지 못함이 명료한 사실이다.

---

1 협률사(協律社) : 조선 말기에 설립된 판소리 명창들의 단체로, 이 이름은 고종의 재위 40년을 경축하여 1902년에 지어진 공연장에 쓰였다고 한다. 이 공연장은 곧 민간에 경영이 넘어갔고 1906년에는 풍기문제로 정부에서 폐지령을 내렸다.

사리를 알고 모르는가에 관한 최근의 사례를 들면, 일전에 훈련원(訓練院)[2]에서 학생 운동회를 시행할 때 계산경주(計算競走)[3] 부문의 우등생 신아무개(申某)를 유아무개(由某)라고 쓴 것을 핑계 삼아서 그 우등생에게 상품을 주지 않은 일이 있었다. 이 학부 관리의 행동이 심하게 사리에 맞지 않는 것이 전국에 유(由)라는 성은 없고, 또 성이 신씨(申氏)인 본인이 지금 여러 사람이 보는 앞에서 우등이 된 사실이 분명한데도 이름을 잘못 쓴 것을 핑계 삼을 수 없는 일이다.

현재 문명국의 법률에 변소 아닌 곳에 방뇨하는 자에게 5전의 벌금을 부과하나, 지금 교외의 사람 없는 땅에 방뇨하는 자가 있어도 이 법령에 따라 처벌하지 않음은 무슨 이유인가. 이 법령의 진의는 공중위생을 위하여 인가가 조밀한 곳에 방뇨함을 막기 위함이요, 교외의 사람 없는 땅은 공중위생에 관계가 없으니 처벌하지 않는다는 것이다. 만약 이 학부 관리 같은 이들의 소견으로 논하자면 법조문에 변소 밖이라 했으니 성 안과 교외를 막론하고 전국에서 변소 밖에 방뇨함을 다 벌하자 하겠고, 또한 살의가 있어서 살인을 한 자와 과실로 살인을 한 자가 있을 때에도 죽은 것은 마찬가지니 같은 죄로 처벌하자고 할 것이다. 사리를 따지지 않는다면, 사실에 근거하지 않고서 다만 외양의 명분과 격식에만 얽매일 것이다. 나는 전국의 교육을 주관하는 이 학부 관리가 도리어 다른 곳에서 교육을 받아야 한다고 생각한다.

누가 말하기를, "한국의 폐단은 스스로 비하함에 있고 청나라의 폐해는 스스로 존대함에 있으니, 이런 이유로 양국이 쇠퇴를 자초하여 오늘에 이르니라" 하였다. 한국이 자기를 비하하여 잘못된 까닭에는 원래 각종의 원인이 있겠지만, 나는 오로지 교육의 태만으로 돌리고 구제하

---

2 훈련원(訓練院) : 조선시대에 병사들이 무예와 병학(兵學)을 닦던 관청과 그 시설. 1907년 일제가 폐지하였고, 지금은 서울시 중구 을지로에 있는 훈련원공원이 되었다.

3 계산경주(計算競走) : 동시에 출발하여 달음박질하는 도중에 계산 문제를 풀고 결승점에 빨리 도달하기를 겨루는 경기.

는 방법 역시 교육의 진작(振作)에 있다고 여긴다. 무릇 교육은 사물의 이치를 앎이 위주이기에 사물의 이치를 안다면, 세상에 나와서 의구(疑懼)한 마음이 없으며 국가사회에 활보하는 용기가 생기고 자기 비하에 빠지는 구태가 없게 된다. 비유하자면 어두운 밤길을 걸을 때 갑자기 돌에 넘어질까 두렵고 도랑에 빠질까 무서워 전전긍긍하며 자유로 걷지 못함은, 자신이 없고 자명하지 못하기 때문이다. 반면에 대낮에 떳떳하게 걸어가는 사람은 험한 길이라도 능히 활보하여 의심의 마음이 없고 주저하는 태도가 없음은 다름이 아니라, 스스로 알아내어 두려울 바가 없으며 스스로 믿을 수 있기 때문이다. 그러므로 교육을 보급하여 사람마다 사리를 알게 하고 인생 본래의 의무와 권리를 깨닫게 한다면, 대낮에 떳떳하게 걸어 다니는 사람과 같이 세상에 활보하여 의심하고 주저하는 구태에 빠지지 않을 것이다.

지금 일본인들이 한국에 많이 들어왔는데 학식 없는 하등한 무리가 예의도덕이 무엇인지 알지 못하고 혹 방약무인의 언동으로 한국인을 박해하는 자들이 있어서, 내가 일찍이 일본 정부에 가서 이런 무리들을 엄중히 단속할 것을 건의하였다. 이토 히로부미[伊藤博文] 통감 또한 그 사정을 잘 알고는 보안 규칙을 반포하여 잡배 중에 부정한 행위가 있는 자를 엄벌할 것을 명령하였으니, 이제부터는 하등한 일본인의 악폐가 조금씩 감소할 것이다. 그러나 나는 공평과 성실로 여러분에게 고하노니, 한국 인민이 무교육의 결과인 무지와 비굴로 외국인의 경멸을 자초함도 또한 그 한 원인이다. 그러므로 교육을 진작하여 문명개화의 영역에 도달하려 힘쓰지 않으면 결코 외국인의 경멸을 면할 수 없음을 알아야 한다. 그러므로 본회는 한국 부강의 도모와 국권 회복의 목적을 이루기 위해서 교육의 진작이 필요함을 깨달았으므로 특히 강령의 첫 머리에 이를 명기하였다.

땅이 서로 가까워 닭 울고 개 짖는 소리가 서로 들리지만 늙어 죽을 때까지 서로 왕래하지 않았던[4] 이들은 상고 시대 지극한 치세의 백성들이요, 바다에는 기선(汽船)이 있고 육지에는 기차가 있어 전신(傳信)이 만 리까지 비늘처럼 이어져 그 습속에 안주하지 않는 이들은 근래의 문명한 인민들이다. 지금 세상에 있어서 하루를 나아가지 않으면 하루가 뒤로 물러남은 왜 그런가, 타인이 계속해서 나아가 멈추지 않는 까닭이다. 그러므로 자기가 타인의 노예가 되어 죽을 때까지 꿈틀거리며 곤경에서 신음함을 달게 여기고, 국가는 자멸하여 타국의 관할을 받아 조상의 치욕을 달게 받는다면, 본회에서 어찌 교육의 진작을 구차하게 변론하리오. 그러나 사람이 인생의 목적인 의식주 세 가지를 완전히 하여 안에서는 처자식 일가의 단란함을 즐기고, 밖으로 나가면 남에게 존경을 받아 친목으로 교제하며 마음속에 즐거운 감정을 품고자 하고, 국가가 조국의 정신을 잃지 않고 독립의 영예를 영원히 지키려는 희망에 도달하고자 한다면 불가불 교육의 효과를 기대해야 한다. 그러니 교육의 진흥 여부는 인생의 목적과 국가의 목적에 중대한 관계가 있으니, 그 효과의 위대함이 천하의 무엇으로 이에 비견하리오.

이와 같이 논술하여 나의 말한 바를 마무리하려 하므로 이제 다시 여러분에게 고하노라. 서양인이 말하길, "동양 황인종은 비유컨대 그 바탕이 기왓장 같고 서양 백인종은 비유컨대 바탕이 쇠와 같다. 쇠는 연마하면 광채를 발하지만 기와는 아무리 연마해도 광채를 발하지 못한다. 그러므로 동양인은 문명과 개화의 영역에 나아가기 어렵기에 대의정치를 한다 해도 원숭이가 관을 쓴 것 같다"한다. 오호라! 여러분은 기억하소서. 여러분과 조상이 같은 동해의 섬나라 황인종 일본인은 교육의 힘에 의지하여 기왓장과 다르다는 것을 보여주고, 정치 · 법률 · 의술 · 군사와 기타 제반사항에 광채를 발함이 이미 저 서양인들을 능가하였다. 이제 지난 날 우리 황인종을 모욕하던 서양인보다 낫게 되었으니, 저 서양인들은 수백 년간 연마하여 겨우 성취한 문명을 우리 황인종은 불과

4 닭 울고 …… 않았던 : 원문은 "鷄犬之聲相聞 而至老死에 不相往來者"로 『도덕경(道德經)』 80장에서 나왔다.

사십 년 만에 능히 성취하였은즉, 서양인들은 쇠와 같다고 자랑하지만 황인종은 기왓장과 다른 정도가 아니라 금이나 은이 되리로다.

또 서양인들은 근세기에 국회를 열고 대의정치를 행하고는 군민동치(君民同治)의 지극한 아름다움과 지극한 이치를 자기들이 발명한 것이라 한다. 그러나 실은 그렇지 않은 것이 상고 시대 이전에 맹자가 제나라 선왕(宣王)을 알현하고 말하였다.

> 좌우가 모두 어질다 해도 안 되고, 여러 대부들이 모두 어질다 해도 안 되고, 나라 사람들이 모두 어질다고 한 연후에 그를 살펴서 어질어 보이면 등용하십시오. 좌우가 모두 불가하다 해도 듣지 말고, 여러 대부들이 모두 불가하다 해도 듣지 말고 나라 사람들이 모두 불가하다고 한 연후에야 그를 살펴서 불가하다면 물리치십시오. 좌우가 모두 죽이라고 해도 듣지 말고, 여러 대부들이 모두 죽이라고 해도 듣지 말고, 나라 사람들이 모두 죽이라고 한 연후에 그를 살펴서 죽일 만하거든 죽이십시오.[5]

이는 군민동치의 지극한 아름다움과 지극한 이치를 설파하고 대의정치의 원리원칙을 남김없이 밝혀 낸 것이라. 당시에 맹자에게 그 방법을 질문한 이가 없었기 때문에 맹자가 상세히 설명하지 않았던 것이니, 만약 어떤 사람이 맹자에게 묻기를, "지나(支那)[6]는 사백여 주의 대륙이라서 법령 하나하나를 국민과 상의할 수 없는데 어떻게 해야 하겠습니까" 했다면, 맹자가 분명 대의정치의 간편하고 빠른 법을 설명하였을 터이다. 설혹 당시 국정이 대의정치에 부적당하여 맹자가 즉시 이 제도를 창도하지 않았더라도 군민동치의 지극한 아름다움과 대의정치의 법적 이치는 서양인이 발명한 것이 아니요, 우리 황인종이 발명함으로

---

5 좌우가 …… 죽이십시오 : 『맹자(孟子)』「양혜왕(梁惠王)」下에 나온다.

6 지나(支那) : 중국을 이르는 말로 지금은 기휘하는 표현이 되었으나 당시의 분위기를 살리기 위해 그대로 쓴다.

알아야 할지로다.

또 관리와 인민의 관계에 나아가서는 서양인의 저서를 번역해 읽은 후에야 비로소 그것을 다 알 수 있는 것이 아니다. 유하동(柳河東; 柳宗元)의 「송설존의서(送薛存義序)」[7]에 말하였다.

> 지방에서 관리 된 자로서 그대는 그 직분을 아는가. 관리의 직분은 백성을 부리는 것에 그치지 않는다. 땅으로 벌어먹는 백성은 그 수입의 십분의 일을 관리에게 제공하고 그들로 하여금 자기들을 다스리게 한다. 지금 그 삯을 받으면서 그 일을 게을리 하는 자들이 천하에 모두 그러하다. 어찌 게으르기만 할까, 더 나가면 도둑질까지 한다. 어떤 집에서 한 사람을 고용했는데 그 삯을 받으면서 그 일을 게을리하고 더욱 재물과 물건을 훔친다면 반드시 노하여 쫓아내고 벌줄 것이다. 지금 천하가 많이 이와 같은데도 백성이 감히 성내고 쫓아내서 벌하지 못함은 어째서인가? 형세가 다르기 때문이지만 형세가 달라도 이치는 같으니, 우리 백성을 어찌하면 좋을까.

이 서문을 보면 어찌 명료하지 않겠는가. 기타 황인종의 저서 중에도 서양인이 논한 것보다 수백 수천 년 전에 먼저 깨달은 것이 매우 많으니, 동양인은 결코 기왓장도 아니며 쇠도 아니고, 교육을 진작하여 지식을 개발하면 위대한 인종을 이루고 백인종을 능가하여 세계문명의 중심됨이 어렵지 않은 일이다.

오호라! 친애하는 대한 동포 여러분은 국민으로 하여금 퇴영하고 자기비하하는 누습을 속히 벗어나게 하고, 교육의 진작에 분발하고 진력하여 위대한 효과를 내기를 천만 번 기원하노이다.

(1호, 46~53면)

7 「송설존의서(送薛存義序)」: 영주(永州; 호남성) 지방에 현령으로 있던 설존의(薛存義)의 전임을 송별하는 자리에서 유종원이 그에게 써준 글이다. 『고문진보(古文眞寶)』에 실려 있다.

의무교육의 본의

오가키 다케오

한국의 현재 정황을 관찰하면, 나라의 걸음이 간난함을 걱정하고 상하가 일반으로 교육의 필요를 인지하여 전국 도처에 사립학교가 발흥함은 한국의 앞길을 위해 참으로 경하할 만하거니와, 가만히 그 내용을 탐사해보면 학교의 운영 경비는 뜻있는 신사들의 의연금에 기대어 근근이 한 때를 미봉하는 데 불과하고 영구한 유지의 방법을 확정한 경우가 있음을 아직 듣지 못했다. 대저 교육의 경비는 영구히 지불할 필요가 있으니, 학교는 한 때의 미봉책과 한 차례의 의연금으로는 완전한 교육을 시행할 수 없다. 단지 학교 발기인들만 서로 항상 고심하고 분주하며, 뜻있는 신사들도 수차례의 요청에 난감하여 의연금을 거절함에 이르면 학교가 부득이 폐교하는 경우도 많이 있으니, 그 귀중한 국민교육을 이처럼 위태한 기초 위에 건설함은 식자들이 우려할 바이다.

현재 서울 안 관립학교 수가 19개교인데, 그 중 사범, 중학, 농・상공, 의학, 영어, 일어, 프랑스어, 독일어, 중국어의 10개 학교를 제외하면 소학교는 9개교에 불과하다. 서울 내외의 각 학교 수는 34개, 각 부(府)·군(郡)의 공립소학교 수는 94개, 각 부·군의 사립학교 수는 59개, 기타 인허가를 거치지 못한 사립학교도 또 약간 있을 것이나, 이를 전국 13도에 비례해 계산하면 구우일모(九牛一毛)에 불과하여 아직 교육 보급의 실질을 거두기 부족하므로 이후로 학교를 증설할 필요가 있다. 그러나 증설은 고사하고, 이미 세워진 사립학교도 유지할 방법을 확정할 수 없고 한 때를 미봉만 한다면 사립학교의 앞길도 역시 미루어 짐작할 만하다. 그러므로 학교 당국자는 물론, 전국 각지의 뜻있는 신사들도 국민을 고무하여 새 학교의 방침을 연구하고 우선 의무교육의 방법을 결정하여 교육보급의 실질을 거두고 인민 지식을 개진할 방도를 도모할지로다.

소위 '의무교육'이라 함은 인민이 각각 그 국가에 대한 의무와 자기 자손에 대한 의무라는 두 종류가 있음을 지각하고, 국민이 반드시 보통 교육을 담당하여 그 운영 경비를 지불할 의무가 있음을 말함이오, 또 국가는 국가의 의무로 국민 전체에게 보통의 지식을 가르칠 방법을 실시할 의무가 있음을 말한다. 그러므로 문명국에서는 보통교육령, 혹은 보통학교령, 혹은 소학교령 등의 명칭으로서 법령을 반포하여 국민에게 의무교육을 시행해 반드시 보통의 지식을 배우게 함이 상례로다.

'국가에 대한 의무'라 함은, 무릇 국가는 일개인의 인민들이 모인 것이니, 인민은 곧 국가의 실체인즉 각각 그 국가의 한 분자(分子)이자 한 의원(議員)[1]의 자격을 가지기에, 국가의 성쇠영욕은 곧 각 인민의 양어깨에 지워질 것이 자명한 도리이다. 국민교육의 유무는 곧 국가의 성쇠영욕이 유래하는 바이므로, 국가의 영욕을 자기의 영욕으로 알아서 교육보급과 인민 지식의 개진을 도모할 것은 곧 국가를 조직함에 있어 국민의 당연한 의무로다.

---

1 한 분자(分子)이자 한 의원(議員) : 대표를 뽑을 수 있는 선거권을 가진 한 국민을 "분자(分子)"로, 피선거권을 행사하여 대표가 된 국민인 "의원(議員)"을 대비하여 이른 것으로 보인다.

'자기 자손에 대한 의무'라 함은, 무릇 사람의 지혜로움과 어리석음, 어짊과 못남이 교육의 유무에 따라 결정되는 것이므로, 가장이 일가의 번영과 자손의 행복을 기도할 것은 인생의 당연한 의무요, 또 자기 노후의 위안과 행복을 구하는 방법이므로, 자손의 교육을 가장의 의무로 함은 세계 식자들의 이의가 없는 바요, 문명국 사람들이 실행하는 바이다. 공자께서 말씀하시기를, "몸을 세워 도를 행하고 이름을 후세에 전하여 부모를 현창(顯彰)함이 효의 마침이다"[2]라고 하셨다. 이 말씀은 공자께서 자식 된 자들에게 효도를 훈유하고 권장한 것이므로, 이에 대하여 세상의 부모 된 자들이 자손으로 하여금 효도의 마침을 이루게 하려면 불가불 교육을 받게 해야 할 것이니, 무교육의 자식들은 효도의 마침을 이룸이 불가함을 설파하신 것이다. 그러므로 자손의 교육으로서 가장의 의무를 삼는 것에 천하의 어떤 사람이 이의가 있으리오?

그런즉 국민 된 자는 그 국가에 대한 의무에서 자기 자손의 학교 입학 여부는 물론, 교육의 운영 경비 일부분을 부담하여 국가의 개명과 진보를 도모할 것이다. 또 자손이 있는 가장은 국가에 대한 의무 외에 자기 자손에 대한 의무로서도 교육 운영 경비의 일부분을 부담하고, 또 자손의 입학을 게을리 하지 말 일이다. 이런 원리 원칙은 현재 세계 문명국에서 채용한 바이니, 국가는 국가 전체에 대해 보통의 지식을 배우게 함을 목적으로 의무교육을 시행하는 바이로다.

그러나 한국에서는 자손의 취학여부가 전부 가장의 임의자유이고 국가에서 하등 규정한 바가 없기 때문에, 교육사상이 없는 가문에서는 자손이 길거리에서 노닥거리며 교육시기를 허송할 뿐이다. 또 혹여 교육의 필요를 알아서 자손의 취학을 희망하는 가문이 있더라도, 국가에서 학교의 설비를 완비하지 않은 때문으로 그 뜻을 이루기 불가능한 자도 없지 않다. 이와 같은 나라의 사정이 개선되지 않으면 필경 교육의

2 몸을 세워 …… 효의 마침이다: "立身行道 揚名於後世 以顯父母 孝之終也"를 풀어 쓴 것으로 이 구절은 『효경(孝經)』「개종명의장(開宗明義章)」에 나오는 말이다.

보급과 인민 지식의 개진을 기도하기는 불가능하니, 이런즉 어느 날에 국권의 회복과 독립의 본뜻을 이루리오. 그러므로 나는 세계 문명국의 교육조례를 조사하고 한국의 정황을 참작하여 의무교육 방침의 대강을 열거해, 제군들과 그 실행에 진력하려 하노라.

하나, 적당한 행정구역을 하나의 학구(學區)로 하고, 학구의 넓고 좁음에 따라 1개 내지 2개의 학교를 설치하며, 학구 내에 거주하는 관민의 학령에 이른 남녀로 하여금 소학교육을 반드시 받게 할 것.

하나, 남녀 만 7세로부터 만 15세에 이르는 8개년을 취학기간으로 하되, 전반 4년간은 심상과(尋常科)로 하며, 후반 4년간은 고등과(高等科)로 하고, 그 등급에 맞추어 신교과서에 따라 교수할 것.

하나, 소학교의 운영 경비는 학구 내에 거주하는 관민의 부담으로 하고, 학무위원회에서 빈부 계급에 따라 부과하는 방법을 설정할 것.
단, 우선 정부에서 소학교 운영 경비 액수의 2 / 10를 보조할 것.

하나, 매 학구마다 학무위원 약간 명을 선거하게 하여 학구 내 주민의 대의원을 삼아 교육비의 예산액 및 부과·징수의 방법을 의결하되, 상급 관청의 인가를 얻어 시행할 것.

하나, 학무위원의 임기 및 선거방법은 따로 규정한 바에 의거할 것.

하나, 고등과 생도에 있어서는, 그 가장이 일리 있는 사정을 신고하여 학무위원회의 승인을 거친 생도라면 퇴학을 허락할 것.

하나, 취학한 생도는 학무위원회에서 규정한 수업료를 납부할 것.
단, 가난한 가정으로 학무위원회의 승인을 거친 자는 이 제한을 받지 않을 것.

위는 그 대강의 방침에 불과하나, 이로써 의무교육의 방법은 알 수 있다. 특히 학무위원을 설치하여 교육비의 부과·징수를 위임함은 한국의 정황을 깊이 참작한 것이니, 교육 관리가 학교 운영 경비를 빙자

하여 인민의 재산을 갈취하는 일을 막고, 또 인민에게 자치단체의 단서를 열게 하여 후일 국사를 자기 집안일처럼 여기는 국민사상을 함양케 하는 계단이므로, 국정 개량에 뜻이 있는 자는 이 말에 승복할[3] 것에 의심의 여지가 없다. 또 심상과는 가정 형편에 따른 퇴학을 허용하지 아니하나 고등과에서는 이를 허용함은, 각국의 실례를 준거하면서 한국의 정황을 참작하여, 학무위원회에게 담임하게 한 것이다.

이제 지금으로부터 34, 35년 전 일본에서 전국의 소학교를 설립하게 된 당시의 모양을[4] 상세히 설명하고, 또 독일이 프랑스 나폴레옹 1세에게 전 국토가 유린됨을 분개하여 전국에 강제교육을 시행하고 교육의 효과에 따라 독일의 기초를 굳혀서 마침내 프랑스에게 복수하여 성 아래의 맹약을[5] 받았을 뿐만 아니라 수십억의 전쟁배상금과 알자스·로렌 두 지역을 탈취한 게르만 본토의 교육 상황을 상술하면 제군들도 크게 감동할 것이지만, 시간이 임박하여 장황하게 말하지 못하므로 부득이 이상의 취지를 결론짓고 단상을 내려가고자 하노라.

원래 국가는 인민의 집단으로 성립한 것이므로, 인민의 품행이 열악하고 지식이 결핍하면 다른 나라에 야만이나 미개자로 배척받고 모욕당해 국가의 명예와 권리를 유지하지 못할 뿐 아니라 인민의 행복과 안녕을 보유하지 못함에 다다른다. 이와 반대로 인민의 품성이 고상하고 지식이 증진되면, 다른 나라의 존경을 받으며 친애를 얻어, 국가의 명예와 권리를 확장해 인민의 행복과 안녕이 증진함을 얻는다. 그러므로 국가를 이룬 이상에는 국민 전체에게 보통의 지식을 구비시키고 그 품

---

3 승복할 : 원문은 "左袒"으로 왼쪽 어깨를 드러내 지지함을 표시하는 것으로 중국의 고대 관습에서 유래하였다.

4 일본에서 …… 모양을 : 일본은 1868년 메이지유신 이후 1869년 최초의 소학교를 개설한 뒤 전국에 소학교를 설립해 나갔다. 1871년 문부성을 신설하고, 1872년 8월 일본 최초의 근대적 학교법규인 학제를 반포하였다. 그 결과 1878년에는 전국에 소학교 2만 여개 이상의 학교가 세워졌으며 취학률은 41.3%에 달했다.

5 성 아래의 맹약을 : 성하지맹(城下之盟), 성 아래까지 밀려온 적군과 맺는 맹약. 항복한 나라가 맺는 굴욕적인 맹약을 이른다.

성을 고상하게 하는 방법을 실시함이 국가의 당연한 의무이므로, 그 국가의 한 분자이자 한 의원(議員)인 인민이 각기 교육의 운영 경비 일부분을 담임하여 의무교육의 실시를 조성할 것이 국민의 당연한 의무이며, 또 자기 자손의 번영과 행복을 구하기 위해 자손의 교육을 실행함이 이 인생의 당연한 의무에 속한다. 이 모두 자명한 이유에 기인한 것이므로, 국민은 이 이중의 의무를 부담함을 지각하고 의무교육을 실행해야 할 것이다. 다만 한국의 현재 상황은 교육이 부족하고 학교의 설비가 없어서 갑자기 의무교육령을 실행하기 어려우나 이로부터 법령을 반포하여 부·군·도회지로부터 점차 편의를 따라 실행하면 적당할 것이라 여긴다.

(3호, 45~51면)

한국의 새 학교 정책

오가키 다케오

대한 학무행정의 방침에 대해서는 본회에서 현재 조사 중에 있고 아직 발표 시기가 오지 않았으나, 강구한 대책이 선미(善美)해지면 바로 공포하여 전국 유식자들의 찬동을 구하는 동시에 한편으론 정부에 건의하여 학무행정의 면목을 일신하고자 한다. 다만 지금 학부에서 뜻을 다해 기도하는 학무행정은 대략 다음과 같으니 이는 미쓰지 주조[三土忠浩] 참여관이 직접 말한 바인즉 정부 학무행정의 방침으로 보는 것이 옳을 것이다.

• 이번 오십만 원의 금액으로 한국 교육 사업비에 충당하여 사용하는 법은 먼저 관립 성균관, 농상공학교, 의학교, 중학교, 사범학교, 각종 외국어학교의 개조비, 또는 기계 기구 등 기타의 비용에 충당하고 그 나머지로 전국에 각 소학교를 건설하도록 함이 옳다.

• 소학교 건설은 지금 조사 중이나, 며칠 사이 북한 지방에는 다나카[田中] 사무관이 출장 조사하였고 남한 지방에는 히로다[廣田] 통감부 촉탁원이 담임하여 그가 근일에 조사를 마치고 귀경하였고 그 나머지 곳은 한 명이 바로 출장 조사할 것이다. 현재 경성에 있는 소학교 십여 개 중에 일곱 학교를 개축, 증축하고 관찰사 소재지[1]에는 반드시 한 학교씩을 신축, 증축할 터인데, 신축과 증축은 장마철과 겨울에는 공사가 곤란하기에 내년 9월경까지 준공할 교사(校舍)가 육십 개 교 가량이다.

• 교육은 오는 구월부터 각 도가 모두 개시할 터인데 보통학교령[2] 및 시행세칙도 현재 초안을 잡는 중이다. 불일간 칙령으로 보통학교령을 반포할 것이며 학년은 4학년, 학령은 만 8세부터 14세까지로 하나, 이번 보통학교령 반포한 후에 입교하는 자는 학력 정도에 따라 글방의 교육을 받은 10세 전후로부터 시작할 터이다.

• 교과서는 목하 편찬 중인데 그 종목은 일어독본, 국어독본, 한문독본, 수신서, 산술서, 이과 교과서이다. 오는 9월 개교 시에 이 책들을 전부 정밀히 만드는 것이 곤란하므로 임시로 묶어서 개시할 터이다.

• 소학교는 일본 교원 한 명을 두어 각 교과의 가르침에 주의하도록 했는데, 지금 교원 초빙을 주선하는 중이다. 경성에는 관립소학교가 9곳이오, 공립소학교가 1곳이오, 각 도에는 54곳이다. 경성 안의 각 학교 생도 수는 성균관에 30인, 농상공학교에 39인, 의학교에 23인, 중학교에

---

1 관찰사 소재지 : 관찰사는 각 도의 으뜸 벼슬이기에 지금의 기준으로 도청소재지 정도로 이해할 수 있다.

2 보통학교령 : 1895년 일제가 차관정치를 시행하던 당시 제정했던 소학교령을 폐지하고 1905년에 다시 제정한 조선인들의 초등교육에 대한 법규. 가장 큰 변화는 6년이었던 초등교육 기간을 4년으로 단축한 것으로, 통감부는 실용주의를 표방하며 6년간의 초등교육 기간이 조선의 생활수준과 사회 사정으로 보아 현실적으로 맞지 않는다고 주장하였다.

59인, 한성사범학교에 33인, 일어학교에 88인, 영어학교에 127인, 프랑스어학교에 44인, 중국어학교에 54인, 독일어학교에 20인, 고등소학교에 114인, 수하동소학교에 151인, 정동소학교에 180인, 재동소학교에 184인, 매동소학교에 167인, 안동소학교에 182인, 주동소학교에 184인, 양사동소학교에 148인, 양현동[3]소학교에 117인, 한성공립소학교에 97인이다.

• 학부 참여관은 종전에는 시데하라[幣原] 박사였고, 현재의 사무관은 우에무라 마사미[上村正己]인데 현재 학부 행정의 방면은 서기관이 담당하고 편집 방면은 미쓰지[三土] 참여관이 진력하고 사무관에는 다나카 겐고[田中玄黄], 마쓰칸 하루이찌로[松官春一郎], 우에무라 마사미[上村正己], 고스기 히코지[小杉彦治] 네 분과 기타 서기 두 명, 기수(技手)[4] 한 명이다.

(2호, 12~14면)

3 수하동 …… 양현동 : 수하동과 정동은 현재 중구에 위치하며, 나머지 지명들은 모두 종로구에 위치하고 있었다.

4 기수(技手) : 일본의 관직 중, 기사(技士)의 아래 직급으로 기술직에 해당한다.

교육론

이종준

예전부터 중동(中東)[1]의 말에, 정치에 반드시 덕의를 앞세우고 일의 공과는 뒤로 하며, 왕도를 존중하고 패도를 물리치며 대소와 강약이 있어도 논하지 않는다 하니,[2] 유자(儒者)들이 늘 하는 말이 이런 것일 따름이었다. 오늘에는 이와 달라, 서구인들의 말에 "생존경쟁은 천연(天演)의 이치[3]요, 우승열패는 공례(公例; 공공연한 사례)라" 하니, 이 같은 말은 어찌 도덕의 설과 어긋나지 않겠는가. 그렇지만 천고의 역사를 논하고 전 세계를 둘러보건대 그 흥망성쇠의 이유가 항상 우열과 강약의 여

1 중동(中東) : 바로 뒤에 산동성 출신인 맹자의 말이 계속 인용되기에, 중국의 동쪽을 의미하는 것으로 보인다.

2 정치에 반드시 …… 않는다 하니 : 이 구절은 『맹자(孟子)』의 「양혜왕(梁惠王)」, 「공손추(公孫丑)」 등에 나오는 논리와 맥락이 닿는다.

3 천연(天演)의 이치 : 원문은 "天演之理"로 "천연(天演)"은 "evolution"의 번역어이다. 청나라 말의 엄복(嚴復)은 토마스 헉슬리(T. H. Huxley)의 『진화와 윤리』(1894)를 『천연론(天演論)』(1898)이란 제목으로 번역·출판하였는데, 이 책에서 나온 번역어이다. 진화가 하늘의 작용처럼 당연한 것이라는 의미이다.

부에서 말미암았으니, 이에 동방 유자들의 의론이 반드시 그렇지는 않을 듯하고 서구인들의 말이 어긋나지 않은 듯싶다.

한번 논해보건대 강약으로서 따져보자면 탕왕(湯王)은 어찌 70리 땅으로써, 무왕(武王)은 어찌 100리 땅으로써 이루었겠는가.[4] 또 덕으로서 이루어지지 않는다면 여정(呂政)[5]은 만세에 이어졌을 것이오, 신(新)나라 왕망(王莽)[6]은 죽어서 육젓[7]이 되지 않았을 것이니 어찌 이런 이치가 있으리오? 대저 화목과 신의를 닦고 구하여 외교 문제를 담판함은 지금도 여전히 마찬가지라 그렇지 않으면, 저 꽝음 울리는 총포로 열강이 대치할 것이니 얼마 지나지 않아 인류가 전부 멸종할 것이다. 작은 것이 큰 것에 맞서지 못하고 약한 것이 강한 것에 맞서지 못함은 예전에도 마찬가지라 그렇지 않다면, 저 주나라의 망해가던 일곱 고을도 다시 생존을 도모하였을 것이고, 등(藤)나라는 제나라와 초나라 사이에서도 패자를 다투었을 것이다.[8]

이로 보건대 철인의 말은 고금의 구분이 없고 동서의 제한이 없다. 길이 달라도 귀결이 같음에 절충이 긴요함이라, 대개 정치가 우월하면 나라가 강대하나니 탕왕과 무왕이 흥기한 까닭이요, 정치가 용렬하면 나라가 약소하나니 여정(呂政)과 신(新)나라가 망한 까닭이다. 역대의 갈마

---

4 탕왕은(湯王) …… 이루었겠는가 : 『맹자』 「공손추(公孫丑)」에 "힘으로 인을 가장하면 패(覇)이니 패는 반드시 큰 나라가 있어야 한다. 덕으로 인을 행하면 왕(王)인데, 왕은 큰 나라가 아니어도 된다. 은나라 탕왕은 70리의 땅으로, 문왕은 100리로 왕이 되었다"고 하였다. 이를 참조하면 본문의 "무왕"은 "문왕"이 되는 것이 적절할 것으로 보인다.

5 여정(呂政) : 진시황(秦始皇)의 이름이 정(政)이고 성은 영(嬴)인데, 생부가 여불위(呂不韋)라는 전설을 취해서 "여정(呂政)"이라 했으니, 사생아라고 폄훼하는 표현이다.

6 신(新)나라 왕망(王莽) : 전한(前漢)의 외척 왕망(王莽, B.C. 45~A.D. 23)이 제위(帝位)를 찬탈하여 국호를 신(新, A.D. 8~23)이라 했다. 신나라는 후한(後漢)이 일어나면서 멸망했다.

7 육젓 : 원문은 "菹醢"로 김치나 젓갈을 지칭한다. 여기서는 고대에 사람을 죽인 후 시체를 젓갈로 담는 형벌을 의미한다. 왕망이 욕되게 살육되었다는 표현이다.

8 등(藤)나라는 …… 것이다 : 전국시대 당시 등나라는 강대한 제나라와 초나라를 이웃하였다. 이웃의 강대국을 근심하는 등나라 임금 문공에게 맹자는 인의의 정치를 역설하였다. 『맹자(孟子)』 「등문공(滕文公)」에 나온다.

듦이 그렇지 않음이 없으니, 지나간 기록에서 헤아려보면 어찌 우승열패의 공례(公例)된 것을 다시 의심하겠으며, 그 공례 됨이 또 어찌 지금 이 시대만한 것이 있겠는가! 정치의 우열에는 반드시 그 근본 된 바가 있도다!

아아! 심하다, 아슬아슬 위태하니라, 우리 대한의 오늘이여! 오늘 태어나 들끓는 판에 들어앉으니, 어찌 해야 우리의 정신을 보유하며 자유의 권력을 진작시킬 수 있을까? 오직 자강뿐이니라. 누구와 같이 자강할까 묻는다면, 내 『맹자』에서 한 마디로 그 요체를 얻었으니, "백성을 보호하여 왕이 되면 막을 수가 없다"[9]라 하겠다. 어떻게 백성을 보호하겠는가 묻는다면, 먼저 부강이 필요하니 『상서(尙書)』에 "부유하게 살 수 있어야 착하다"[10] 함과 공자께서 "부유하게 한 뒤에 가르친다" 하신 한 마디로 답이 다 된다 하겠다. 그러므로 "백성이 족하면 임금은 누구와 함께 부족하겠는가" 하고, "의식이 족해야 예절을 안다"[11]고 하시니라. 그런즉 그 방도는 어디서 비롯할까? 실업을 일으킴에 달려 있으니, 무릇 농업·잠업·상업 등 온갖 장인의 기예, 광산·철도·삼림·어업 따위의 일을 전부 확장하고 발달시킨 뒤에야 가능하다. 그 발달을 바라더라도 어찌 평소에 지각없는 백성이 스스로 나아갈 수 있겠는가? 어떤 방법으로 구제할까, 묻는다면 일언이폐지해 교육이라 하리니, 어찌 오직 윤리와 정치의 발달만 교육에 있겠는가. 무릇 실업 발달에 관련된 것이라면 교육에서 나오지 않는 것이 없으므로, 교육이란 것은 그 정계(政界)를 일으키는 제일 관건이로다. 이 밖에서 통치를 구한다면 배를 골짜기에 감추어두고 대양을 건너려는 것이니 어떻게 가능하리오! 나는 서양 선

9 백성을 …… 없다: 『맹자』 「양혜왕(梁惠王)」에 나오는 말로 맹자가 "덕이 어떠해야 가히 왕이 되리요?"라는 물음에 답한 말로 원문은 "保民而王, 莫之能禦也"이다.

10 부유하게 …… 착하다: 『서경(書經)』 「홍범(洪範)」에 나오는 말로 "사람들이 할 만한 일을 가지고 열심히 하게 하면 나라가 창성하고 사람들이 바르게 되니"라는 대목 다음에 나온다. 원문은 "旣富方穀"이다.

11 공자께서 …… 예절을 안다: 여기에 세 가지 인용이 있는데 처음은 『논어』 「자로(子路)」에 나오고 두 번째는 『논어』 「안연(顔淵)」에서 세 번째 구절은 『관자(管子)』 「목민(牧民)」에 나온다.

비의 말에서 한 마디로 그 요점을 얻었으니, "장래의 세계는 교육자의 수중에 떨어질 것이다" 하니, 아름다운 말이로다, 믿음직한 말이로다!

한번 생각해보라. 우리 대한의 오늘날 비참한 지경을 과연 어떻게 해야 구제할 수 있겠는가. 만일 서로 묻는다면, 우리는 고개를 젓고 참새처럼 팔짝대면서 "나는 알 수 없네, 알 수 없네"라 할 것이다. 가령 정계가 혼란하고 요행의 길이 시끌벅적하여 큰소리가 잇따르고 비구름이 번복하며, 공공의 기물을 사유물처럼 팔고 좋은 인재를 거름처럼 버리고 있다면, 한 번 쓸고 깨끗이 치워 공정함을 잡아 나갈 수 있을까? 내 그 불능함을 아노라.

가령 백성들이 함께 빠지고 가라앉아 벌벌 떨며 두려워함이, 물이 더욱 깊어지고 불이 더욱 타오름과 같고, 정치가 맹호보다 혹독하여 항상 봄날 살얼음을 밟는 듯하고 근심스레 삶을 즐기는 마음을 잃었다면, 물에서 건져내고 불속에서 구해내어 그 삶의 기운을 회복할 수 있을까? 내 그 불능함을 아노라.

가령 내치(內治)를 할 수 없기에 밖에서의 모욕이 혹 무력으로, 혹 글과 말로 날마다 몰려와 우리 수천만 생령으로써 노예를 삼고, 희생을 삼아서 고목이나 죽어가는 붕어와 같다면, 분란을 떨쳐 해결함을 노중련(魯仲連)의 유서(遺書)[12]나 조말(曹沫)이 단을 올라가는 것[13]처럼 할 수 있을까? 내 그 반드시 불능한 바로 아노라.

나라에 장졸이 있음은 모욕을 막아내기 위함이나, 지금 육군은 1만의 보병을 채우지 못하고 해군은 한 척의 함대가 없으니 쥐나 개 같은 좀도둑도 오히려 근절하기 어려운데 하물며 이 꼴로 외국의 모욕을 막아내겠는가? 만일 포탄 연기와 탄환 빗발이 산을 울리고 바다를 흔들면

---

12 노중련(魯仲連)의 유서(遺書) : 전국시대 제나라의 노중련은 차라리 동해에 빠져 죽을지언정 포악한 진나라가 황제로 군림하는 것은 보지 못하겠다는 글을 남겼다.

13 조말(曹沫)이 단을 올라가는 것 : 조말은 춘추시대 노나라 장수이다. 제나라 환공(桓公)에게 패전한 노나라는 가(柯) 땅에서 회맹하였다. 그는 말석에 앉아 있다가 갑자기 제후의 자리로 올라가 비수로 환공을 협박해 노나라가 빼앗긴 땅을 돌려받았다.

비록 의지와 충성을 다한다 해도 도모하기 어려우리니, 위엄을 떨치고 무력을 빛내 강병을 도모해야 할까? 내 그 반드시 불능한 바로 아노라.

우리 삼천 리 난공불락의 강토에서 사천 년 동안 아무것도 모르는 천진한 백성이 천연(天然)의 경계에 문을 닫고 자재(自在)하던 것이, 하루아침에 바뀌어, 조석으로 시끄럽게 떠들어댐에 잠들 겨를이 없고, 작은 이익을 놓고 서로 다투게 되매 호구지책이 없게 되었다. 슬프고 슬프다! 흘간산(屹干山)[14] 위의 참새는 어디에서 즐거움을 구할 것이며, 외진 동굴의 물고기[15]는 무슨 수로 빛을 보리오. 이때를 만나 권세와 힘을 헤아려보고 길고 짧음을 재어보자면, 맨손으로 싸우러 나가려는 꼴이라 혈기만 믿는 용맹을 헛되이 떨치리니 당랑거철(螳螂拒轍)과 가깝지 않겠는가! 그 반드시 불능한 바로 아노라.

아아! 슬프도다. 이런 몇 가지 일도 불능하니 그 무수한 불능함은 산수에 능한 이라도 계산할 수 없고, 하인을 바꿔가며 계산해도 헤아릴 수 없으리니, 그런즉 어떻게 해야만 할 것인가? 저 하늘께서 돕지 아니하여 우리 인종을 모두 죽이고자 하시면 그만이거니와, 하늘이 우리 인종을 다 죽이려 하지 않으시려니 백척간두에서 한 걸음 나아가 우리 국권을 회복하는 길은 오직 정부가 국민에게 교육 두 글자로 간접적으로[16] 관여함에 달렸을 따름이로다. 오호라! 교육이란 것이 권리를 회복하는 기초이므로 마음을 담금질하여 면려하지 않을 수 있겠는가.

무릇 지금의 사람들 중 진실로 조금이나마 지각이 있다면 "교육, 교육"을 말하지 않는 자가 없으나, 또한 늙은이의 예사로운 말에 불과할

---

14 흘간산(屹干山) : 흘간산(紇干山)인 듯한데, 중국 산서성에 있으며 여름에도 늘 눈이 쌓여 있다 한다.

15 외진 동굴의 물고기 : 원문은 "孑兀壑中之魚"로 이탈리아의 산중 동굴 속에 사는 물고기는 햇빛을 보지 못해 시력이 없다고 한다. 양계초의 「동물담(動物談)」에 나온다.

16 간접적으로 : 무력과 강병(强兵)의 직접적인 방법과 대비하여 간접적인 방법인 교육을 강조하는 것은 당시의 『황성신문』 등에서 주장하던 준비론, 실력양성론 등과 논조가 비슷하다. 이 책에 실린 「학부에 의무교육을 건의함」에서도 국권의 회복이라는 직접적인 활동이 아닌 간접적 교육을 강조하고 있다.

뿐, 실질을 밟고서 바로 나아갈 용기는 보지 못했으니, 해는 저물어 길이 먼데 장차 어찌 일을 해내겠는가. 응용의 실제는 진실로 학교를 부쩍 일으키는데 있으며 나아가 교육정도에 달려 있다. 무릇 교육에 세 종류가 있다 하니, 가정교육 · 학교교육 · 사회교육이라 하며, 또 체육 · 덕육 · 지육으로 구별된다. 그 선량한 교육정도를 선진국에서 강구하여 시급한 방침으로 현재의 우리에게 시행하는 것이 으뜸의 요령이다. 우리 대한의 현재 상황에서 가장 절박하여 하루라도 잠시 늦추지 않고 계속 해야 하는 것이 하나 있으니 '의무교육'이 바로 그것이다.

'의무교육'이라는 것은 이제 교육계의 통례이니, 프랑스와 오스트리아 등의 나라는 "강제교육"이라고도 하며 그 호칭이 하나이면서 둘이요, 둘이면서 하나로 같은 것이다. 서양 선진국의 발흥은 굳이 논할 것 없지만, 근자에 청나라 또한 이를 반포하여 실시하니 기이하도다. 오래도록 쌓인 부패의 덫 속에서 이를 단행할 수 있었으니, 전날은 입헌정치 제도를 반포하여 세우고, 오늘에 강제교육령을 발표하니 청나라도 거의 이루어졌구나. 홀로 우리 대한만 아직 이렇게 몽롱하니, 알 수 없도다! 긴긴 밤 어느 새 아침이 될 것인가.

교육이 시행되지 못하면 생존을 얻을 수 없으리니, 어찌 가슴을 치고 피를 토하며 크게 소리 지르지 않겠는가. 옛날 프러시아가 프랑스에 패했을 때 현명한 재상 슈타인이 "설욕하려면 반드시 먼저 교육해야 한다"고 하자, 프러시아 왕이 그 말을 듣고서 강제교육을 실시한 60여 년 만에 항복 조약을 맺어 배상금을 받고 두 주를 할양받았으니, 교육의 힘이었다.[17] 그러므로 프러시아 장군 몰트케가 "오늘의 승리는 그 공이 마땅히 소학교에 돌아가야 한다"고 하였다. 이에 프랑스 또한 깨달아 교육을 일으켜 인재를 길러서 다시 강성해지고, 구미가 감화되어 문화가 전진

17 프러시아…… 힘이었다: 당시 프러시아 국왕 빌헬름 1세(Wilhelm I, 1797~1888)가 보불전쟁(1870~1871)에서 승리하여 프랑크푸르트 조약을 맺어 전쟁보상금을 받아내고 알자스와 로렌 두 주를 할양 받았다.

하니 그 공렬이 미친 바가 과연 그 얼마인가! 그러므로 내가 "교육이라는 것은 일을 이루는 관건이요, 국권 회복의 기초이다"라고 하는 것이다.

아아! 앞서 말한 대로 승패와 강약이 정치에 근본하고, 정치의 우열이 교육에 근본하고, 교육의 요체가 국민의 의무교육에 달렸다. 진정 바라건대 우리 교육계의 주권자는 특별히 세 번 더 생각하여 불구덩이나 물에 빠진 이를 구하듯 급급하게 시행할 것이고, 또한 바라길 우리 전국의 동포도 촌음을 다투어 굶은 자와 목마른 자가 먹고 마시듯 급급하게 면려할 지어다! 정말 이와 같다면 국가와 인민에게 심히 다행이겠고, 우리 대한정신이 무럭무럭 나날이 자라나 육대주를 능가하고 그 찬사가 만세를 이어지리라. 가슴 속 혈기가 뛰놀아 말을 맺을 줄 모르겠으니, 청컨대 뒷날을 기약하며 글을 맺고자 하노라.

(7호, 1~5면)

교육설

김성희

무릇 교육은 국가의 인격을 만들어 지식을 수여하며 직업을 주어 단체에 이바지함이거늘, 근래 교육에 대하여 실제를 강구하는 자가 적을 뿐더러 폐해가 잇달으니 폐해의 원인은 세 가지에서 비롯된다.

첫째는 교수 방법의 결점이니, 학령의 다소와 정도의 고하를 막론하고 과목의 취지에 깊고 얕음을 혼동하여 교수하니 학규의 문란이 막심하며, 둘째는 학생이 요행을 바람이니, 학업의 실지는 개의치 않고 벼슬자리의 첩경을 바로 도모하여 단계를 건너뛰고 명예를 좇으라고 부모도 그렇게 가르치며, 셋째는 교과 재료가 갖추어지지 못함이니, 교재는 서적인데 공사(公私)의 출판이 비싼 가격으로도 구하기 어려울 뿐 아니라, 어리석은 견해를 그릇되게 지켜서 과거 지나(支那)의 『통감(通鑑)』[1]

1 『통감(通鑑)』: 『자치통감(資治通鑑)』의 줄임말이다. 중국 북송(北宋)의 사마광(司馬光 : 1019~1086)이 1065~1084년에 편찬한 편년체(編年體) 역사서로 조선에서 전통적인 교재의 하나였다.

이나 고대 문인들의 붓장난으로 인민의 지혜를 가두었으니, 이 세 종류의 폐해를 먼저 없애야 한다.

대저 사람이란 교육이 필수인 동물이라, 사람이 처음 태어나서부터 웃고 울고 걷고 달림과 비바람, 더위, 추위와 의복, 음식 등의 사물을 접하는 사이에 가르침이 없을 수 없다. 그러므로 가정교육이 필요하거니와 입학한 후에는 학교의 계급을 5등급으로 나누니 독일의 학사 라트겐(Rathgen)의 설을 대략 본받아 아래와 같이 보인다.

초등교육에서는 국어와 국문 등으로 교육 과정에 기초를 세워 종교의 사상과 국가의 정신을 가지게 한다.

고등교육에서는 도덕의 근저를 심어서 국민의 자격을 이루며 국가의 사상을 발휘하게 한다.

중등교육에서는 국민의 위치를 확립하여 생애를 준비하며 외국어학과 여러 과목의 전문으로 대학교의 예비과를 설치한다.

대학교육에는 중등에서 예비한 과목으로 지식을 넓히며 학술을 다듬어 익혀서 직업과를 예비한다.

직업교육은 대학과 짝을 이루어 공업・상업・농업에서 미술과 항해 등까지 실업으로 국부(國富)의 근원을 증식한다.

이를 학교 등급의 순서라 일컫는다.

대저 교육이라 하면 문자만 교수할 뿐 아니라 체육, 덕육, 지육의 3대 강령이 있으니 초등교육은 국민의 분자를 확충함이오, 중등교육은 국민의 기관을 소통함이요, 대학교육은 국민의 생업을 보조함이니, 그러므로 학업을 성취하면 벼슬과 봉록을 누릴 뿐 아니라 생활상의 이로움이 곡식, 포목과 같다. 독일의 대학자인 헤르바르트의 학설에 말하기를, "품성을 도야하고 생애를 준비한다" 하며, 영국 학자 스펜서는 말하기를, "나를 위해 생활을 도모하고 남을 위해 사업을 도모한다" 하니,

학생들에게 권유하기를 어려서 독서를 잘하면 벼슬을 얻으리라는 비루한 말은 쓰지 말지어다. 프랑스 몽테스키외의 「정리편(精理篇)」[2]에 말하기를, "미개한 국민은 근근이 관작의 명목으로 목숨을 서로 의지하며, 귀족이나 관리의 한 번 찡그림과 한 번 웃음을 하느님이나 귀신같이 애타게 살핀다" 하니, 이는 노예근성과 어찌 다르겠는가. 국민이 되고자 하면 벼슬 구하는 욕망은 통렬히 혁파할지어다.

서적은 국민의 이목이다. 개화국과 미개국, 문명과 야만의 구별이 여기에 있으므로, 문명 기관의 중심점은 첫째도 서적이요, 둘째도 서적이다. 중류 이상의 사회에서 새 풍기로 옛 풍기를 교환함은 잡지와 이야기 책등이 그것이요, 학교 과정에서 새 관념으로 옛 관념에 이어지도록 하는 것은 여러 교과서들이다. 일본에 저자, 역자가 이천 명 이상에 달할 때부터 문명에 진보도 따라서 점차 나아가서, 지금은 전국의 사람 가운데 글자를 모르는 자가 거의 없고 저자, 역자는 무려 그 절반에 이르니 유신의 사업이 이같이 위대하다. 구미의 강국은 찻간, 선실, 여관, 극장에까지 들보에 닿도록 서가를 채워서 손과 눈이 닿는 곳에 모두 서적이다. 어찌 그 사람들이 밝지 않고 그 나라가 열리지 않겠는가.

오호라! 우리 대한은 사람들이 이미 부자유하고 더욱 책이 부자유하여, 고질병으로 목숨이 가물거린지 5백 년이라. 과거 지나의 진부한 찌꺼기로 목숨을 삼아서 갇히고 막힌 것이 막심하였으니 풍기와 지식을 어떻게 계발하며 큰 인물과 뛰어난 선비가 어떻게 나올 수 있었겠는가. 국민의 참화를 논하자면 분서갱유하던 진나라의 치세보다 더욱 독하거늘, 남은 허물이 있어 왕왕 교육에 폐해를 끼치니, 이제부터 자유로이 저술하고 자유로이 출판하는 국민에게 특별히 장려하고, 일반 학교의 교과서는 신학문의 대가가 편집한 책으로 꼭 쓸지어다.

우시자(憂時子)[3] 말하기를, "그나마 있는 소학교를 보통학교로 이름을

---

2 「정리편(精理篇)」: 당시 중국에서 몽테스키외의 『법의 정신』이 『만법정리(萬法精理)』라는 이름으로 번역되었던 바, 이를 가리키는 것으로 보인다.

바꾼 것은 학교의 등급을 문란하게 하며 생도의 정신을 가리고 훼손함이라” 하거늘, 내 정색하고 답하여, “이는 그렇지 않다. 관건은 학규와 조직에 있으니, 구미가 19세기경에 경쟁의 기세가 극렬했는데 독일인의 의무교육이 제일 앞섰으며, 그 다음은 영국인의 강제교육이었다. 프랑스는 나폴레옹의 기개로도 풍조에 몰려 부득불, 교육을 급급하게 행하여 보통학교를 선창하였으나, 지금은 민정(民政)의 국가가 되었기 때문에 각급 학제가 원만하다. 독일 교육에서 의무라 함은 정부에서 병역·조세와 마찬가지로 인민을 복종하게 함인데 이로써 큰 사업을 이루었으나 비스마르크의 철혈정책이 제정(帝政)주의였으므로, 일본의 유신 초기에 학사 모씨는 의무교육에 대하여, '독일식 주의로 국민의 정신을 기르면 독립자존의 뜻이 부족하여 비리한 풍속을 이루리라' 하였으나, 일본이 이로써 문명에 나아갔으니 선진 학사의 우국하는 원려(遠慮)가 이와 같도다. 우리 대한 국민의 풍습으로는 의무교육이 아니면 학교 사업을 확장하지 못할 것이다. 본회에서 건의한 바가 이미 있거니와 하루라도 가히 늦추지 못할 일이니, 오호라! 우시자(憂時子)여.”

(5호, 11~14면)

---

3 우시자(憂時子) : 시세를 근심하는 이를 의미하는데, 여기서는 문답식 산문체를 이루기 위해 설정된 수사적 장치이다.

교사의 개념

김성희

세상에서 이른바, '경쟁이 반드시 교육계로부터 비롯한다' 하는데 어찌 그러한가. 지리의 험요(險要)[1]가 그 나라를 반드시 견고하게 하는 것은 아니고, 천연자원이 풍요해도 그 나라가 반드시 부유해지는 것은 아니다. 인류만이 진화하여 고도한 문명에 이르니, 약자가 강해지고 열등한 자가 우수해져 장차 천하에 대적할 자가 없게 될 것이 곧 생존경쟁으로 천연(天演)의 원리이다. 사회의 상태와 국가의 명운이 단 하나도 이것과 무관할 수 없으므로, 교육자의 영도하는 책임에 어찌 끝이 있겠는가. 교(敎)라는 것은 총명으로 천하의 사물을 연마하지 않음이 없는 것이며, 육(育)이라는 것은 그 신체와 덕성을 도야하여 함께 나아가서 완전한 사람을 만드는 바로 그것이다. 대개 인간이 태어났을 때는 동물 중 가장 무력하고 가장 무능한 것이기에, 유전의 편향과 외계의 자극에

1 험요(險要) : 지리가 험하여 방비하기 쉬워 국방에 도움이 된다는 뜻이다.

쉽게 감응하여 한번 머릿속에 남게 되면 종신토록 그 폐단에서 벗어날 수 없다. 따라서 정확하고 선량한 교육으로 반드시 어려서부터 배양해야 한다. 그러나 어린이의 정신은 본래 텅 비어있으므로, 자유방임해서는 안 되며 엄격하게 잡아서 검속해도 안 된다. 다만 그 정신 가운데 천부의 맹아에 따라 계발하고 지도하여 자치(自治)의 인격에 이르는 것을 궁극의 지경으로 삼아야 하니, 교사의 학생에 대한 관계가 매우 중요함이 또 어떠한가.

공자께서 이르시되, "그대들은 내가 숨긴다고 여기는가? 나는 숨길 것이 없음이라. 내가 하고도 그대들에게 알리지 않은 것이 없노라"[2] 하시고, 안자(顏子)가 이르시되 "선생님께서는 차근차근 사람을 잘 이끌어 주신다"[3] 하였다. 대개 사람을 가르치는 방법이란 반드시 측은해 하는 정성으로 자신에게 미루어서, 인간의 본성을 다하고 사물의 사정을 헤아려서 가르침에 젖어들고 배어들게 하여 이끌고 도와서 마침내 이루어지게 하는 것이 이와 같았다. 그러므로 교수하는 자는 반드시 이해하고 심득할 두 가지가 있으니, 즉 제자들에게 천연적인 친애의 마음을 절로 우러나게 하고, 그들이 국민 된 독립의 본성을 스스로 이루게 해야 할 것이다. 일본의 사이토[齋藤] 학사가 지은 교육학의 이상주의가 이것이기에 그 몇 절을 아래에 발췌 기록하여 참고 하도록 한다.

(8호, 25~26면)

하나. 교사는 성격과 사상에서 아래의 여러 조항을 가져야 함.

첫째, 지식이 풍부하여 사물을 연구하는 정신이 총명함.

둘째, 감각기관이 예민하고 발성기관이 장쾌함.

---

2 그대들은 …… 없노라 : 원문은 "二三子 以我爲隱乎 吾無隱乎爾 吾無行而不與二三子"로 출전은 『논어(論語)』「술이(述而)」이다.

3 안자(顏子)가 …… 주신다 : 원문은 "顏子曰 夫子循循然善誘人"으로 출전은 『논어(論語)』「자한(子罕)」이다.

셋째, 판단력이 뛰어나고 동정심과 애정심이 두텁고 따듯함.
넷째, 실행의 관념이 견고하여 일에 임하면 태만하지 않음.
다섯째, 자신하는 지기(志氣)를 확립하고 처신은 방정하여 불요불굴함.

둘. 교사는 권위를 가져야 함.

어린이의 행위를 바로잡아 일정한 규칙에 복종하게 하며 도리에 맞춰 활동하게 만들기 때문에 자신의 고상한 가치인 교권을 마땅히 지녀야 한다. 그러므로 권위의 발생은 도덕적 품성과 일을 하는 열성에 절로 따른 결과이다. 만일 겉만 수식하여 강제적 권위를 펼치려 하면 지도의 효과가 모자랄 것.

셋. 교사는 학생의 성질을 몸소 인지함.

아동은 아동의 마음이 있고 어른은 어른의 마음이 있으니, 만일 어른의 마음으로 아동의 마음을 좌우하면 성공할 수 없다. 교사는 반드시 아동의 마음을 자기의 마음으로 삼아 따듯이 품어 감화하되, 그 의지가 발달한 정도와 품성의 차이나는 강약을 짐작하여 적당한 처치를 행함.

넷. 교사는 자기의무를 아래 항목에 따라 주의함.

첫째, 수업시간을 미리 준비하고 정확하게 준수함.
둘째, 교무를 정리하고 학규를 잘 익힘.
셋째, 학교에 관한 법률명령에 숙달하여 직무를 행함.
넷째, 교사(校舍)를 청결히 하고 병원(病源)을 예방하여 학생의 위생에 힘을 다함.

그러므로 교사는 학교의 중심이요 피교육자의 구체적인 모범이라,

인류의 정신을 이끌어 개발하며 재능과 지혜를 양성하여 국가를 구성하는 재목을 만든다. 따라서 독일의 학자 칸트가 말하기를 "인간의 인간됨과 나라의 나라됨이 교육력의 여부에 달렸다"라고 했으니 교사된 자는 깊이 유념해야 할 지어다.

(9호, 19~20면)

교육의 종지와 정치의 관계

김성희

무릇 사람이 금수와 다른 것은, 사상이 있고 능력이 있어서 그가 지향하는 목적을 달성하고자 교육을 받기 때문이다. 그러나 교육에 종지가 없으면 키 만드는 이에게 대장장이의 일을 배우게 하고, 활 만드는 이에게 궤 짜는 일을 배우게 함과 다를 바 없으니, 어찌 공을 이룰 수 있겠는가. 그렇다면 종지란 무엇인가? 국체(國體)에 적합한 것을 교육하여 특질을 갖춘 사람을 양성해서 나라를 떠받치는 인재로 쓰는 것이다. 그러므로 고금의 각국에서 교육의 형질은 같다 해도 종지의 방향은 반드시 저마다 다르니 유교국가, 불교국가, 기독교국가, 이슬람국가 등 각종 종교국가가 모두 부득불 그 숭상하는 바의 교육으로 각기 형질을 마련하는데, 종지의 귀결은 항상 정치의 범위 안에 있다.

어째서 그런가? 헌법국가는 민정의 교육을 하고 전제국가는 왕정의 교육을 하지 않을 수 없으니 그 종지를 총괄해 말하면 도덕주의, 행복주의, 상무주의 세 가지일 뿐이다. 어째서 도덕주의라 하는가? 항상 천하의 정해진 법도에 의거하여 격언이 될 만한 것으로 행하고 천하의 인도를 확립하여 완미한 품성을 함께 만드는 그것이다. 어째서 행복주의라 하는가? 반드시 연마하여 건강한 신체를 갖게 하고 반드시 사려를 깊게 하여 풍부한 지식을 가지게 해서 그 천연의 능력을 돕고, 단체 안에서 공동으로 생활하게 하는 그것이다. 무엇을 상무주의라 하는가? 민정 국가를 군정(軍政)국가로 바꾸어 방패를 타고 방패를 들면서 독립의 기운이 마음속에 성대해져서 절륜한 사업으로 나타나는 그것이다.

이 세 가지 중 무엇이 낫고 무엇이 못한가는 실로 일정하지 않지만 반드시 정치의 선악을 따라서 성쇠의 운수가 있을 뿐이다. 그렇지만 민정 국가의 국민은 고상한 품성이 도덕과 함께 진보하며 자유의 권리가 힘쓰지 않아도 자강(自强)하여서 국가와 더불어 무궁한 복리를 누린다. 그러나 왕정 국가의 국민은 그렇지 못하니, 정부가 압제로서 길들이고 노예의 학문으로 가르칠 줄만 안다. 그러므로 자주의 뜻이 결핍하여 아첨이 풍속이 되고, 사람들은 단체를 이루지 못하여 강한 이웃 나라가 사방에서 노리게 된다. 지금과 같은 우승열패의 전장에서 군주 한명으로 만인의 주시를 막아내고 하나의 정부로서 거슬러 흐르는 숱한 물결을 막으려 한다면 그렇게 할 수 있겠는가. 구정(九鼎)이 들리고[1] 사직이 끊기는 참상을 선채로 기다리고 있으니 교육계가 정치에 관여함이 과연 어떠한가!

오호라! 우리 대한에서 신교육의 논의가 제창된 것은 갑오경장(甲午更張) 뒤부터 맹아가 비롯되었지만 실제를 궁구하지 않고 겨우 명분만 보존하여서, 오이를 심어 오이를 얻고 콩을 심어 콩을 얻는 잘디잔 효과에서 벗어나지 못했다. 그리고 겨우 서너 해 동안[2] 이웃에서 넘어온

1 구정(九鼎)이 들리고 : 원문은 "擧鼎"이다. 구정(九鼎)은 일종의 솥으로서 중국 봉건국가에서 국권을 상징하는 국보이다. 이 솥이 남의 손에 들렸다는 것은 국권을 잃었음을 의미한다.

2 서너 해 동안 : 갑오경장은 1894년 7월부터 1896년 2월까지 시행되었다. 청나라와의 조공 관계를 단절하고 행정부를 모두 개혁하는 등의 조치 가운데 교육개혁과 관계된 정책

불빛을 빌려서 시무에 맡는 학제를 넓혀 조야(朝野)의 상하가 모두 교육을 혁신할 수밖에 없음을 알게 되었으니 이는 실로 점진의 첫 단계이다. 그래서 오늘 한 가지 언어를 배우고, 내일 전문학교 하나를 설립해서 겨우 한 반점을 엿보고서[3] 구차히 부연함이 껍데기를 훑는 정도이니 어느 겨를에 교육의 종지를 궁구하겠는가. 정말 이와 같다면 대한세계는 장차 새우 눈을 빌리는 해파리[4]를 벗어나지 못할 것이니 어찌 슬프지 않겠는가! 고대부터 교육을 시행한 이래의 종지와 근세 교육의 결과를 아래에 번역하니 교육가들이 참고하며 각자 취택할 것을 대비함이로다.

1. 아테네 교육

아테네는 고대 그리스의 도시 국가로 민정(民政) 국가의 시조이다. 그 학업은 사회학,[5] 철학 등의 과정이오, 그 교육은 시민의 자격을 양성하여 자유의 성질을 장려한다. 그러므로 그 사람들이 명예를 중시하고 도덕을 높이며 입법을 자기의 임무로 삼아 모두 참정권을 갖고 있었다. 본디 민정 국가의 교육 종지는 이와 같다.

2. 스파르타 교육

스파르타는 고대 그리스의 한 국가인데 전제적 왕정으로 유명한 나라이다. 교육 제도가 우선 전국 사람을 군대로 삼아, 일국의 자제는 일국의 공유하는 바라 하여서 부모가 사사로이 하지 못하고, 7세에 학교

들도 일부 실시하였다.

3 한 반점을 엿보고서 : 원문은 "窺一斑"으로 "대롱으로 표범을 보면 겨우 그 반점 하나를 알아 볼 뿐이다."는 고사가 있다. 출전은 『세설신어(世說新語)』 「방정(方正)」이다.

4 새우 눈을 빌리는 해파리 : 원문은 "蝦目之水母"로 주관적인 견해가 없이 다른 사람의 말을 따르는 것을 의미한다. 해파리[水母]는 눈이 없어서 사람이 접근해 와도 피하지 못하다가 새우의 눈에 의지하여 피한다는 고사성어 수모하목(水母蝦目)이 있다. 출전은 『문선(文選)』 「강부(江賦)」이다.

5 사회학 : 원문은 "群學"인데, 지금의 의미로는 정치학, 사회학 등에 가깝다.

에 들어가면 정부가 양육하고 교화하며 속박을 엄격히 하고 그 복종의 성품을 기르는 데 힘써서, 40세 이상이 되지 않으면 자유롭게 생활할 수 없다. 그러므로 국민 전체의 정신이 오로지 상무일 따름이다. 왕정 국가 교육의 종지는 바로 이와 같다.

3. 영국의 교육

영국은 근래 지구상에서 가장 번영한 헌정 국가이다. 학교 제도에서 덕육(德育)과 체육에 중점을 두고, 지육(智育)은 그 다음이다. 그러므로 자유, 자치의 성품이 가장 뛰어나며 도덕에 화복이 달렸다는 논의가 더욱 성행한다. 성년이 된 뒤에는 자주적으로 살아가며 의존심을 끊는다. 헌정 국가 교육의 종지는 바로 이와 같다.

4. 독일의 교육

독일은 역사상 신진의 웅국(雄國)이다. 교육제도가 민족주의로 비롯되어 프랑스에 보복한 효과가 있었다. 그래서 몰트케 대장이 스당의 전역에서 프랑스에 승전한 공은 소학교에 있다고 하니 학제의 우수함이 유럽 대륙에서 최고가 된 것은 이유가 있다. 게다가 제국주의로 나아가서 연방의 대권[6]을 쥐었기 때문에 지금 독일 황제[7]가 또한 "일국의 소년을 교육하여 짐을 보필해 세계의 주인옹이 되게 하라" 하니 그 기상의 웅위함이 어떠한가. 대개 민족교육의 종지는 동포를 사랑하는 것이고, 제국교육의 종지는 조국을 사랑하는 것인데 그 활발하고 진취적 정신은 한 가지이다. 교육과 정치가 동시에 진보함이 진실로 이와 같은 것이다.

---

6 연방의 대권 : 프러시아가 바이에른, 작센, 하노버 등의 주를 통합하여 독일연방을 주도한 사적을 가리킨다.

7 독일 황제 : 1907년 당시의 독일 황제는 뒤에 제1차 세계대전을 일으키고 패망한 빌헬름 2세이다.

5. 일본 교육

일본은 개국 이래 2천 년 동안 왕조가 바뀐 적이 없어[8] 나라의 계통이 원래 존귀하고, 봉건시대로부터 한가지로 무사도를 일컬으니 소위 "야마토다마시[大和魂]"[9]가 이것이다. 그러므로 그 인민이 왕을 존숭하는 것을 대의로 여기고 상무로 정신을 삼아 메이지 유신 이후에도 이 두 가지를 교육의 종지로 하니 애국사상이 곧바로 나타나고 자강의 방책이 더욱 견고해져서, 헌정 국가의 진면목과 도덕 교육은 비록 미비하지만 체육, 지육(智育)이 날로 진보해서 범 같은 군대로 북만주를 침략하고[10] 동아(東亞)에서 우두머리가 되니 문명을 호흡한 결과가 얼마나 위대한가.

이상의 5개국은 모두 교육에서 특별히 효과를 거두었으니, 속일 수 없는 것은 종지의 방향이고 가릴 수 없는 것은 종지의 귀결이다. 우리 대한의 위정자들은 종지를 갖고 있는가? 없는가? 없다고 한다면 비록 백 년을 교육하더라도 결국 노예교육으로 귀결될 뿐이오, 이 생존의 세계에서 활동할 수 없다. 진실로 2천만 사람들이 하늘이 내리신 명을 이어가고 자주의 지혜를 열고자 하면 교육의 종지를 확립하여 교육해야 한다.

일본인은 오로지 신지식의 수입을 구하여 1천 년 동안 받은 유교의 정신을 파괴했는데, 서구인들의 윤리와 도덕의 정화를 다하지는 못했다. 그러므로 지금 시대를 걱정하는 일본 학자들은 모두 부지런히 덕육(德育)을 연구한다. 교육 선진국도 오히려 다시 이와 같으니 우리 대한의 교육가 된 자들은 무엇을 걱정해야만 하겠는가. 반드시 교육 종지 가운데 도덕과 행복의 의리를 궁구하여 정치를 개선하는 본원으로 삼

---

8 왕조가 바뀐 적이 없어 : 원문은 "易姓"으로 천황가의 가계가 고대부터 이어진다는 일본 천황가의 공식적인 주장을 그대로 따르고 있다. 그러나 실질적인 정권은 막부(幕府)라 부르는 무가(武家)에서 장악한 경우가 일본사의 대부분을 차지한다.

9 야마토다마시[大和魂] : 중국과 한국의 영향을 받지 않은 일본 고유의 정신, 품성 등을 두루 지칭하는 용어로 군국주의 체제에서 적극 강조되었다. 야마토[大和]는 일본의 미칭이다.

10 범 같은 …… 침략하고 : 청일전쟁과 러일전쟁에서 승리한 사적을 가리킨다.

으면 사람들이 함께 그릇됨에 빠지는 근심은 면할 수 있겠다. 이는 더없이 큰 문제이니, 다시 생각해 보아야 한다.

지금 하나의 교육으로 동서 대륙을 묶는 것은 예수교 교육이다. 고유한 교육법과 학교제도 그리고 교수 재료도 없는데, 이상(理想)을 특색으로 삼고 도덕과 행복으로 종지를 삼는다. 그 자유를 스스로 존중하고 또한 타인의 자유를 존중하여 법률을 엄수하면서 인내하고 성실한 것이 바로 예수교 교육이다. 비록 서구 학자들이 기독교회는 곧 인민의 교육이고, 국민의 교육이 아니라고 하나[11] 그 범위의 방대함은 천하의 무수한 인종을 모아서 천고에 없던 큰 단체로 묶을 수 있었다. 그래서 정치 체제와 길항하는 권한이 있으며 인민의 지혜를 발전시키는 이익이 있다 하겠다.

(11호, 21~24면)

11 인민의 …… 하나 : 기독교가 국민의 교육이 아니란 것은 정치와 종교를 분리하는 정교분리의 원칙이 정립된 사정을 지칭하는 것으로 보인다.

교육 종지 속설

김성희

대저 종교란 무엇인가? 전국의 인민을 가르치고 그 도를 돈독하게 믿게 하여 그 뜻을 하나로 모아 단체가 되고자 함이다. 그러므로 나라가 있으면 반드시 가르침이 있으니 유교, 불교, 도교, 신도,[1] 기독교 등이 그것이다. 그러나 국교가 되는 것은 하나인데, 불교, 도교, 신도, 기독교국의 인민은 그 가르침을 높여서 '종교'라 하여 사람마다 모시고 집집마다 축원한다. 유교국의 인민은 선대의 성인과 스승의 가르침이 있음만 알고, 종(宗; 으뜸)으로 하는 뜻을 모르기에 종교(宗教) 두 글자를 역사에 쓰지 못하고 사람들이 종교라 명명하지 못한 지가 오래이다. 비유하자면 곡식과 포목이 사람의 일용에 절실한 것이지만 부귀한 자제들은 어떻게 심고 키워 거두는지 모르고, 어떻게 짜서 만드는지 모름과 같다. 대개 그 믿는 것에서 얕고 깊음과 가르침의 근본이 또한 다르도다.

1 신도: 원문은 "神教"인데 문맥상 일본의 종교인 신도(神道)를 의미하는 것으로 보여 이처럼 번역하였다.

대저 상고의 세상에는 일월과 성신처럼 압도적인 빛, 비바람과 천둥 번개처럼 놀라운 일, 홍수와 맹렬한 화재처럼 두려운 기세 그리고 괴이한 새와 독한 짐승 등 요사한 사물에 반드시 절대적 세력이 그 안에서 주재한다고 여겨 공포의 마음이 생기기 시작하고 신봉하는 뜻이 점점 굳어져 이로써 제사 드리고 숭배하는 것이 일정한 습속이 되었으니, 이는 서구의 종교가 유래한 바이다. 중고 시대에 내려와 인류가 진화하고 사물이 서로 교섭하자, 가르침이 아니면 공공의 필요한 법을 정할 수 없고 법이 아니면 인심의 추세를 단속할 수 없었다. 이에 공전절후의 성스럽고 신령한 특질을 가진 사람이 일어나서 뭇사람들의 지력을 개도하고, 하늘과 사람이 바로 접한다고 유세하여 복을 구하고 재앙을 면하는 길이 있음을 알게 하니 이는 서구의 종교가 성립된 이유이다. 이상(理想)으로 교육하고 관습을 법률로 삼아 차츰 발달하여, 드디어 이생의 즐거움을 얻는다. 그러므로 소리도 냄새도 없는 아득한 하늘에 희망을 걸고서 성스럽고 신령한 특별한 사람을 기려서, 오고 가는 인과를 모두 하나로 귀결시켜 그저 믿음에 아득하게 빠져 지성을 드린다. 현세에 혹 그 목적을 이루지 못하면 내세에는 반드시 바람을 이루겠다는 마음이 날로 흥성하여 막을 수 없어서 죽어도 후회가 없으니, 이는 죽음도 삶도 없는 것이다. 죽는 것은 나의 송장 가운데 금이나 쇠붙이, 나무, 탄소, 당류, 염류 등의 잡박한 원소일 뿐이고, 죽지 않는 것이 영혼이니, 이미 항상 된 불사(不死)의 존재가 있기에 누가 나를 살리고 누가 나를 죽이겠는가.[2] 이것이 서구 종교가가 그 종지를 발달시키는 방법이다.

유교는 그렇지 않아서 윤리를 으뜸으로 중시하니, 조상을 참되게 인지하고 다음으로 수신(修身)에 미쳐 근신하고 허물을 줄이는 것으로 큰 주의를 삼으니 어째서인가. 대개 황제(黃帝)로부터 인류가 번성해졌는데, 그

2 이미 항상 …… 죽이겠는가: 기독교 교리에서 인간의 필수 요소인 영혼이 불멸한다고 전제되었기에, 작자는 이 전제를 따른다면 인간의 존재는 영원히 생도 사도 아니지 않느냐고 추론한 것이다.

도는 허정무위(虛靜無爲)[3]하기에 하늘에 맡겨서 인간이 나약해져서 독립적 성품을 갖추지 못하는 폐단이 있었다. 그래서 요(堯)임금과 순(舜)임금은 사람으로 하늘의 조화를 대신하려고 인류의 가장 귀한 윤리의 학문을 제창하고 설(契)[4]로 하여금 삼가 펼치도록 하니 이것이 동양의 유교가 일어난 유래이다. 그러므로 공자가 『시경』과 『서경』을 편찬하면서 요임금과 순임금에서 끊어 황제(黃帝)는 말하지 않고, 요순(堯舜)을 조술하고 윤리를 천명하여 만세의 법으로 삼으니 이는 동양 유교가 성립된 원인이다. 공자가 돌아가시고 양주(楊朱)와 묵적(墨翟)의 자애(自愛)설과 겸애설이 세상에 크게 유행하였다. 그래서 맹자가 힘써 이를 배척함이 맹수를 쫓아내고 홍수를 다스리듯 하여, 유교의 수호를 자신의 소임으로 삼았다. 그 가르침이 세상에 시행되자 군신, 부자, 부부의 의리가 정해지고, 노인은 의지할 곳이 있으며 장년은 쓰일 곳이 있고, 어린이를 기를 수 있도록 하였다. 이어서 수신, 제가, 치국, 평천하로 이끌어 대동(大同)의 가르침이 되었으니, 이는 유교가 그 종지를 발전시킨 방법이다.

대저 국가의 인민이 종(宗; 으뜸)으로 삼기에 종교라 한다. 유교를 으뜸으로 삼는 나라가 어찌 유교를 종교로 삼지 않겠는가? 실로 으뜸이 된다면 이에 제사를 드릴 것이니, 인민이 요순을 조상으로 제사지내고 공자와 맹자에게 제사지낸다. 그러나 중류 이하의 인민이 대성(大聖; 공자)과 아성(亞聖; 맹자)의 위폐를 우러러 모신다는 말을 듣지 못했다. 인민의 등급이 여기에서 나뉘고, 국교가 괴리된다. 최다수를 차지하는 민중이 진실로 자유롭게 으뜸으로 모실 수 없다고 하면 유교는 단체의 종교가 될 수 없는 것이 이 때문이 아니겠는가!

(13호, 16~18면)

---

3 허정무위(虛靜無爲) : 깨끗하고 고요하여 하는 바가 없음. 도교의 가르침을 대표하는 구절로, 황제(黃帝)는 도교의 시조라고 전해진다. 『도덕경(道德經)』「자연(自然)」에서 유래하였다.

4 설(契) : 순임금을 보필한 어진 신하로 전설적 인물이다.

유교라는 것은 하늘의 차례에 따른 전범[5]으로 민족자치의 근본이다. 국가의 형벌, 정치, 예악이 이를 요소로 하지 않은 바가 없으니 서구의 소위 종교가 아득하여 알 수 없는 것과 어찌 비견할 수 있겠는가. 그렇지만 교육계로 논하자면 유교의 교육은 송(訟; 다툼)으로 하는데, 서구 종교의 교육은 신(信; 믿음)으로써 한다.

무엇을 다툼이라 하는가? 『춘추(春秋)』의 정미한 뜻은 모두 『공양전(公羊傳)』[6]에 있는데, 3대[7]에 태평과 진화의 법전을 연 것에 근거함으로 그 본지는 100세가 지나도 의혹이 없을 터이지만, 후한 이후로 그 종지를 강해하는 이가 없으니[8] 공자교(孔子教)[9]의 진면목을 드디어 다시 볼 수 없게 되었다. 더욱 순자(荀子)의 학문이 공자의 유파로부터 나와서 "사람이 다스리는 것이지 법이 다스리지 않는다"[10]는 등의 주장으로 당시를 기만하고, 이사(李斯)의 무리는 이를 선동하여 왕권을 최상으로 만들어 그 독이 후세까지 흘러내렸으니, 어찌 이 뿐이겠는가! 곡학아세의 무리가 이리저리 견강부회하여 군주에게 아첨하니, 역대의 군주와 재상들이 대개 자신을 이롭게 함으로 법령을 세우고 억압과 전재로서 상도를 삼고서, 그 인민을 속박하고 풍속을 우매하게 함이 조삼모사와

---

5 하늘의 차례에 따른 전범 : 원문은 "天叙有典"으로 '하늘이 순서를 정하매 전범이 있게 되었다'는 뜻이다. 『서경(書經)』「우서(虞書)」〈고요모(皐陶謨)〉에서 유래하였다.

6 『춘추(春秋)』의 …… 『공양전(公羊傳)』 : 『춘추』에 대한 주석서로 『좌전』, 『곡량전』, 『공양전』이 중시되었다. 전통적으로 역사 고증과 해석에 대한 내용이 중심을 이룬 『좌전』이 더 중시되었으나 신해혁명을 주도한 강유위, 양계초 등은 『공양전』을 더 중시하였다. 후자는 공자의 숨은 뜻을 해명하는 것이 주된 내용이어서 유교를 개신해 근대적인 공자교를 설립하려는 강유위, 양계초 등의 취지에 들어맞았기 때문이다.

7 3대 : 하(夏)나라, 은(殷)나라, 주(周)나라의 3대를 이른다.

8 후한 이후로 …… 없으니 : 『공양전』에 근거한 공양학을 제창한 후한의 동중서(董仲舒)를 두고 한 말이다.

9 공자교(孔子教) : 유교의 별칭이기도 하지만, 강유위, 양계초 등이 유학을 개신하며 일으킨 유교의 종교화 운동을 한정해 지칭하거나 이에 영향 받아서 계몽기 한국에서 일어난 "공자교회"를 지칭하기도 한다.

10 사람이 …… 않는다 : 원문은 "有治人無治法等說"로 나라를 다스리는 것은 임금이나 인간에게 달려 있다는 의미이다. 출전은 『순자(荀子)』「군도(君道)」이다.

같았다. 곧 호걸스런 인물들과 의론 있는 선비들이 서로 이어져 반란이 될까 두려워하는 까닭에 인민이 더 우매할수록 나라가 더욱 평안하다 여겼다. 이에 인민을 가르치는 학문이 드디어 버려져 가르치지 않았고 인민을 중시하는 뜻이 묻혀서 전하지 않으니, 후세 학자가 어찌 공자교의 종지가 있는 곳을 알 수 있으랴. 그저 시끌시끌, 떠들썩하기만 하고 진정되지 못하니, 누가 정론이며 누구는 횡의(橫議)[11]라 하고, 누가 위학(僞學)이고 누구는 진학(眞學)이라는 변론이 어지럽게 나오면서 지나(支那)의 국교는 이미 문란해졌다. 문학에서는 각기 당파로 기치를 세우고 의리에서는 저마다의 사승(私乘)[12]을 받들어서 그 지파가 갈라지니, 충성과 반역을 따지는 의론이 공법으로 돌아가지 못해, 우리 대한의 국교도 또한 땅에 떨어졌다. 유교의 학문이 옛날부터 동양의 한국, 지나보다 번성한 곳이 없었으나 분분한 의론이 마구 나와서 저마다 사사로운 뜻을 서로 인습하여 이 지경에 이르렀으니, 진나라와 한나라 이래로 2천 년 동안 해결 못한 사안이 이것이다. 누가 불러들인 송(頌)인가. 허물을 줄인다고 자신을 속박하여 작은 범절에 갇힌 채, 스스로 그만두고 물러나 그 국가를 잊어버리고 종교는 그르쳐서 인민이 감히 자유를 제창하지 못하게 만든 자가 순자(荀子)이니, 국교의 재판이 있다면 저가 어찌 도망갈 수 있으리오.

어찌하여 성(誠; 정성)인가? 서구종교의 본체는 아주 은미하여 찾아낼 수 없으나, 미신으로 비롯되어 끝내 순일(純一)한 정성으로 들어갔다. 정성이 있다면 일에 이르러도 의혹이 없고 어려움이 닥쳐도 두려움이 없으니 이는 바로 스스로를 지키는 뜻이다. 그러므로 역사에서 큰 인물과 뛰어난 선비들이 대업을 이룰 수 있었던 것이 종교를 믿는 힘이 아닌 바가 없도다. 크롬웰이 영국을 재건하면서 큰 불위(不韙)를 범함을

11 횡의(橫議) : 제멋대로 빗나간 의론을 의미한다.

12 사승(私乘) : 원래 개별 가문의 역사라는 말인데 여기서는 사적인 기록이나 연원 등을 두루 이르는 것으로 보인다.

피하지 않았고,[13] 큰 고난을 겪으면서도 또한 구차하지 않았던 것은 종교를 믿는 정성 때문이었다. 여걸 잔 다르크가 프랑스를 재건할 때, 달리 뛰어난 바가 없었으나 오직 사심 없이 자유를 제창하여 나라 인민을 감동시켜 강적을 물리친 것도 종교를 믿는 정성 때문이었다. 윌리엄 펜이 아메리카 대륙을 새로 개척하고 자유를 목숨처럼 여겨 일신을 희생한 것도 종교를 믿는 정성 때문이었다. 마치니가 새로운 종교를 선창하여 소년 이탈리아[14]의 기초를 쌓으면서 백 번 꺾여도 흔들리지 않았던 것도 종교를 믿는 정성 때문이었다. 카부르는 우선 종교의 권위를 억눌렀으나 실제로는 종교의 취지를 치켜세웠으니, 치산을 한 적이 없이 국가로 재산을 삼았고, 아내를 취하지 않고 국가를 아내로 삼았던 것도 종교를 믿는 정성 때문이었다. 글래드스턴은 19세기 걸물로 여론을 고취하고 국시를 혁신하여 영국을 안정시킨 것도 종교를 믿는 정성 때문이었다. 그러면 그 도타운 믿음의 정성스런 힘은 어떻게 이루었는가. 모두 교육에서 바탕이 있으니 소학교로부터 대학에 이르기까지 반드시 실제의 일로 실천하고 실물을 손수 처리하므로, 산을 배우려면 반드시 산에 오르고 바다를 배우려면 반드시 바다에 나아가는 것과 같기에, 유교의 교육이 말이나 송(誦)을 일삼는 것과는 진실로 같지 않다.

전 국민이 바로 이것을 생각하고, 희망하고 친애하게 만들어 유일무이의 큰 단체를 결합한 것을 일러서 국교(國教) 교육이라 하니 어찌 문자로 조성할 수 있겠으며 언어로 구성할 수 있으리오. 유일한 자유권을 주로 삼고 평등권으로 보좌한 연후에야 그 국가 종교에 도달할 수 있으리니 유교 교육가가 되어서 어찌 이를 도모하지 않겠는가!

(13호, 16~17면)

---

13 큰 …… 않았고 : 불위(不韙)는 바르지 않은 일을 의미하는데, 크롬웰이 찰스 1세를 처형한 사적을 지칭한 것이다.

14 소년 이탈리아 : 원문은 "少年意國"으로 청년 이탈리아 당을 의미한다.

우리 교육계의 시급한 방침을 논함

심의성

오호라! 모두 '교육', '교육' 하고 말하는 것이 다만 교육의 뜻을 알 뿐이요, 교육의 방침은 모르고 있는 것이다. 그러므로 가만히 우리 교육계의 현상으로써 그 방침을 대략 논해보니, 그것은 무엇인가? 통속[1] 교육이 바로 그것이라. 대개 어떤 나라든지 구학(舊學)이 사라지지 않은 때나 신학(新學)이 아직 일어나지 못한 사이를 만나면 상호 충돌이 크게 일어나기에, 가정에서도 부자 사이에 매일 싸움거리가 일어나 아버지는 땅이 평평하다 하고 아들은 땅이 둥글다 하며, 아버지는 태양이 지구를 싸고돈다고 하고 아들은 지구가 태양을 싸고돈다고 하며, 아버지는 천둥을 신이 만든 것이라 하고 아들은 번개는 기운이 만든 것이라 한다. 서로 싸움이 끊이지 않고 절충하지 못하다가 비로소 탐구할 마음

1 통속 : 통속은 현재, '통속 소설', '통속 가요', '통속적인' 등의 용례에서 보듯이 '저속'의 의미에 가깝게 쓰이는 경우가 많다. 그러나 근대 초기에는 세상에 두루 통한다는 사전적 의미로 쓰이는 경우가 더 많았다.

이 여기서 일어난다.

일본 후쿠자와 유키치의 저술 같은 것은 모두 통속의 글이기에 이 책은 중등 이하의 지식을 계발하는 데 있어서는 효과가 가장 빠르고 또 신구의 학계(學界)를 조화시킬 수 있다. 그러므로 시대의 요구에 합당한 것이 매양 역사, 정치, 경제 등에 많고 철학[2]과 물리학[3] 등에 있어서는 이름난 선생이 직접 구두로 가르치지 않으면 실용하기 어려우므로 놓아두었다. 역사에 있어서는 혁명, 자유, 민권의 주장이 많아 당시 일본의 국체와 충돌함이 심하고 더욱 공자·맹자의 학문은 일체 폐지하고자 하니 마침내 두 개의 큰 문제가 생겨났다. 하나는 국체(國體)의 문제요, 또 하나는 종교의 문제이니 지금은 국체가 한번 정해져서 입헌군주국의 체제가 되었고 종교는 이전과 같으나 예수교 또한 금하지 않는 바이다.

대저 진보의 적은 미신이 가장 강하니, 비유하자면 콜레라의 전염은 가장 무서워 의사나 간호사가 아니면 가까이 다룰 수 없는 것인데, 세상의 그릇된 도덕에 빠진 자들이 친족의 말을 가까이 좇다 죽는 자가 몇 사람이나 되는지 알 수 없고, 신도(神道; 귀신)에 미혹되어 의약을 쓰지 않고 죽는 자 또한 부지기수이다. 미신이 지식으로 변하고, 완고가 진보로 깨우쳐짐에 통속 교육만한 것이 없다. 그러므로 후쿠자와가 지은 바는 전부 한 소책자로 쉽게 가르치고 쉽게 읽어서 한 번에 수천만 언을 발한 당시에는 그 이익을 얻은 것이 많았으나 지금은 분명히 비루하게 여기더라. 만약 교육을 잘못 믿어 실지를 두루 살피지 못하면, 이름만 있고 실질이 없어 국민적 교육에는 미치지 못하고 말 것이니 어찌 두렵지 않은가! 국민적 교육을 보급할 통속 방법에 대해 나의 소견으로 연구한 것이 몇 가지 있으나 뜻있는 여러 분들이 통속 주의를 강구하실 수 있게 다음 호로 미룬다.

(5호, 9~11면)

---

2 철학 : 원문은 "理學"으로 지금의 용어로 철학에 가깝다.

3 물리학 : 원문은 "有形理學"으로 지금의 용어로는 물리학에 가깝다.

정신의 교육

심의성

인재결핍론

오호라! 인재가 결핍되기에 사회가 부패한다. 만약 청년이 일해야 하는 때를 당하여 고개를 숙여 그 뜻을 죽이고, 천하 국가의 큰 기개에 대한 부담도 세상을 석권할 큰 기백도 생각하지 않고서, 철학으로 질의해도 알지 못하고, 정치와 법률을 물어도 익히지 않아서, 일생의 영예가 미신과 허영주의에 불과하다면 어찌 시들지 않으리오. 그러므로 "허리에 찬 날카로운 칼로 쇠도 끊으리"[1]의 시구를 읊고서 일어나 춤출지니, 혹은 조정에 알현하여 위아래로 의론할 것이고, 혹은 강역으로 말을 달려 그 판도를 확장할 것이고, 혹은 국가를 경영하여 그 단체를 조

1 허리에 …… 끊으리 : 메이지 유신에 큰 영향을 준 『일본외사(日本外史)』의 저자인 라이 산요[頼山陽]의 시구에서 유래했다.

직할 것이다. 이런 일들이 어찌 오늘날 우리의 책무가 아니겠는가? 세상 운수의 진보가 과거와 이미 다른 즉 입신의 방책도 반드시 다를 것이니, 만약 작은 데서 큰 곳으로 나아감에 힘쓰지 않고 낮은 것은 버리고 높은 것을 취하려고만 하여 미미하게 긴 날을 보내기만 한다면 어찌 우리들의 한이 되지 않겠는가!

소위 큰 뜻이란 것은 우리가 입신하는 근본이다. 이 큰 뜻을 운용할 요점은 소심을 과감으로 바꾸고, 근신을 호방으로 바꿀 따름이다. 그런데 지금 청년계가 모두 생활난에 곤궁하여 그 뜻이 무너져 심하면 사회에 물들어 버리니 이는 멧돼지를 그리려다 집돼지에 그치고, 호랑이를 그리려다 고양이에 그친다는 격이다. 비루한 품성이 퍼져 미세한 작은 이익에 미혹되기에, 신분의 품격을 스스로 잊고 양심의 자유는 소멸하여 아첨으로 뜻을 굽혀 그 예리함이 사라진다. 이 또한 매우 괴이한 일이 아니랴!

청년의 흉중이 명리(名利)에 불타서 천하의 독립 기개를 저버린다면 자기 일신에 치욕이 될 뿐이 아니고, 국가에 죄인 됨을 면치 못할 것이다.

예컨대 학교를 졸업한 후에 십 수 환의 금전 때문에 그 뜻과 기개가 타락하여 의식주에만 급급해서야 되겠는가? 그렇다면 국가를 내세운다 해도 소학교 교재의 글자일 뿐이니, 실제에서 구하는 것이 아니리라. 희망함이 작고, 근면함도 작다면, 시끌시끌한 일생에 하는 바가 무슨 일이오?

소위 학교에서 청년으로 형편이 순조로운 자들은 이미 위와 같을 뿐이고 그 역경에 처한 청년이라면 다시 절망하나니, 이 곧 사회의 죄가 아니고 무엇이리오. 교육의 방침이, 역경에 처한 자들을 억눌러 복종시키기 위해 설치된 것이 많기에, 광명의 지경을 빼앗아 암흑의 길로 보낸다. 그러므로 여기서 역경에 처한 청년의 곤궁과 절망이 날로 심해짐은 필연의 이치라 하겠다. 소위 사회적 책임이 있는 자들이 인재를 끌어서 키우지는 못하고 도리어 큰 뜻을 헐뜯고 나무라고 있으니, 소학교 교사로 하여금 날카로운 기상의 청년을 만드는 일이 어떤 일인지 알 수 없게 한다. 중학이 이미 그렇고 대학 또한 이러하다면 인재를 배양함이 어디 있겠는가. 이는 큰 인재의 능력을 귀하게 여길 줄 모르는 것이다. 그러므로 그 양육한 바의 결과가 드디어 이 지경에 다다름은 괴이할 것도 없다. 그 학교의 성질로 말하면 반드시 다 그렇지는 않지만, 학교가 사람을 만드는 기능적 기계[2]로 자임하는 터이므로 인재가 줄어들거나 커나가는 일은 오직 그 방침 여하로 볼 수 있을 터이다.

관리를 제조하는 기능도 있으며, 혹은 사환을 제조하는 기능도 있고, 학자를 제조하는 기능도 있어서 각각 저들의 성취에 일임할 바이지만, 만약 각 기능을 만드는 권한에 대해서는 오직 사회가 그 책임을 부담할 곳이기에 만약 비범한 인재를 제조하지 못하면 그 책임이 어디로 돌아가겠는가?

이 기능적 관념으로 이 유물사상[3] 극성의 시대를 당하여, 작은 자라도 어찌 작음에 안주할 것이며, 큰 자라면 큰 것을 이루기를 기대한다. 그러기에 기발한 생각이 특별히 생겨서 종횡으로 진군하여 상하좌우와 사방팔방으로 진보와 확장을 기도하는 것이 청년이 사랑할 일이다. 그러나 혹 스스로 억누르고 복종하여 원대한 염원을 단절하고, 다시 가리고 막아서 인순고식에 이르고서 쇠약하여 떨치지 못한다면 헛되이 한 똥통이 될 뿐이라, 세계상에 큰 지기와 큰 기력을 가진 자가 사라질 수밖에 없으니, 슬프고 슬프도다!

지금 청년의 큰 결함은 할 수 있는 힘이 있는데 하려는 마음이 없어서 뜻이 서지 않았기에 목적을 정하지 못하고, 매양 앉아서 그 기회를 잃어 결국은 하나의 일도 이루지 못하는 데 있다. 한편으로는 생활의 어려움으로 그 뜻과 기운이 위축되었고, 또한 기능만 존중하는 교육제

2 기능적 기계 : 원문은 "機械"지만, 현재의 어감을 감안하여 기능의 의미를 더하였다. 또한 이하 "기능"으로 번역한 대목 역시, 현재의 어감을 감안하여 "기계(機械)"에서 바꾼 경우도 있다.

3 유물사상 : 현재의 사전적 의미로는 물질주의에 가까운 의미로 보인다. 저자가 괄호를 넣었으나 가독성을 위해 번역 과정에서 생략하였다.

도로 입지의 기초가 뒤집혔기에 그 예기가 모두 꺾인 바가 되었다. 지극히 좋은 기계를 창고에 오래 감춰서 온통 녹슬어 버렸다면, 반드시 쓸모없게 되리니, 어찌 안타깝지 않은가!

기계는 반드시 항상 쓰고 있어야 더욱 사용에 적당해지고, 또 반드시 항상 인력으로 움직이기에 저 청년의 능력은 역경이든 순경(順境)이든 꼭 다른 것이 아니다. 다만 기회에 따라 어떻게 운용하느냐는 것인데, 기회를 탈 줄 알면 웅지가 발발하여 막을 수 없게 된다. 그러므로 그 능력을 다해 모아서 쏟으면 하루 또 하루가 지나면서 점차 쌓이니, 오래되면 사회의 표면에 반드시 우뚝우뚝한 기세가 융성하게 날마다 솟아날 것이다.

그런데 이 기회는 주사위 승부[4]의 천운처럼 기초를 세우는 밑천을 내 손에 쥔 것이다. 이 기회에 다다라 어떻게 얻고 헤아려서 쓸 것인가? 또 어떻게 이로써 입신의 기틀과 궁극적 목적을 삼을 것인가, 따져서 말해보자면, 과연 어떻게 한 뒤에라야 천지간에 손꼽는 인물이 될 수 있는가? 이에 대해 다음 장에 이어 상세히 밝히고 전후가 참조되게 할 것이니 전편을 정독하면 내가 말한 입신 기회의 그 진체(眞諦)[5]를 알 수 있을 터이다.[6]

(12호, 18~21면)

---

4 주사위 승부 : 원문은 "一六勝負"로 주사위를 던져 승부를 정하는 일을 뜻한다.

5 진체(眞諦) : 미미한 현상계인 속제(俗諦)에 대비되는 절대적 진리의 세계를 가리킨다.

6 다음에 실린 「사범양성을 논함」이 저자가 예고한 다음 장으로 보인다.

사범양성을 논함

심의성

지금 교육의 도리와 교수의 방법을 말하는 자가 매우 많으나 실제 효력에 대해서는 일개인의 구술이나 한 편의 논설이 없기에 도리어 교육계에 결점이 없지 않기로, 이에 고금동서의 교육학자가 강의한 바를 참고하여 필요한 점을 들어 교육계가 서로 참조하도록 제공하려 한다. 대개 교육학이란 것이 독립할 수 있는 학문이 아니고 반드시 각종 과목을 빌려서 합성한 것이다. 그러나 당장은 복잡하게 설명할 것이 아니기에 단지 그 가장 긴요한 것을 골라서 말하노라.

1. **교육이 필요한 이유** : 사람을 모아 나라를 이루고 나라를 모아 세계를 이루니, 세계 속에서 나라를 세워서 각국과 더불어 단점을 단속하고서 장점을 겨루려 하면 과연 어디서부터 손을 대야 하는가. 국가를 창성하게 하려면 반드시 일개 인민으로부터 시작하여 그 노동력을 진흥시켜야 한다. 사람마다 노동력이 있다면 사람마다 경쟁력이 있으리니,

인민의 경쟁력이 일분 성장하면 국가의 경쟁력 역시 일분 성장한다. 따라서 개인을 발달시킴이 국가 전체가 발달하는 방법이다. 노동력은 이상과 물질 두 방면이 있다.

대개 이상이란 정신상의 노동력을 발달시키는 것이오, 물질이란 생업상의 노동력을 발달시키는 것이니, 양자는 서로를 필요로 하기에 분할되어 독립할 수 없다. 상호간 사용해야 완전할 수 있으니, 무릇 생업이 번창하면 이상이 더욱 정밀해지고, 이상이 정밀하면 생업이 날로 번성하게 된다.

만일 그 경중을 달아본다면 이상이 더욱 중요하다. 예로부터 역사를 살펴 보건데 치세가 융성한 시절에 그 인심이 반드시 널리 개통되었고, 정신의 호걸이 많은 뒤에야 사업을 베푸는 것이 반드시 커졌기 때문에, 이는 이상이 생업에 근본이 되는 까닭이다.

물자와 노동력이 풍성하다해도 인심이 부패하면 국가는 반드시 존립하기 어려우니, 비유컨대 부잣집 자제가 도덕의리에 밝지 않고 방탕하여 교만과 방자에만 신경 쓰면 일패도지(一敗塗地)하지 않은 적이 없었다. 이처럼 이상은 생업이 의지하는 바이다. 구미 여러 나라의 강성시대를 살펴보면 그 경쟁력이 오로지 물질에 있는 듯해도 사실은 그렇지 않으니, 그 정신 이상이 서로 다투어 나감에 사람들의 예상을 뛰어넘었던 것이다.

정신을 발달시키려 한다면 교육을 버리고서는 다시 다른 방법이 없다. 따라서 구미의 여러 나라들이 모두 힘을 다해 학교를 일으키는 것으로 일을 삼았다.

그러므로 인민의 교육이 국가 존립의 근본이 된다. 교육의 기원이 인류가 있은 이래로 있었으니, 어찌 이를 알 수 있는가. 사람은 자제를 사랑하지 않는 자가 없기에 또한 교육하지 않는 이가 없는 것이다.

그러나 개인이 그 자제를 사랑하여 가르침을 베푸는 범위는 좁기 때문에 그 발달력이 크지 않다.

교육이 국가존립에 관계가 있음을 인지한다면 부형의 사랑으로서 그 교육을 각 개인에게 맡길 수 없다. 국가의 흥망이 옛날부터 있었으나, 혹 이를 운수에만 맡긴다면 잘못된 일이다. 나라의 형세가 장차 쇠퇴할 때, 교육으로 만회할 수 있으므로 교육이 국가의 성쇠와 관계가 가장 절실하다.

사람이 무슨 까닭으로 반드시 교육이 필요한가. 대개 사람이 가진 마음이 영물이기에 마음에 역량이 있지만, 반드시 재료가 있은 다음에야 보조할 수 있다. 예컨대 식물에는 이미 싹을 틔우는 이치가 갖춰졌으나 만일 재배하고 관개(灌漑)하지 않으면 어떻게 생장하리오. 사람에게 양지양능의 역량이 있으나 만일 지식의 재료를 주지 않으면 또한 지식을 가질 수 없으며, 비록 선악을 판단하는 덕성이 있다 해도 보고 느낄 좋은 재료가 주어지지 않으면 반드시 그 실행의 이익을 거둘 수 없다.

이에 대하여 구별할 바가 두 가지 있으니, 즉 성품과 경험이 그것이다.

사람에게는 하늘이 준 품성이 있고 여기에 인간사의 경험이 더해지니, 양자가 마주서야 바야흐로 사람을 이룬다. 만일 훌륭한 재능이 있어도 교육을 받지 않으면 인생이 손상되니 천품 또한 따라서 손상된다.

예로부터의 준걸 가운데 간혹 교육을 받지 않고도 뛰어난 이가 있으나, 이는 모두 세간에 드문 사람이라 평범한 사람으로 볼 수 없다. 교육은 특히 보통 사람을 위해 설치한 까닭에 결코 작은 것이 아니지만 그 본질의 고하는 저마다 다른 것이다. 만일 여기 두 사람이 있어, 하나는 지혜롭고 하나는 어리석은데 동시에 가르침을 베풀더라도 그 결과에서는 지혜로운 자가 반드시 어리석은 자보다 우수하리니, 이는 천품의 정도가 교육받은 정도와 같지 않기 때문이다. 또한 천품의 좋고 나쁨은 결코 교육이 간여할 수 있는 바가 아님을 알 수 있다. 그렇지만 사람은 왜 세간에 나왔는가, 반드시 한 목적이 있다. 이미 사람이 되었다면 본성을 갖추었으니 꼭 그 본성을 확충하여 빠짐없이 가득 채워야 종신의 목적을 이룰 수 있고, 또한 세상에 나온 본분을 저버리지 않을 것이다.

본성	
지(智)	지(智)
감(感)	쾌(快) / 불쾌(不快) → 정(情)
동(動)	의지(意志)

우선 본성이 무엇인가 보면 대개 본성에는 지식력, 감각력, 동작력이 있다.

옛날에 학자들이 심성을 연구하고는 허묘(虛渺)[1]에 빠질 뿐이었으나 실제를 가리켜 말한다면 그 본성은 다만 이 세 가지일 따름이다. 또한, 인민의 본성을 발달시키는 데는 마땅히 이 세 가지로부터 착수해야 하니 어째서인가?

첫째 그 지식을 나날이 늘려야 하고, 둘째 그 감촉하는 모든 것이 유쾌해야 하고, 셋째 그 동작의 의지로 다투어 나아가게 함이다.

그러면 감(感)과 동(動)은 어떻게 분별되나. 감(感)은 정(情)에 속하니 미색과 음성에 느껴 기쁜 것이오, 동(動)은 의지에 속하니 어진 이를 보면 본받고자 하여[2] 선을 택해 움직이는 경우가 의지가 먼저 움직인 것이다.

지와 감과 동에 또한 선후가 있는가. 근래 학자 중 혹은 감이 있은 후에 지가 있고 지가 있은 후에 동이 있다 주장하며, 혹은 지가 있은 후에 감이 있으며 감이 있은 후에 동이 있다고 주장하여 그 설이 한결같지 않으나, 요컨대 그 선후를 논함은 불필요하고 단지 이 세 가지 본성이 있음을 알고 있으면 충분하다.

개화교육의 효력이 이 세 항목의 범위를 벗어나지 못하니, 첫째 인민의 지식개척, 둘째 미술사상을 풍부하게 함, 셋째 고상하고 진취적 의지를 갖춤이다.

고금에 발달한 사업의 경우는 모두 이 세 항목에서 나온 것으로, 고금에 이미 이루어진 자취에서는 인민의 지(智), 정(情), 의(意) 세 항목의 활동력을 촉발하여 이미 드러난 것들이 원래 있지만, 아직 드러나지 않은 것에 나날

1 허묘(虛渺) : 오묘하지만 실증할 수 없이 공허함을 이른다.

2 어진 …… 하여 : 원문은 "見賢思齊"로 출전은 『논어(論語)』 「이인(里仁)」이다.

이 정진하면 얻는 이익이 심대하니 그러므로 이는 교육에 달린 것이다.

만약 사람들에게 이런 본성이 있다하고서 그 자유에 맡기면 아득하여 목적지가 없어, 마침내 효과가 적을 것이므로 국가가 반드시 격식을 설정하고 제한해야 한다. 인민은 국가의 제한범위를 벗어나면 성립할 수 없고 국가의 교육을 벗어나면 앞으로 나아갈 수 없으므로 인민의 전진은 결국 국가의 이익으로 귀결된다. 인민이 국가에 대하여 고유한 특성이 있으니 고유한 특성에서 비롯해야 크게 번성할 것이므로, 동시대 여러 나라의 행적을 취하여 우리의 법도를 삼으면 밖으로 세계와의 교통에 막힘이 없고 안으로 자국의 특질을 상하지 않아 그 효과가 빠르고 성공이 클 것이다.

국가란 인민의 집합체로 성립한 것이다. 따라서 인민의 특성이 곧 국가의 특성이니 인민은 국가에 의지하여 생활하고 국가도 인민에 의지하여 존립함으로 양자는 서로 소용이 된다.

근래 학자의 주장을 따르면, 국가는 하나의 유기체라 하는데 인체에 비유해도 또한 그러하니 사지와 온몸 가운데 하나라도 막히면 활발하지 않게 되고, 정리되지 못하면 곧 죽게 된다. 인민이 국가에 태어나면 이미 국가의 한 구성체이다. 따라서 비록 한 사람이라도 영민하지 못하면 전체에 손실이 있으니, 만일 교육으로 개발, 지도하지 않는다면 일신의 직분이 국가에 대하여 이런 관계가 있음을 모른다. 그래서 다만 각자 그 일신을 보존하여 자신의 이익과 편리만을 좇으리니, 그 결과에 미쳐서는 나라는 반드시 존재할 수 없고 개인 역시 지킬 수 없어 국가와 인민이 함께 그 해를 당할 것이다. 이런 이유로 진화한 나라는 반드시 힘을 다해 흥학(興學)하여 인민을 계도하니, 비록 교육의 과목이 번다하나 그 본지는 여기서 벗어나지 않는다.

각국의 정황이 같지 않아 각각 특성을 갖추었으니 마치 개인에게 개인의 특성이 있는 것과 같다. 그 중에 가장 쉽게 분별되는 것으로는 남녀만한 것이 없으니, 남자는 그 남자의 특성을 반드시 발달시켜야 하고, 여자는 그 여자의 특성을 발달시키며, 상등의 사회인과 하등의 사회인 역시 그러하다. 각자 특성이 있으므로 각각 가르치는 방법이 있으니, 비록 그 방법이 같지 않으나 교육을 함께 받음에 있어서는 동일하다.

옛날에는 남녀와 상하의 경계를 극명하게 한다 하여 여자와 하등인민은 가르침을 받을 수 없었는데 이는 매우 잘못되었도다. 대개 남녀와 상하가 똑같이 세상에 태어나 똑같이 사람이 되었는데 무엇 때문에 저들만 홀로 어리석고 미천하게 만들었겠는가.

지금 세상에 여자교육은 당연히 미국이 제일이고 영국과 독일이 그 다음이니, 영국과 독일은 오히려 남녀의 분별이 있어서 동등하지 않고, 미국은 남녀가 일치한다.

여자가 수학하면 그 자녀를 훈육함이 특히 우미할 것이기에, 여자교육을 보면 그 나라의 성쇠를 볼 수 있다.

영국의 강성이 세계제일이라 전 지구에 걸친 영토를 계산하면 해가 지는 때가 없음은 그 국민이 다른 특성을 가지고 있기 때문이다. 여자의 지식이 비상하게 열리고 트여서 아이들이 어려서부터 신의로 교육받으므로, 영국인이 세계와 교통함에 반드시 거짓말이 없다. 내 일전에 독일에 유학한 이로부터 들으니 독일여자는 의론이 개척되어 지식이 원대하고 고상한 국가적 뜻을 갖추었기에 독일의 강성이 또한 이 때문이라고 말하였다.

남녀란 국가의 양대 부분이니 남녀의 특성을 발달시켜야만 국가가 문명에 나아갈 수 있고 국가가 창성해야만 세계가 모두 문명화될 수 있다.

다음 호에 교육의 실제와 이론을 논술할 것이므로 교육이 필요한 이유에 대해서는 여기서 그치겠다.[3]

(13호, 18~23면)

---

3 『대한자강회월보』는 13호로 폐간되고 다음의 연재는 이루어지지 못했다. 이 글의 저자 심의성은 『대한자강회월보』를 이은 『대한협회월보』 6호에 「정신교육(精神教育)의 신력(信力)」 등을 연재하여 후속 작업을 진행하였다.

3부 ▌학술관계 논설 및 저술

신학육예설 | 경학의 대지를 강설 | 문자의 쾌락 | 습관에서 애련이 생기고 애련이 완고를 낳는다 | 호고의 병 | 종교를 반드시 숭배할 것이오, 신구를 반드시 참작할 것이라, 어찌 스스로에 밝지 못해 도리어 방관자에게 간파당하고 있으리오 | 국문일정법의견서 | 대한국문설 | 인족 역사의 연원과 관념

신학육예설(新學六藝說)

김윤식 저, 홍필주 술(述)[1]

국가가 교육의 방도를 잃은 지 오래되어 사장(辭章)과 공령(功令)으로 선비를 등용하여 인재가 마땅히 쓰이지 못하고, 사업은 일어나지 못하여 인습을 따라 시들고 약해져서 지금에 이르렀다. 수십 년 이래로 과거(科擧)의 폐해가 갖가지로 나타나서 마침내 광대 놀음판이 되었으니, 이전의 공령 선비를 다시 찾을 수 없고 시사가 크게 변하여 나라는 기울어 위태한 지경이다. 교육이 나라의 성쇠와 관계됨은 이처럼 간절하기에 식견 있는 선비가 통한하고 크게 한숨을 쉬는 까닭이로다.

이제 조정의 제공이 널리 천하의 형세를 살피고 안으로 국가의 근심을 굽어보아 인재를 키우고 위기에서 구하고자 생각하고, 조칙을 받들어 중앙과 지방에 학교를 널리 설치하여 신학(新學)을 가르침은 실로 오

1 원문에 표기된 저자는 지산음수(智山吟叟)인데, 『대동학회월보』 9호에 김윤식 저작으로 같은 글이 순한문으로 실려 있어 저자가 김윤식(金允植)임을 알 수 있다. 홍필주(洪弼周)가 술(述)했다는 것은 김윤식이 한문으로 지은 글에 현토를 달았다는 의미로 보인다.

늘의 급선무요, 오히려 늦었다 하겠다. 그런데 독서한 호고(好古)의 선비는 오히려 떠들썩하게 배척하여, "지금의 학문이 옛날의 학문이 아닌지라, 이단이고 외도(外道)이다"라 하여 그 자제들을 막아서 입학을 못하게 하고, 향촌에서 자신의 지조를 지키는 자들은 멀리 학교의 문이 보이면 얼굴을 가리고 지나가니 일반 백성들이 이를 따라서 본받음이 매우 심하도다.

근자에 우리 고을의 학교 교사가 생도를 인솔하고 나의 거처로 방문하여 마당에서 제식 훈련[2]을 실시하니 촌의 장정과 부녀가 둘러싸 구경하며 놀라 한탄하고 이웃 노파는 덜덜 떨고 흐느끼기까지 하면서, "이게 곧 우리 애들을 빼앗아 갈게야!"라 하고 호랑이, 표범이나 망량(魍魎)[3]처럼 두려워하니 시속을 깨우치기 어려움이 심하도다. 독서인들의 완고함조차 저와 같거늘 시골 아낙네들을 책망해 무엇하리요?

대저 이른바 상고의 학문은 하(夏)・은(殷)・주(周) 삼대의 교인(敎人)의 법이 아닌가. 삼대에서 교인을 하는 법은 육예(六藝)[4]를 벗어나지 않으니 남자가 태어나면 장차 천지사방에서 사업을 하는 것이니 앉아서 공리(空理)를 논하다가 창 아래 늙어 죽으려는 것이 아니다. 예나 지금이나 육예라는 것은 세상에 쓰이는 도구이니, 그 항목 여섯으로 포함하지 않는 것이 없다. 인의와 도덕은 리(理)이고 육예는 그릇이라 인의와 도덕이 모두 육예 속에서 나왔으니 만약 그릇을 버리고 리(理)를 말하면 이치는 장차 어디에 담으리오. 지금의 독서한 선비들 모두 스스로 공문(孔門)의 무리로 육예의 학문을 한다고 하지만 그 사업하는 바를 살펴보면 육예와는 절대 가깝지 않다. 이는 단지 신학문이 무엇이 되는지를 이해하지 못함일 뿐 아니라, 또한 공문의 교인이란 어떤 일이 되는

2 제식 훈련 : 원문은 "步伐"로 단체로 군대식 훈련을 받는 일이다.

3 망량(魍魎) : 상상 속의 존재로 도깨비와 비슷하다.

4 육예(六藝) : 고대 중국의 여섯 가지 교육 과목으로 예(禮), 악(樂), 사(射), 어(御), 서(書), 수(數)를 이른다.

줄도 모르는 것이니 한탄을 금할 수 없음이라!

청컨대 고금 육예의 의리를 논하겠다. 치국(治國)과 안민(安民)을 일러 예(禮)라 하고 위의(威儀) 있는 동작을 일러 의(儀)라 하니 두 가지를 통칭하여 예(禮)라 한다. 지금 신학(新學)에서 정치 · 법률 · 경제 · 공법의 여러 학문이 모두 예(禮)의 훌륭한 종류이다. 오륜과 오례(五禮)[5]의 범절과 의식에 있어서는 동서양 관습의 풍속이 각자 같지는 않다. 외국인의 의례와 범절에서 볼 만한 것이 좀 부족하긴 하지만, 제기(祭器)[6]의 사이와 옥백(玉帛)[7]의 모임에 공경하고 흡족한 뜻은 다를 것이 없으며, 질박하고 간소해서 도리어 동양의 번거로운 꾸밈보다 나은 점이 있으니 이것이 예(禮)의 예(藝)가 아니겠는가!

옛날의 태학(太學)[8]에서 교인(敎人)의 법은 오직 음악으로 하였으니, 중화(中和)의 음률로 그 성정을 길러 빼어난 선비를 만들어 여러 지위로 보내 온 천지를 봄바람의 온화함 속에 두는 것은 오직 음악이 그러함이라. 후세에 음악의 도가 크게 무너져 시속의 군주들이 화미(華美)한 음악과 성마른 소리만 좋아하여 위에서 행하여 아래가 본받아 한 번 쇠퇴하자 돌이킬 수 없게 되어, 인재가 쇠락하고 백성은 수고로워 난리와 망조가 서로 찾아들었다. 서양 사람들은 그 까닭을 면밀히 따져서 교인(敎人)의 법에 음악을 더욱 중시하였다. 반드시 충융(沖瀜)[9]하고 평화롭게 웅혼(雄渾)히 발양하므로 사람에게 활발하고 자유로운 생각을 주며 인내와 독립의 뜻을 늘려, 그 정치에 도움이 되는 것이 실로 적지 않으니 이것이 악(樂)의 예(藝)가 아니겠는가!

옛날에 활과 화살로 적을 위압해 승리의 도구를 삼았으나 총포가 나

5 오례(五禮) : 나라에서 지내는 다섯 가지 의례. 길례(吉禮), 흉례(凶禮), 군례(軍禮), 빈례(賓禮), 가례(嘉禮)가 있다.
6 제기(祭器) : 원문은 "尊俎"로 제기를 의미하여 제사를 준비하는 행위를 비유한 표현이다.
7 옥백(玉帛) : 옥과 비단은 예물을 의미하여 외교와 접빈객을 비유한 표현이다.
8 태학(太學) : 고대 중국의 교육기관이다.
9 충융(沖瀜) : 바다처럼 트이고 광활한 모양을 이른다.

오면서 활과 화살은 못 쓰게 되었으니, 오늘의 남자가 마땅히 익힐 것은 총포인 것이라 이것이 사(射)의 예(藝)가 아니겠는가!

옛날에 말을 타고 수레를 모는 것에 절도를 맞추었는데, 지금은 마차뿐 아니라 육지에는 기차가 있고 물에는 화륜선이 있어서 세계 경쟁의 큰 일이 여기에 있으니 전문으로 배워 실지의 경험이 없으면 타고 몰 수 없을 것이라, 이것이 어(御)의 예(藝)가 아니겠는가?

옛날에는 육서(六書)[10]로 가르치고 동아(東亞) 대륙에 통행하여 동문(同文)의 나라라고 하였으나, 지금에는 만국이 교통하여 산과 바다가 이어지니 그 언어와 문자를 익히지 않으면 어찌 교섭할 것인가. 그러므로 육서 이외에도 각국의 국문(國文)을 불가불 배워야 하니, 이것이 서(書)의 예(藝)가 아닌가?

옛날에 구장(九章)의 산술[11]이 그 대략을 열었을 뿐이라 다만 산가지를 가득 늘어놓아 그 번쇄함을 감당 못하더니, 이제 한 마디 남짓의 연필과 손바닥만한 종이로도 수만 수천의 숫자가 추호도 틀리지 않는다. 그 정밀한 이치와 민첩한 추측의 방법이 날마다 새롭고 달마다 늘어나 전에 없던 것이 나오니, 이것이 수(數)의 예(藝)가 아니겠는가?

지금 신학(新學)의 가르침이라는 것은 전부 이런 것들이라 이렇게 하고나서야 바야흐로 육예(六藝)의 학문이라 부를 수 있으니, 이것이 당대에 쓰이는 까닭이다. 이를 버린다면 세상의 바깥에서 선불(仙佛)을 좇는 가르침이 되므로 혼자 수련하고 인민과 나라는 생각하지 않을 것이라 육예를 닦지 않는다 해도 좋을 것이니, 이것이 이단이며 외도라 하겠다.

춘추시대에 공경, 대부와 선비는 안에서는 관직을 맡고 나아가면 군사를 이끌었고 그 소민(小民)은 안으로는 농업에 종사하고 나아가면 무

---

10 육서(六書) : 상형, 지사, 회의 등 한자의 여섯 가지 구성원리를 이르는 말이며, 또는 예서, 전서 등의 여섯 가지 서체를 이르는 말이기도 한다.

11 구장(九章)의 산술 : 중국의 황제(黃帝)가 만들었다고 하는 고대의 아홉 가지 산술 방식을 이른다.

기를 들었으니, 당시의 귀천과 상하가 학교의 교육을 받지 않은 사람이 없었음을 알 수 있다. 공자 문하의 제자 70인이 모두 육예로 이름을 떨쳤으니 전기(傳記)에 보이는 것으로 자로(子路)는 조세에 뛰어났고, 염유(冉有)는 재주가 있었고[12] 번수(樊須)는 기개가 약해도 어(御)를 잘했고,[13] 공서화(公西華)가 빈례(賓禮)에 뛰어났음[14] 등이 있다. 공부자께서는 박학(博學)으로 하지 못함이 없으셔 집대성하시고 하나의 명목에만 힘쓰시지 않으니, 대개 나면서 바로 깨달은 성스러움으로 노력하지 않으셔도 능하셨겠지만 겸손하게 스스로를 낮추어 후진을 이끌고 도우며 가로시되, "내 일찍이 종일 먹지 않고 밤이 다가도록 자지 않으며 생각했지만 아무 이로움이 없었으니, 배우는 것만 못하다"[15]고 하셨다. 학문이 어디 따로 있으랴, 그 책을 읽고 그 사업을 지키는 일이라 하겠다. 그러므로 "시(詩), 서(書), 예(禮)를 행함이 모두 평소에 하던 말씀이셨다"[16]고 이르고, 또 "내가 어(御)를 하겠는가, 내가 사(射)를 하겠는가"[17]라 하셨다. 『예기(禮記)』에 "조율을 배우지 않으면 현을 자유로이 탈 수 없고 여러 가지 복제(服制)를 배우지 않았으면 예를 자유로이 할 수 없다"[18]라 하였다. 옛사람이 육예를 배움에 반드시 아침부터 저녁까지 몸소 익히고 수고로이 하여 확실히 얻은 뒤에야 사업에 베풀었다. 그러므

12 자로(子路)는 …… 재주가 있었고 : 염유는 자로와 더불어 정사에 뛰어났다고 『논어(論語)』「선진(先進)」에 나온다.

13 번수(樊須)는 …… 잘했고 : 번수가 농업을 배우려 하자 공자에게 기개가 작다고 질책 받았으며, 그는 공자의 수레를 몰았다고 한다. 『논어(論語)』「자로(子路)」, 「위정(爲政)」에 나온다.

14 공서화(公西華)가 …… 뛰어났음 : 공서화가 종묘(宗廟)에 종사하고자 하는 뜻을 밝힌 부분이 『논어(論語)』「선진(先進)」에 나온다.

15 내 …… 못하다 : 원문은 "吾嘗終日不食ᄒᆞ며 終夜不寐ᄒᆞ야 以思호ᄃᆡ 無益이오 不如學也라"로, 출전은 『논어(論語)』「위령공(衛靈公)」이다.

16 시(詩) …… 말씀이셨다 : 원문은 "詩書執禮ㅣ 皆雅言也라"로, 출전은 『논어』「술이(述而)」이다.

17 내가 …… 하겠는가 : 원문은 "執御乎아 執射乎아"로, 출전은 『논어』「자한(子罕)」이다.

18 조율을 …… 없다 : 원문은 "不學操縵이면 不能安絃이오 不學雜服이면 不能安禮라"로, 출전은 『예기(禮記)』「학기(學記)」 제18이다.

로 칠조개(漆雕開)가 사임하면서 "내가 이것을 담당할 지 믿음이 서지 않습니다"[19]고 했으니 믿음이 서지 않는다는 것은 무엇인가? 육예의 취지를 정밀히 익히지 못한 탓으로 출사(出仕)를 원하지 않았음을 이름이다.

대저 종묘에 회동함에 예악이 아니면 빈객을 할 수 없으며, 군진을 펼쳐 전투를 하는데 사(射)와 어(御)가 아니면 적을 막을 수 없으며, 복잡하고 어려운 일을 다스림에 서(書)와 수(數)가 아니면 처리할 수 없다. 그러므로 무학(無學)의 사람이 정치를 할 수 없다 함은 육예를 이르는 것이다. 지금 사람은 허명을 사모하고 그 실질을 듣기 싫어하여 서원(書院)을 성묘(聖廟)[20]로 삼아 매년 봄가을에 낡은 변(籩)과 망가진 두(豆)[21]에 쉰 술과 썩은 고기로 초라한 제사나 드리는 데 그치며, 이로써 성인을 모시는 도리를 다했다고 여기고서 한 종류의 기예, 한 종류의 사업도 배우거나 익힌다는 말이 없다. 도리어 타인이 실예(實藝)의 학문을 한다고 배척하니 얼마나 잘못 된 것인가. 오호라! 누가 공부자께서 이런 명분 없는 제사를 흠향하신다 하겠는가? 세상의 독서 군자는 평상심으로 항상 궁구하고 시의(時宜)를 잘 헤아려 가문에 내려온 통행의 예의라면 마땅히 명확히 해서 남겨 지키고, 그 나머지는 장점과 단점을 취사선택하며 실사구시(實事求是)해서 자제와 사람들이 모두 유용한 그릇이 되게 해야 한다. 그렇게 되면 나라를 일으킬 것이고 우리 도(道)를 지탱할 것이며 자신과 집안을 지킬 수 있으니, 헛되이 옛날만 옳고 지금이 그르다고 하지 말지어다. 지금을 모르고 어찌 옛날을 알겠으며, 스스로 옳다 하고 남을 그르다 하지 말지어다. 백세후에 절로 공론이 있을 것이다.

---

19 칠조개 …… 않습니다 : 원문은 "漆雕開辭仕ᄒᆞ야 曰 吾斯之未能信이라"로 출전은 『논어』 「공야장(公冶長)」이다.

20 성묘(聖廟) : 문묘(文廟)라고도 하며 공자를 모신 사당이다.

21 변(籩)과 …… 두(豆) : 변과 두는 모두 제기(祭器)의 종류이다.

이 논설을 살펴보니, 넓고 깊은 경륜의 학문이 큰 안목의 장려한 작품으로 나왔다. 그 문장이 전아하고 그 취지가 분명하니 옛날을 헤아려서 현재에 통용함에 맞지 않는 것이 없다. 이와 같은 뒤에 비로소 실용적인 학문이라 할 수 있고, 이와 같이 한 뒤에 비로소 치우치지 않은 감식(鑑識)이라 하겠다. 저 우활한 선비들이 곡학(曲學)의 공소한 이야기로 각박히 따지는 것과 말세의 신진들이 경망스레 남을 위협하고 빼앗는 것이 모두 실사구시의 학문에 보탬이 되지 못한다. 아아! 지금의 세상에 살면서 제때 쓰일 학문을 구한다면 이 글을 더욱 유념할 지어다!

편집자 이종준 삼가 씀

(10호, 1~4면)

경학(經學)의 대지(大旨)를 강설

이용직

차와 밥은 비록 별미가 아니지만 하루도 먹지 않을 수 없고, 베와 무명은 비록 별다른 무늬가 없지만 하루도 입지 않을 수 없다. 경학이 이와 같으니 비록 특별한 효과가 없지만 하루라도 익히지 않을 수 없는 것은 왜인가? 사람이 금수와 다른 까닭은 그 오륜이 있어서 오륜이 일용(日用)과 상행(常行)의 도가 되기 때문이다. 그러므로 성인의 수많은 언어는 이 오륜을 밝히지 않는 것이 없다. 일용하면서 그 학문을 몰라도 되겠는가, 상행하면서 그 학문에 밝지 못할 수 있는가! 새로움을 좋아하고 기발함을 높이는 자들은 자주 요순(堯舜)과 공맹(孔孟)의 도가 시대에 맞지 않는다고 하여 경학을 폐해도 또한 무방하다고 말을 하니, 듣는 자들은 명확한 변론이라 숭상하고 달관과 달론이라 한다. 이런 논변의 영향이 미칠 그 재앙은 분서갱유보다 못하지 않을 것이니 오도(吾道)[1]가 어

1 오도(吾道) : 이는 사문(斯文)과 함께 "우리의 도"나 "이 학문" 등의 축자적인 의미로 해석할 수도 있지만, 관습적으로 유학 내지 성리학의 바른 길을 지칭한다.

둡고 아득하게 막혀버림이 이때보다 더한 적이 없었다. 지금 강론의 자리에서 경학의 문제를 제일의 과제로 삼으면 나타나는 효과가 박괘(剝卦)[2]에서 말하는 큰 과일을 만들고, 어두운 거리의 밝은 등불을 만들 뿐 아니라 지금 세상을 일깨우는 종과 길을 순찰하는 목탁이 되어 천만인의 긴 밤 꿈을 깨울 것이다. 한편으로 사문(斯文)의 행복이 되고 또 국운에 감축이 있고, 여러분에게는 사례할 바가 있고 앞길을 희망할 수 있을 것이다. 그러므로 참람함을 무릅쓰고 한 말씀을 감히 올린다.

요순으로부터 성인들이 서로 전한 단전(單傳)과 밀부(密符)[3]가 "인심은 위태하고 도심은 은미하니 오직 정밀하고 전일하여야 진실로 그 중(中)을 잡으리라"[4]라는 16자이다. 중(中)을 잡는다는 것은 자막(子莫)이 중(中)만 잡고서 변통을 모르는 것이 아니라,[5] 기울거나 치우치지 않으면서 넘치지도 모자라지도 않음을 말함이다. 때를 따라 변역하며 도를 따르는 것이 이 뜻이 아니겠는가! 여름에 갈옷을 입고 겨울에 갖옷을 입으며 봄에 밭을 갈아 가을에 추수하고, 물에는 배를 타고 뭍에는 수레를 몰며, 목마르면 마시고 배고프면 먹는 것이 모두 그 시의에 적합하니 중을 잡는 도가 아니랴!

비유하면 사물의 경중을 따라 저울질할 때 그 추를 앞뒤로 옮기리니 추가 균형을 맞춰 움직이지 않는 곳이 바로 중이다. 그러나 마음은 본

---

2 박괘(剝卦) : 『주역(周易)』의 23번째 괘인 '산지박(山地剝)'인데, 그 괘의 해석인 효사(爻辭)에 "큰 과일은 먹을 수 없다. 군자는 수레를 얻고 소인은 집을 잃는다[碩果不食. 君子得輿, 小人剝廬]"란 말이 있다. 큰 과일은 군자의 도를 뜻하여, 안 좋은 상황에서 점차로 소인들이 물러나고 군자들이 회복된다는 의미이다.

3 단전(單傳)과 밀부(密符) : "단전(單傳)"은 다른 사람이 아닌 특정한 개인에게만 가르침을 전한다는 의미이고, "밀부(密符)"는 군영에서 지휘관끼리 전하는 비밀스런 증표이다.

4 인심은 …… 잡으리라 : 원문이 "人心惟危, 道心惟微, 惟精惟一, 允執厥中"의 16자이다. 순임금이 우임금에게 양위하면서 했다는 말로 출전은 『서경(書經)』「우서(虞書) : 대우모(大禹謨)」이다.

5 자막(子莫)이 …… 아니라 : 자막은 노나라의 대부로 묵적(墨翟)과 양주(楊朱)의 극단적인 두 가지 주장의 중간을 지켰다. 도에 가깝기는 하지만 변통을 몰랐다고 맹자가 평했다. 『맹자(孟子)』「고자(告子)」에 나온다.

디 활동하는 물건이라 잠시라도 방심하면 천리 먼 곳으로 달리기 때문에 잃어버린 마음을 구하는 것은 학문의 길에 큰 힘이 된다. 마음은 자기 일신의 주인이니 닭과 개 같은 육축(六畜)의 미물과 그 경중을 가늠하면 차이가 서로 하늘과 땅 같지만, 닭이나 개가 달아나면 찾을 줄 알면서 방심하고도 구할 줄 몰라서 되겠느냐!

인간은 항구하지 않기에 젊은 시절은 다시 오지 않아서, 책 한권을 읽지 않고 한 글자도 보지 않고 한 사업을 운영하지도 않으면서, 장기나 바둑에 팔리고 술이나 좋아하여 잡기로 푼돈이나 다투고 미색을 찾아 정기를 낭비하면서, 실지로 진보할 생각을 가지지 않은 채 세월을 헛되게 보내니 이것이 바로 방심한 사람이다. 우리는 어떤 나라의 인민이며 이때는 얼마나 급박한 시각인가, 이와 같은 데도 방심하겠는가! 방심을 구하는 데 방도가 있으니 잡으면 보존이 되고 보존이 되면 선(善)을 기르고 나를 기른다. 길러서 천지에 가득한 기운을 발휘하여 좋은 계책을 도모하여 학교를 널리 설치하고 인재를 양성한다. 이로써 위로는 국가가 처한 철류(綴旒)[6]의 처지를 부축해 든든한 바탕에 편안히 두고 실업을 연구하고 재원을 확장하며, 아래로는 도탄에 빠진 생령을 구하여 연월(烟月)[7]의 즐거움으로 이끄는 것이 어찌 우리들이 뜻하고 바라는 바 아니랴!

혹자는 유럽의 각 나라에서 중화 성인의 도를 배우지 못했는데 오히려 문명하고 부강하지만, 한국과 청나라 양국은 중화 성인의 정치를 받들어 따랐으면서도 오히려 이토록 우매하고 빈약하니, 그 경학이 시대에 무익함이 이와 같다고 한다. 성인이 자리에 있지 않으면 그 정사를 도모하지 말라고[8] 가르치셨으니 그럼으로 국가의 존망은 오로지 당국

6 철류(綴旒) : 류(旒)는 관 앞에 다는 장식이다. 관 앞의 장식처럼 바람에 흔들려 위태롭다는 의미이다.

7 연월(烟月) : 구름과 안개에 어린 은은한 달빛을 가리키는데, 태평성대를 비유하는 말이다.

8 자리에 …… 말라고 : 원문은 "不在其位 不謀其政"으로 『논어(論語)』 「태백(泰伯)」에 나온다.

자의 책임이며 인민은 간여할 일이 아니었다. 만약 전국의 사람들이 오도(吾道)를 굳게 믿으면 단체의 힘은 이루어질 날이 없으리라. 오호라! 불찰이 이다지도 심할 수 있단 말인가.

유럽의 정치 중에 가장 뛰어나다고 하는 곳은 성인의 도와 은근히 부합되지 않는 바가 없으며 도덕의 마음과 인의의 정치에서 나온 것은 한 가지이다. "나라 사람들이 모두 쓸 만하다고 말해야만 쓸 수 있으며, 모두 죽일 만하다고 말해야만 죽일 수 있다"[9]하니 이 곧 나라 사람들이 조정에 함께 함이 아닌가? 만약 자제들이 부형을 지켜내듯, 손과 발이 머리와 눈을 보호하듯 한다면 이것이 애국의 사상이 아니랴? 이로 미루어 보건대 경학은 익혀야 하는 것으로 폐할 수 없음이 밝고 밝아 명확하다. 오늘에 처하여 이 마음을 보존하고 이 도리를 행한 연후에 인민의 지혜를 달성할 수 있으며 나라의 기세를 떨칠 수 있다. 조금이라도 숙맥을 가릴 수 있는 이라면 다 같이 통찰할 것이니 만약 고금의 사리에 통달하지 못하면 또한 박학의 뜻을 그르칠 것이다. 경전으로 뿌리를 삼고 새로운 서적으로 가지를 삼아서 뿌리와 가지가 서로를 돕게 한다면 옛날에 빠지거나 지금에 치우치는 한탄이 없을 것이라. 원하건대 여러분들의 고명한 의론을 여쭙노라.

(13호, 61~63면)

9 나라 사람들이 …… 있다 : 유학의 본지가 근대 서구의 정치와 통할 수 있다는 논지로서 인용된 부분이다. 출전은 『맹자』 「양혜왕」 下이다.

문자의 쾌락(文字快樂)

윤효정

몇 년 전 겨울에 계산(桂山; 미상)의 벗이 시령(詩令; 시를 짓자는 약속)으로 친구들을 초대하여서 나 또한 응하니, 이때에 조금 내린 눈이 막 개고 달빛이 하늘에 가로질렀다. 오래된 묵(墨)과 겨울 매화가 술 단지와 그릇 사이로 향을 내는데, 유럽 구름과 미국 비가 담소의 사이에 흐렸다 맑았다 하니 어떤 친구가 말하길, "구미(歐美) 사람은 이 인간 세상 쾌락을 가지지 못한 바가 없으리라!" 미산(彌山; 심의성의 호) 심군이 수염을 훑고서 고개를 젓고서 빙그레 웃으며 말하길, "오호라, 구미인은 진정한 쾌락이 없음이라." 모두 이르길, "어찌 그런가?" 미산이 이르길, "구미인의 생활을 논한다면 경옥(瓊玉) 같은 누각과 집이 구름을 헤치고 하늘을 찌르니 거처의 즐거움이라면 가졌고, 수륙의 진미가 알맞게 어우러졌으니 음식의 즐거움이라면 가졌고, 융단이 정제하여 온난이 몸에 적절하니 의복의 즐거움이라면 가졌고, 나라는 독립 문명의 즐거움을 가지고 백성은 자유 활동의 즐거움을 가졌으니 이와 같은 즐거움이라면 가지고 있지만, 오직 『좌전(左傳)』 문자의 진정한 쾌락이라면 없느니라." 이로써 만당(滿堂)이 떠들썩하여 심군에게 별호를 붙여 "문자쾌락공"이라 하였다.

가만히 심군의 이 말을 헤아리면, 우리나라 인사들이 세계의 큰 쾌락을 알지 못하고 문자의 작은 쾌락에 구구한 것을 도리어 조소함이니 골계로 말한 것이라! 그 12년 뒤에 심군의 벗인 조양루주인(朝陽樓主人; 윤효정의 별호)이 큰 겨울 풍설을 바로 맞으니 일모도원(日暮途遠)의 느낌을 금할 수 없노라. 서재의 밤이 찬데 배는 주리고 갖옷은 헤어져 국권의 파쇄와 백성들의 속박을 슬퍼하니 돌아보건대 인간 세상의 쾌락은 하나도 지닌 것이 없더라. 마음을 상쾌히 하여 뜻을 즐겁게 할 것들을 생각하다가 우연히 심미산의 "문자쾌락"이란 말을 떠올리고서 바로 어지러이 쌓인 책 무더기에서 『좌전』 한 책을 뽑아내어 펴고서 낭독하니 곧, 노나라 애공(哀公) 24년 정사(正史)인데, 그 전(傳; 경서의 주석)이 아래와 같다.

> 공자 형(荊)의 어머니가 총애를 받아 장차 부인(夫人)으로 삼으려 한 즉, 종인(宗人; 관직명) 흔하(釁夏; 인명)를 시켜 그 예(禮)를 드리게 하였다. 흔하가 "그런 일은 없습니다"라고 하였다. 애공이 노하여 "너는 종사(宗司)이고 부인을 세움은 나라의 큰 예이거늘 무슨 이유로 그런 일이 없다고 하느냐"라 하였다. 흔하가 "주공(周公)과 무공(武公)은 설(薛)나라에서 비(妃)를 얻으시고 효공(孝公)과 혜공(惠公)은 상(商)나라에서 얻으시며 환공(桓公)이래로는 제(齊)나라[1]에서 얻으셨으니 이런 예는 있을 수 있지만, 첩(妾)으로서 부인을 삼는다면 그런 예는 있을 수 없습니다"라 대답하였다. 애공이 끝내 부인으로 세우고 형(荊)을 태자로 삼으니, 나라사람들이 미워하기 시작하였다.

---

1 주공(周公) …… 제(齊)나라 : 노나라는 주공의 자손에게 봉한 나라이므로 주(周)나라와 같이 희성(姬姓)의 나라이다. 주공 이하의 무공, 효공, 혜공, 환공은 모두 노나라 역대의 군주이다. 설나라와 제나라는 노나라의 이웃나라이며, 상나라는 춘추시대의 송(宋)나라이다.

심미산이 옛날에 펼친 우스개가 좌씨(左氏)[2]의 음성과 방불함을 이에 알 수 있으니, 심미산은 『좌전』을 제대로 읽은 이라 하겠노라. 만약 후세에 문장이 안 되는 자가 이 사적을 기술한다면 필시 "그 예(禮)를 받들게 하였다" 다음에 바로 "흔하가 '설(薛)나라에서 비(妃)를 얻으시고 효공(孝公)과 혜공(惠公)은 상(商)나라에서 얻으시며 환공(桓公)이래로는 제(齊)나라에서 얻으셨으니 이런 예는 있을 수 있지만, 첩(妾)으로서 부인을 삼는다면 그런 예는 있을 수 없습니다'라 대답하였다"고 쓸 것이다. 이렇게 쓴다면 평평하고 판판한 문자가 되니 독자들은 재독하고 삼독하는 흥취를 갖지 못한다. 이 부분의 묘미는 "무지(無之)" 두 글자를 분명히 반복하고,[3] 애공(哀公)의 힐책을 들은 다음에 하나하나 논파하여 그 주장이 바르고 적절함에 있다.[4] 이런 설법(說法)이 국가 대책 문장의 시조가 된 것이로다.

지금 문자를 논하는 자들은 한문이 깨닫기 어려운 폐단이 있다고만 주장하면서 한문의 취미에서 비롯되어 점차 책 읽는 버릇을 얻게 되고, 책 읽는 버릇에 따라서 고대의 예악과 문명을 점차 이해할 줄을 전혀 모르니, 이렇다면 심미산에게 문자쾌락을 모른다고 질책 받지 않을 자가 없으리라. 오직 조양루주인이 황망한 중에서도 붓을 휘둘러 10년 전 일을 서술하였으니 문자의 진정한 쾌락을 꿋꿋하게 가지고 있는 자인가! 미산 우인(友人)에게 부끄럽지 않다고 스스로 이르노라.

(6호, 60~62면)

---

2 좌씨(左氏) : 『좌전(左傳)』은 『춘추좌씨전(春秋左氏傳)』을 줄인 이름으로 성이 '좌'인 사람이 저술한 것이다. 일설에 춘추시대 노(魯)나라의 좌구명(左丘明)이 지었다고도 한다.

3 무지(無之) …… 반복하고 : 인용문에서 흔하가 애공에게 처음 답변한 부분인 "그런 일은 없습니다"의 원문이 "無之" 두 글자이다. 그리고 다음에 이어진 애공의 물음에도 이 두 자가 반복되어 나온다.

4 묘미는 …… 있다 : 문자의 묘미를 모르는 사람이 이 부분을 서술한다면 공자 형(荊)의 어머니를 부인으로 세우지 못하는 이유를 평면적으로 제시할 것이기에 수사적 효과가 감소되고, 인용된 『좌전(左傳)』의 본문처럼 중간에 애공과 흔하의 문답 부분을 넣어야 설득의 효과가 수사적으로 강화된다는 것이다.

습관에서 애련(愛戀)이 생기고 애련이 완고를 낳는다

이기

오늘의 국가에 완고가 끼친 해란 과연 크도다. 그러나 그 실정(實情)의 근원을 탐구하지 않고 그저 개선을 요구한다면 또한 얻는 바 없을까 두렵다. 만약 완고가 어디서 생기는가 묻는다면, 곧 애련(愛戀)이라 하리오, 애련은 어디서 생기는지 묻는다면 곧 습관이라 하리라. 청컨대 내 일찍 경험한 바로 말해 보리라.

내가 소시 적에 과거 공부를 할 때 제목을 놓고 생각을 짜내어, 좋은 구절 하나를 얻으면 문득 스스로 기뻐하고 사람들 또한 전하여 외우고서 재자(才子)라 불러 주었다. 매일 저녁, 술이 얼근해 부채 잡고 상 두드리며 낭랑히 한 소리 뽑으면 또한 족히 남들도 즐거워하였다. 스스로 천하의 즐거운 일이 여기서 더할 수 없노라 하더니, 20세 이후로는 점점 그 그름을 깨쳤으나 이 때 나라에 유통하는 것으론 이학(理學), 화학, 정치학, 경제학 등 제반 문서가 없기 때문에 단지 유반계(柳磻溪; 유형원)의 『반계수록(磻溪隧錄)』과 정다산(丁茶山)의 『방례초본(邦禮草本; 『經世遺表』)』 등을 얻어 읽고서 28세에 이르러서는 과거를 포기하여 다시 하지 않았다. 그래도 때때로 혹 시골 글방을 지나다가 과거를 준비하는 자를 보면 곧 애호의 정이 도로 다시 발동하니 무릇 나처럼 일찍 그 그름을 깨친 자로서도 오히려 아직 이와 같거늘 하물며 그 그름을 깨치지 못한 자에 있어서는 어떠하겠는가!

갑오년 과거 폐지 이후로 같이 공부하던 옛 친구를 만날 때마다 과거를 포기하라고 권하면 말하기를, "이는 본래 우리나라 오백 년의 지켜온 규정이라, 지금 비록 폐지되었으나 끝내는 반드시 복구되리니 군은 좀 기다려보라" 한다. 대개 수 십 년 쌓아서 쓰던 공부가 하루아침에 소용할 곳이 없어졌지만, 애련이 아직 남아서 차마 과감히 버리지 못하니 이는 인지상정의 병통이로다.

살펴 보건대 금일의 국가란 그 습관이 과연 어떠하며, 그 애련이 또한 어떠할까? 무릇 유생(儒生)이라면 과거공부가 습관 되고 술사(術士)라면 음양술이 습관 되고 조관(朝官)[1]이라면 벼슬살이가 습관 되고 아전 무리라면 절도가 습관이 되었는데, 홀연 세상의 변화가 닥쳤으니 애련의 정에서 온갖 병이 나왔다. 혹자는 말하길, "신학(新學)은 곧 어떤 물건인가! 동양 4천 년에 이런 것을 가져본 적이 없었지만 요임금과 순임금은 치세를 이루셨고 공자와 맹자는 성인이 되셨던 것이다" 하니 이는 유생의 말이요. 혹자는 말하길, "외부인을 어찌 근심할 바 있으랴. 『정감록(鄭鑑錄)』에 운운하였으며 『토정비결(土亭秘訣)』에 또한 운운한 바가 있으니, 진인(眞人)이 오래지 않아 세상에 나오면 대포구멍에서는 물이 나오고 기선(汽船)은 바다에 좌초하리라" 하니 이는 술사의 말이요. 혹자는 말하길, "권세의 지위를 누가 능히 앗아 가리오? 고래(古來)부터 반드시 벌열을 숭상했으니 우리 할아버지는 참판이고 우리 아버지는 판서이니라. 누대의 잠영(簪纓; 높은 벼슬)이 본래 마땅하니라" 하니 이는 조

1 조관(朝官) : 조정의 벼슬아치를 일컫는 말이지만, 여기서는 일반적 벼슬아치라기보다 관직을 독점한 벌열 가문을 이르는 것으로 보인다.

관의 말이요. 혹은 말하길, "우리를 어찌 폐하리오? 우리 조정 사대부는 원래 일을 알지 못하니라. 토지조사든 검시(檢屍)든 급료의 출납이든 마음대로니라" 하니 이는 아전 무리의 말이요. 기타 해괴하고 지리멸렬한 종류를 일일이 들기 불가하지만, 요순(堯舜)과 공맹(孔孟)이 어찌 일찍이 여러분에게 과문(科文; 과거 시험에 쓰는 문장) 짓기를 가르쳤겠으며, 어찌 여러분에게 참위(讖緯)를 배우라 했겠으며, 어찌 여러분에게 부귀에 전념하라 했겠으며, 어찌 여러분에게 속임수를 쓰라고 가르쳤으리요?

오호라! 오늘의 세상이 어제의 세상이 아니요, 오늘의 사람이 어제의 사람이 아닌데도 어찌 다시 어제의 습관을 되돌려서 오늘의 애련으로 삼으리오? 반드시 한 칼로 끊어낸 연후에 옛 견해를 제거하고 새 뜻을 맞이할 수 있으리라. 만약 내말을 불신한다면 수년 후에는 반드시 회한이 있고 회한으로 피를 토하고 죽을 것이라.

(8호, 10~12면)

호고(好古)의 병

이기

세상의 학자들이 호고(好古)의 병이 많아서 정치와 도덕을 논할 때마다 반드시 요임금, 순임금을 일컫지만 나는 잘 모르겠다. 옛 법도를 가지고 지금 세상에 능히 쓸 수 있다는 것인지, 혹은 그들은 옛 도리를 빌려서 지금 세상에서 과시하려는 것인지, 지금 세상에 능히 쓸 수 있다고 한다면 이는 지극히 우매한 사람이고 지금 세상에서 과시하려 한다면 이는 크게 속이는 사람이다. 나는 일찍이 한 마디로 논파하고 싶었으나 다만 우활한 유생과 곡학(曲學)하는 선비들이 따라와 비방할 것이 두려워 조용히 참고서 말하지 않은 지 십 수 년이다. 지금 사태가 이미 급해졌고 기세가 이미 닥쳐왔으니 부득불 직언(直言) 한마디를 해야만 하겠다.

대저 요순(堯舜)은 4천여 년 전이니, 선양(禪讓)[1]의 정치를 지금 행할 수 있겠으며, 사분지력(四分之曆)[2]을 지금 쓸 수 있겠으며, 황관(黃冠)의

1 선양(禪讓) : 요임금이 자신의 자손이 아닌 순임금에게 왕위를 물려주었음을 가리킨다.
2 사분지력(四分之曆) : 후한 무제 때 만든 삼통력(三統曆)이 시행된 지 1백여 년 후에 장제

제도[3]를 지금 회복할 수 있겠으며, 초가와 흙 계단[4]을 지금 시행할 수 있겠으며, 간우(干羽)를 추어 묘(苗)족을 바로잡음을[5] 지금 기대할 수 있겠는가? 고금이 같지 않음이 이와 같은데, 오히려 다시 시끄럽게 그치지 않으니 반드시 우매하든지, 속이든지 그 사이의 하나일 뿐이로다.

대저 우리 유생들이 종사(宗師)로 받드는 이로 공자만한 분이 없지만, "은나라는 하나라의 예(禮)를 따랐으니 그 덜고 보탠 바를 알 수 있다. 주나라는 은나라의 예를 따랐으니 그 덜고 보탠 바를 알 수 있다"[6]라고 하시니 그 예가 시세를 따라 같지 않음을 충분히 알 수 있다. 노나라에 계실 때는 봉액(縫掖; 도포)의 옷을 입으시고 송나라에 계실 때는 장보관(章甫冠; 유생이 쓰는 관)을 쓰셨다고 하니 그 복식이 시속을 따라 같지 않음을 또한 알 수 있다. 태백(泰伯)은 단위(端委; 중국의 의관)를 하고 다스리고 중옹(仲雍)이 뒤를 이음에 단발한 몸으로 다스린 것[7]은 연유가 있는 것인데, 여러분들은 지금의 세상에 살면서 오히려 옛 도리를 되돌리려하니, 필시 재앙이 신상에 미치지 않겠는가? 문득 도적무리 수 십 인이 그대의 집에 들어와서 그대의 재산을 약탈하고 그대의 처를 간음하려 할 때 그대는 높은 관에 큰 띠를 차고서 서서히 일어나 의로써 타일러 "군자는 탐하지 않고, 또한 법이 있어 겁간하는 자는 교수형에 처하

(章帝)가 조서를 내려 만든 역법(曆法)인데, 1년을 365일과 1/4일로 정하였다. 『후한서(後漢書)』「역지(曆志)」에 나온다.

3 황관(黃冠)의 제도 : 고대 납제(臘祭) 때 쓰던 모자. 천자가 백성을 위로하고 쉬게 한다는 뜻으로 초야의 백성이 입던 황의, 황관을 쓰고 납제를 지냈다. 백성을 위한 지극한 인의(仁義)를 보이는 뜻이다.

4 초가와 흙 계단 : 원문은 "茅茨土階"로 요임금이 검소한 처소에 머물렀음을 가리킨다.

5 간우(干羽)를 …… 바로잡음을 : 순임금이 간우라는 춤을 추어서 남쪽 지방의 오랑캐인 묘족을 감복시켰다고 한다.

6 은나라는 …… 있다 : 원문은 "殷因於夏禮, 所損益, 可知也, 周因於殷禮, 所損益, 可知也"이고 출전은 『논어(論語)』「위정(爲政)」이다.

7 태백(泰伯)은 …… 것 : 태백과 중옹은 주나라 문왕(文王)의 백부로 문왕의 아버지인 계력(季歷)에게 양위하기 위하여 남쪽 오나라 땅으로 도망가서 그곳의 왕이 되었다 한다. 태백은 중국의 의관을 하고 다스렸지만, 그 뒤를 이은 동생 중옹은 오나라의 풍속을 따라 단발했다고 한다.

니라" 하면 황송하여 말을 들을 것인지 나는 알지 못하겠노라. 내 요량으로는 주방에 들어가 식칼을 찾거나 방에서 나와 방망이를 구하여 바쁘게 달려가 구하는 것만 못할 듯싶다. 오호라! 요순은 이미 멀어졌는데 도적이 천하에 깔렸으니 이 시대에 옛 규범을 단단히 지키고 망령되이 성명(性命)[8]을 주장하면 사태를 구해낼 수 없을까 두렵다.

근래의 변화가 사람의 이목을 놀라게 하는 중에 단발(斷髮)과 역복(易服; 복식을 바꿈)이 가장 큰 것이라, 여러분이 혐오함이 당연한 것이다. 그러나 단발과 역복하는 이들로부터 오늘의 매국(賣國)이 전부 나왔다고 한다면 이는 절대 그렇지 않으니 왜인가? 대저 매국은 대개가 지혜와 용기의 부족에서 비롯된 것인데, 진실로 그 지혜와 용기 없음을 꾸짖지 않고 헛되이 단발과 역복만 꾸짖는다면 여러분은 상투와 백의(白衣)로 어찌 나라를 되찾지 못하는가? 머리 깎고 옷 바꿔서 매국하는 자들도 지혜와 용기가 부족한 것이고 상투와 백의로 나라를 되찾지 못한 이들도 또한 지혜와 용기가 부족한 것이니 여러분의 다툼은 구구한 형식에 지나지 않을 따름이다. 이러고서 어찌 인심을 감복시킬 수 있겠는가?

대저 사람이 일신상에 가장 처치하기 어려운 것이 두발, 그것이다. 그러므로 지나(支那)의 촬괄(撮髻; 묶은 머리)과 남만(南蠻)의 추계(椎髻; 꽁지머리), 북쪽 사람들의 변발(辮髮), 구미(歐美)의 치발(薙髮; 짧게 깎은 머리) 가운데 과연 무엇이 아름답고 무엇이 혐오스러우며 무엇은 우월하고 무엇이 열등할까, 각기 그 땅의 풍속에 따랐을 뿐이다. 그러기에 번거로움을 버리고 간단함을 취하며, 해로움을 피하고 이로움을 좇으면 풍속도 또한 시대에 맞춰 변해가서 은나라 · 주나라의 예가 덜고 보탠 것처럼, 노나라 · 송나라의 의관처럼 성인이 세태와 더불어 추이를 맞춤과 같아야 할 지어다.

나 또한, 단발과 역복이 즐거운 이가 아니지만 작년에 일본에 갔을

---

8 성명(性命) : 인성(人性)과 천명(天命)을 아울러 이르는 말이다. 당시의 급박한 현실에 맞지 않는 이상적인 도리와 명분을 지칭한 것이다.

때, 그렇게 할 수 밖에 없었다. 단발과 역복으로 집에 돌아왔지만, 내 처는 그대로 남편으로 대했고 내 자식들도 아버지로 대했으며, 아우들도 형으로 대했고 내 며느리도 시아버지로 대해주었으니 그 형식이 변했어도 윤리가 변하지 않았기 때문이다. 나는 여러분들에게 단발과 역복을 권유하는 것이 아니다. 단지 형식과 윤리를 가지고 분별한 것이니 그 나머지는 스스로 유추할 수 있을 터이다. 지금 서구의 국가학, 물리학, 기화학(氣化學; 화학)의 서적과 사회법, 교육법, 식산법의 규율이 모두 취할 만한데, 여러분은 도리어 단발과 역복 때문에 모두 싸잡아 혐오하고 윤리가 없다고만 말하고 있으니 또한 지나침이 아니겠는가? 지금 그 책들이 갖춰졌는데, 어찌 여러분들로 임금과 아비를 죽이게 하겠으며 남녀 사이에 간음하게 하겠는가. 그 시말을 따지지 않고 시비를 살피지 않고서 모두 손을 내저으며 "오도(吾道)가 아니라, 오도가 아니라"고만 하고 있다. 나는 여러분들의 도가 실제로는 오도가 아닐까 두렵노라!

(9호, 3~5면)

종교를 반드시 숭배할 것이오, 신구를 반드시 참작할 것이라, 어찌 스스로에 밝지 못해 도리어 방관자에게 간파당하고 있으리오[宗教를 不可不崇奉이오 新舊를 不可不參酌이라 柰自知之不明에 反被傍觀之覘破오]

이종준

심하도다. 우리 대한의 유치함과 몽매함이여! 자국의 일에 자국인이 멍하니 무지하고 방관자[1]가 도리어 명료하여 그 자세한 헤아림이 손바닥의 지문을 보는 듯하다. 항상 마음속으로만 통탄하며 도울 길이 없노라.

단군과 기자(箕子) 이래 4천 년 역사는 자국인이 마땅히 간파해야 할 바이지만 지금 알지 못하고 도리어 방관자가 이를 간파하였으며, 장백산 이남의 3천 리 강역은 자국인이 당연히 명석해야 할 바인데 지금 알지 못하고서 도리어 방관자가 명석하다. 인구의 다소와 조세의 증감과

1 방관자 : 여기서 방관자는 지금의 사전적 의미와는 다소 다르다. 문맥상 이토 히로부미를 이르는데, 그러므로 외국인에 가깝다 하겠다.

매우 복잡한 진(塵)·애(埃)·묘(渺)·막(漠)[2]이 모두 방관자의 밝은 눈으로 간파되었으나 자국인은 단지 장님처럼 갈수한(渴睡漢)[3]이 되었을 뿐이니, 동방은 밝아오는데 장차 어찌 할 것인가?

그러나 이것들은 눈에 보이는 형식이기에 눈이 밝다면 살펴 알 수 있으려니와, 자국의 성질과 자국의 정신이 어디 있는지를 보자면 이는 형식이 없는 관념이지만 자국인은 대개 알지 못하고 방관자가 도리어 깊이 알고 있다. 이 어찌 전도되어 마땅함을 잃음이 심하지 않은가!

오늘의 완고하고 격앙하기로 이름난 학자들은 모두 신학(新學)의 비판에만 치우치고, 새로운 공기를 흡입하여 신사상으로 바꾸어 보내는 무리들은 구학(舊學)의 배척에만 치우친다. 모두 편협하고 공정하지 않아 절충함이 없이 일절 저를 말살하고자만 하니 이 역시 심히 생각이 부족함이라, 어찌 옳다 하리오!

언젠가 『대한일보』[4]를 읽어보니 대한에 대한 논설이 우리 한국인이 능히 일일이 인지할 수 없는 곳에서 나왔는데, 저들은 이런 일들을 확인하여 간파하고 있으니 방관자들의 밝음이 어떠한가? 우리의 일반사회를 논한 대목에서 우리 자강회를 조선혼으로 지목하여 저들의 야마토다마시[大和魂]에 빗대었다. 또한 작년에 각 보통학교에 교사가 부임할 때에 이토 히로부미 후작이 관저에 그들을 초대하여 훈유하였다.

> 공맹(孔孟)의 가르침【즉 충신효제의 도】은 한국에서 존봉하던 것이므로, 이를 배척한다면 인심을 위반하여 유해하고 무익함을 깊이 알고 있으니, 우리나라의 교육칙어에도 또한 충신효제로써 교육의 기초를 삼았고, 하물며 또한 한

---

2 진(塵)·애(埃)·묘(渺)·막(漠) : 은의 비율을 계산하는 지극히 작은 도량형 단위이다.

3 갈수한(渴睡漢) : 잠꾸러기를 이르는 말로, 송나라 여몽정(呂蒙正)이 과거에 오르기 전에 잠자기를 좋아한 데서 나온 고사이다. 출전은 『육일시화(六一詩話)』이다.

4 『대한일보』 : 1904년 3월 10일에 창간되어 일본인이 발간한 국한문 혼용의 신문이다. 1906년 10월부터는 일어로만 발행되었고, 『일념홍(一捻紅)』, 『참마검(斬魔劍)』 등의 신소설이 연재되기도 하였다.

국은 이 교의(教義)로 원소(原素)를 삼지 않았는가? 이를 가지고 원소로 하고 서구근세의 문명을 참작하여 그 지덕(智德)을 계발함이 한국 교육의 필수가 되리라.

아아! 인생에서 잠시라도 떠날 수 없는 것이 곧 효제충신의 도이다. 이 도란 곧 공맹(孔孟)의 가르침으로 동양에서 수 천 년이래 존봉(尊奉)한 종교이다. 이 가르침은 인간에게 원기(元氣)가 있음과 같고 인간에게 음식이 있음과 같아서 떠나면 일상에서 떨어질 수 없으니, 만국이 같이 하였다. 하물며 우리나라에서라면 진실로 하늘을 이고 땅을 디딘 자라면 그 누가 이를 버리고 다른 것에 갈 것인가. 또한 천하만국이 각각 종교가 있어서 저마다의 가르침을 으뜸으로 삼아 반드시 자국을 위주로 한다. 진실로 이 땅에 태어난 자라면 그 누가 이를 버리고 다른 것에 갈 것인가. 이토가 우리 한국에 주의(注意)를 기울이라 하였으나, 어찌 자국인의 몽상으로 미칠 수 없는 이치에서 나왔겠는가. 이토 후작의 명철함은 요점과 인심의 향배를 얻어냄이 이처럼 깊어서 결단코 바꿀 수 없는 정도이니, 이에 이토 후작의 탁견에 감복하고 우리 한국 신진 무리들이 옛것을 참작하여 지금에 통하지 못함을 통탄하는 바이로다.

이 이토의 명철함은 바깥에서 본 것이지만 명약관화 하거늘, 지금 여기서 태어나고 자라서 대대손손이 수 천 년 간 살고 호흡했던 자들이 도리어 휩쓸려서 돌이킬 줄을 모르고서, 하루아침에 선왕(先王)이래로 따르던 옛 법도를 다 버리고 개명(開明), 개명만 말한다면 오호라! 그 어찌 바르게 될 터인가?

그러므로 완고하고 격앙된 학자들이 옛 것을 고집하고 융통성 없이 용 고기[5]를 좌담함은 틀렸으며, 경솔한 신진의 무리들이 옛 법도를 모두 버리고 오직 새로움만을 도모함도 또한 틀렸다. 그러므로 편협과 불공(不恭)은 모두 군자가 취하지 않는 것이다.

5 용 고기 : 원문은 "龍肉"으로 세상에 초연한 이야기를 나누는 것을 빗대는 말이다.

나의 견해로는 먼저 종교를 숭배하여 사람들에게 숭배하고 귀의할 곳을 만든 뒤에야, 구학(舊學)으로 체(體)를 삼고 신학(新學)으로 용(用)을 삼되 반드시 실질을 취하고 겉치레는 버리면서 진부함을 배척하고 새로움에 이를 것이고, 단점을 버리고 장점을 취하여 절충하고 참작함에 정성에 정성을 더하고 구하여야만 박옥(璞玉; 다듬지 않은 옥)에서 순정한 옥을 취하고, 사탕수수의 참맛[6]을 보아야 오늘날의 나침반으로 삼을 수 있으리라. 내가 이런 주장을 하는 소이는 이토의 말에 간절히 느낀 바가 있음이니, 울고 싶은 마음이 진정 옹문(雍門)의 거문고[7]를 만난 것이라 하겠다. 간절히 원하노니 교육계의 여러 군자들은 거듭 생각하고 주의하심이 마땅하도다!

또 내가 「광신학이보구학설(廣新學以補舊學說)」[8]을 보니 이 논설은 곧 미국의 학자 이가백(李佳白)이 저술한 것으로 교학(敎學)의 본말을 궁구하고 취사의 주밀함을 논하였으니 나의 마음을 먼저 사로잡은 것이다. 방관자의 명철함이 또한 어떠한가, 청컨대 명편(名篇)들의 대의를 볼지어다. 고기조각 하나로 족히 한 솥의 맛을 다 알 수 있으리라. 지금 가만히 서론(緖論)을 써서 공감의 느낌을 붙여, 훗날을 기다리노라.

(9호, 13~16면)

6 사탕수수의 참맛 : 원문은 "啖蔗頭"인데, 자두(蔗頭)는 사탕수수로 씹으면 씹을수록 달아져 참맛을 볼 수 있다 한다.

7 옹문(雍門)의 거문고 : 전국시대 옹문주(雍門周)는 거문고를 잘 타서 사람들을 감동시켜 울게 만들었다. 맹상군(孟嘗君) 앞에서 거문고를 타서 그를 울게 만들었다는 고사가 있다.

8 「광신학이보구학설(廣新學以補舊學說)」: "신학을 넓혀 구학을 보충하자는 논설"의 의미인데, 『서우』 3호(1907.2)에 박은식의 역술로 게재되었다.

국문일정법의견서(國文一定法意見書)

이능화

법어학교(法語學校)[1] 교관인 이능화가 "국문일정법의견서(國文一定法意見書; 국문을 통일하는 법을 올린 의견서)"를 학부에 올렸는데 시의에 적합하기 때문에 이에 글을 실어 채용되기를 기다린다.

삼가 아룁니다.

나라가 있으면 그 나라의 글과 말이 있고, 또한 문어(文語)와 구어(口語)의 구별이 있다. 대저 구어는 번거롭고 글은 간결하니, 사리를 잘 전달함이 긴요하다. 이로써 문명이 극에 도달한 나라는 그 글과 말에 명목, 사물, 형상, 수량과 제도, 문물, 법도가 구비되어 세상에 적용된다. 동아(東亞)의 문명에서 지나가 가장 앞선 고로 예부터 한국, 일본 및 여러 나라가 한문을 빌려 썼으니, 유럽에서 가로로 쓰는 문자가 대부분

1 법어학교(法語學校) : 조선 고종 33년(1896)에 프랑스인 마르텔(E. Martel)이 지금의 종로구 수송동에 세웠던 관립 프랑스어 학교로 광무 10년(1906)에 폐교되었다.

그리스, 로마의 문자에서 기원한 것과 비슷하다.

동서양을 막론하고 글과 말은 사회의 복잡한 상태에 따라 점차 번성하고 풍부해졌다. 지금 유럽의 글은 2십만 자의 사전이 있으나 한문의 글자 수는 그 반에 미치지 못하니 문명의 정도를 여기서 가히 징험할 수 있다. 한일 양국이 한문을 빌려 쓰지만 저마다의 글이 있으니, 곧 한국의 언문(諺文)과 일본의 가나[假名]이다. 철자를 맞추고 음을 합하여 통역함에 못할 것이 없으니, 이로써 한문과 섞어 쓴다면 편리함이 비할 바 없다.

대개 한문의 글자 뜻은 포괄함이 심히 넓으니 가령 지금 논설 하나를 읽는다면 문리(文理)가 조금 있는 자로 한 번 보아서 문득 그 요령을 안다 해도, 초학자들에서 문리를 깨치지 못한 자들에 이르기까지 제법 곤란이 많다. 그러나 언문은 음만을 취하기에 지금 논설 하나를 읽는다면, 소리만을 취하기 때문에 이 한 편을 세세히 열람하지 않으면 의미가 드러나지 않는다. 또 자음을 쓰는 법이 '가'와 'ᄀᆞ'나, '지'와 '디' 등을 사람마다 다르게 쓰니, 이는 다름 아니라 음과 뜻을 일정하게 정한 자전(字典)이 없기 때문이다. 우리 국어 전체가 거의 한문으로 이루어졌고 또 따로 방언(方言)이 있어서 해석을 하니, 이것이 우리 대한 사람이 한문을 배우기 어려운 까닭이다. 그러므로 이에 불가불 국한문을 병용하는 편리한 법을 강구하지 않을 수 없도다.

일본 가나의 창조는 천여 년 이전에 한문을 이용함에 가나를 붙여 쓰는 방식으로 한 나라의 문체를 절로 이룬 것이다. 최근에 비록 한문을 폐기하고 일문(日文)만을 전용하자는 주장이 있지만 갑자기 실시할 수 없는 것은 여러 가지 원인이 있기 때문이로다. 만약 타국의 글을 차용함을 부끄러운 일로 여긴다 한다면, 그렇지 않으니 오로지 한문을 이용해서 자국의 글을 이룰 수 있는 까닭일 따름이다. 국문(國文)의 전용이라면 혹여 백 년 이후의 시대에 있을 수 있겠다.

지금 설령 학생의 신분으로 단지 국문만 알고 한문을 모른다면 근심스레 부족하다는 생각을 면하지 못할 것이다. 일본인들을 보자면 수례

끄는 인부나 떡장수 여인이라도 글자를 모르는 자가 드물다. 지금 일본의 신학문 서적을 읽어보면 그 글자 뜻을 역술한 것이 매우 명확하고, 한자 오른 쪽에 가나를 덧붙여 써서 부녀, 아동이라도 쉽게 이해할 수 있다. 우리 국문과 국어의 구성이 요행으로 일문(日文), 일어(日語)와 대체로 비슷한데, 다만 국한문 혼용의 법은 어미의 사용에 그쳐서 결국 일반 사람들이 독서를 할 수 없게 하였다. 어찌 가나를 덧붙이는 사례를 본받아 언문일치를 하도록 힘써, 아속(雅俗)[2]이 같이 독서하게 만들지 않겠는가! 지금 예시를 들어 아래와 같이 보인다.

(1) 天地之間萬物之中唯人最貴
: 순한문은 오직 아(雅)한 이들만 읽는다

(2) 텬디 ᄉᆞ이 만물 가운ᄃᆡ 오직 ᄉᆞ람이 가장 귀ᄒᆞ니
: 순국문으로, 속된 이들이 읽는다

(3) 天地之間萬物之中에 唯人이 最貴ᄒᆞ니
: 지금의 국한문 혼용법인데, 속된 이들은 여전히 읽을 수 없다

(4) 天地之 間 萬物之 中 唯 人이 最 貴ᄒᆞ니
텬디 ᄉᆞ이 만물 가운ᄃᆡ 오직 사ᄅᆞᆷ 가장 귀
: 한자 옆에 언문을 붙여 쓴 것으로, 아속이 함께 읽을 수 있다.

지금 교육을 보급하고자 한다면, 국문을 하나로 정하여 음과 뜻을 통일한 후에 기타의 서적을 이에 따라 번역하여 간행함이 가장 좋을 것이다. 학부에서는 오직 일국(一國)의 학문을[3] 교육하는 것을 주관하는데, 당당한 국문을 가지고도 한 권의 자전도 없으니 이야말로 교육이 진흥되지 않는 이유이다. 무릇 일국의 언어에는 명사, 동사, 과거사, 미래사

2 아속(雅俗) : 사전적으로 고상함과 속됨을 아우르는 말이나, 여기서는 한문에 익숙한 지식인과 한문 지식이 없는 일반 대중을 함께 부른 것이다.

3 학문을 : 원문은 "文學"인데, 현재의 어감으로는 학문에 가깝다.

등의 규범이 없을 수 없으니, 아동이 이를 알면 언어에 조리가 있어서 사물을 쉽게 깨달을 것이니, 우리나라의 말에 어찌 이것이 없었겠는가. 다만 사용하고 연구하지 않아서, 외국어 학자 외에는 주의를 기울이는 자가 드물다. 가히 먹어도 맛을 모르고 말을 해도 그 뜻을 다하지 못했다고 할 만하다.

내가 생각하기에 국문을 일정하게 하는 법이 세 가지가 있다.

(1) 박학하고 견문이 많은 이를 초빙하여, 일문 자전 중 가장 우수한 『언천(言泉)』[4]을 모방하여 국문 자전을 한 부 펴내는 것.
(2) 소학교 교과서의 한자 옆에 언문을 붙여 쓸 것.
(3) 국어문법서[5] 한 부를 펴내 소학교 국어 과목에서 같이 가르칠 것.

우리나라에 언문이 있었던 이래로 선현이 이것으로 경전을 강의하고 해석하셨으니 후학에게 도움이 된 것은 이루 다 말할 수 없으나, 문리를 해득한 자가 아니면 읽을 수 없었다. 평범한 여염집의 남녀들에 이르기까지 언문을 배워 겨우 반절(反切)만 이해하면[6] 곧 동리의 저자에서 다니며 파는 언문 소설로 학습의 교과서를 삼고, 이 밖에는 다른 읽을 만한 책이 없었으니 이 역시 독자의 허물이 아니다. 소설책이란 각국에 모두 있어서 풍자, 우의, 골계의 종류로 세도(世道)와 인심(人心)에 도움이 되지 않는 것이 없지만, 우리나라의 언문 소설은 거의 모두가 비루하고 황당무계하여 지식 발달에 크게 방해가 된다. 이제 법을 정하여 이런 풍토를 바꾸어야 한다. 이러한 소설들의 소장된 판각들을, 관

4 『언천(言泉)』: 일본의 국문학자인 오치아이 나오부미(落合直文,1861~1903)가 『ことばの泉(말의 샘)』이라는 사전을 1893년에 간행한 바가 있다. 이 사전은 1981년까지 수정판이 거듭 간행되었다. 일본은 1892년부터 야마다 비묘[山田美妙] 등이 국어사전을 펴낸 바 있다.

5 국어문법서 : 원문은 "國誨規範"으로 현재의 어감으로 국어문법서에 가깝다.

6 반절(反切)만 이해하면 : 반절은 한글을 이르는 말인데, 여기서는 문맥상 '한글의 자모를 읽는 법만 겨우 알게 되면' 정도의 의미이다.

에서 소장한 것은 거두어들이고 인민이 가지고 있는 것은 사들여서, 전부 감추고 헐어버려 속간(續刊)되는 근원을 막아버리고 대신 신학문을 언문으로 번역한 책들을 배포해야 한다. 이렇게 점차 유도하여 인민의 사상을 개발하면 이 역시 교육의 한 방도이다.

지금 우리나라 인사들의 교육 사상이 부쩍 일어나서 경향 각지에 학교가 날로 증가하여 교과서를 청해 구하는 이들이 줄을 지었다. 또한 학부가 교육을 확장할 방도를 도모하고 있으니 국민의 기대와 바람이 이에 따라 매우 크다. 무릇 교육의 기초는 소학교에 있으니, 내가 앞서 개진한 국문을 일정하게 정하는 법은 소학교의 성질에 매우 적합할 것이다.

삼가 바라건대, 공평하게 살피시어 제 의견을 받아들여서 실시하기를 기약하게 된다면 다행한 마음을 이기지 못할 것입니다.

(6호, 62~65면)

대한국문설

지석영

서

결승(結繩)[1] 이후에 비로소 문자가 시작되었으니 문(文)이라 자(字)라 하는 것은 다른 용도가 아니라 말을 적고 일을 기록하는 도구에 불과하다. 그러니 창힐(蒼頡)이 새 발자국을 본뜬 전서(篆書), 주(周)나라의 주(籀),[2] 진(秦)나라의 전서(篆書), 한(漢)나라의 예서(隸書)를 거쳐 진(晉)나라의 해서(楷書)에 이르기까지 그 서체가 무릇 다섯 번 변했으나 경전의 오의(奧義)는 잃은 적이 없으니 문자는 그 뜻을 취할 뿐이요, 그 형태에 구애되는 것이 아님을 알 수 있다. 이로써 천하에는 모두 자국의 문자가 있어서 서

1 결승(結繩) : 새끼나 가죽 끈을 꼬아서 그 매듭과 매듭의 간격으로 사건을 기록하던 원시적 기호 체계를 말한다.

2 주(籀) : 중국 주나라 선왕(宣王) 때 태사(太史)인 주(籀)가 만들었다고 전해지는 글자체이다.

로 역술하니, 대한의 국문도 곧 그 하나이다. 위대하신 우리 세종대왕은 예지(叡智)를 하늘에서 받아 사물을 열어 사무를 완성하시고 훈민정음 28자를 창제하셨다. 전환이 무궁하며 명백하면서도 간이(簡易)하니 어린 아이와 부인네들도 함께 충분히 알 수 있으며, 천하의 문자를 기록할 수 있어 사방의 말과 언어에 통할 수 있다. 진실로 황실의 보물이요, 문교의 도구 가운데 나침반인 것이다.

애석하다! 세대가 멀어지고 교화가 느슨해져 진체(眞諦)를 많이 잃고, 또한 학문가들은 연구할 생각을 않고 무지한 민간에 맡겨서 훈몽(訓蒙, 초급교육)이 점점 왜곡되어 뜻이 있는 사람들이 같이 근심하게 되었다.

왕년에 추금(秋琴) 강위(姜瑋) 선생이 "내가 언문(諺文)에서 각 항의 두(頭)와 미(尾)[3]가 같은 발음이 된다고 들었는데, 필시 그렇지 않을 것이다"라고 말씀하셨는데, 나는 그 말을 듣고 의문이 생겼다. 몇 년 뒤, 승선(承宣)[4] 서상집(徐相集)과 사귀다 깨달았으니, 미(尾)의 원래 발음은 상세하지 않지만 그 중성(中聲)이 어떠한지에 근거하여 발음된다.[5] 근래에야 "ㅣ"와 "ㅏ"가 합쳐서 "ㅑ"로 발음되는 오묘함을 깨달았다. 나머지 글자들도 바꿔가며 모음 다음에 붙여 그 소리를 얻어내니 여기서 그 14자[6]가 원음을 회복하였다. 이에 변증하는 글 한 편을 지어 제목을 "대한국문설"이라 하니 과시함이 아니라, 정음(正音)이 잘못된 것을 반드시 교정하려는 것이다. 문법에 관해서라면 주시경 군이 저술한 『대한국어문법』이 있으니 여기서는 더 말하지 않겠다.

---

3 두(頭)과 미(尾) : 초성과 종성을 의미하는 것으로 보인다.

4 승선(承宣) : 조선 후기에 승지(承旨)를 고쳐 승선이라 하였다.

5 미(尾)의 …… 발음된다 : 두(頭)와 미(尾) 즉 초성자와 종성자의 발음 차이는 중성이 단모음이냐 이중모임이냐에 따라 달라진다는 것을 밝힌 부분으로 보인다.

6 14자 : 14자는 곧 "ㄱ, ㄴ, ㄷ, ㄹ, ㅁ, ㅂ, ㅅ, ㅇ, ㅈ, ㅊ, ㅋ, ㅌ, ㅍ, ㅎ"을 가리키며, 이는 종성부용초성의 합당함을 들어 종성자를 초성의 글자로 다시 쓰고자 했던 지석영의 언어관이 반영된 부분이다.

광무 9년(1905) 맹하(孟夏; 음력 4월) 송촌(松村; 지석영의 호) 거사는 쓰다.

어제(御製) 훈민정음(訓民正音)[7]

우리나라 말소리가 중국과 달라서 한자와는 서로 통하지 않으므로 일반 백성들은 말하고자 하는 바가 있어도 마침내 제 뜻을 펼 수 없는 사람이 많다. 그래서 내가 이를 딱하게 여기고 새로 스물여덟 글자를 만들었는데, 이는 사람들로 하여금 쉽게 익혀 나날이 쓰기에 편토록 하고자 할 따름인 것이다.

ㄱ은 아음(牙音)이니 '군(君)'자의 처음 나는 소리와 같아 나란히 쓰면 '끙(虯)'자의 처음 나는 소리와 같다.

ㅋ은 아음(牙音)이니 '쾡(快)'자의 처음 나는 소리와 같다.

ㆁ은 아음(牙音)이니 '업(業)'자의 처음 나는 소리와 같다.

ㄷ은 설음(舌音)이니 '둫(斗)'자의 처음 나는 소리와 같으니 나란히 쓰면 '땀(覃)' 자의 처음 나는 소리와 같다.

ㅌ은 설음(舌音)이니 '툰(呑)'자의 처음 나는 소리와 같다.

ㄴ은 설음(舌音)이니 '낭(那)'자의 처음 나는 소리와 같다.

ㅂ은 순음(脣音)이니 '볋(彆)'자의 처음 나는 소리와 같으니 나란히 쓰면 '뽕(步)'자의 처음 나는 소리와 같다.

ㅍ은 순음(脣音)이니 '푱(漂)'자의 처음 나는 소리와 같다.

ㅁ은 순음(脣音)이니 '밍(彌)'자의 처음 나는 소리와 같다.

---

7 아래는 "훈민정음"의 본문과 정인지의 서(序)로 강신항의 번역(『훈민정음연구』, 성균관대 출판부, 1996[5판])을 따르되, 약간 수정하였다.

ㅈ은 치음(齒音)이니 '즉(卽)'자의 처음 나는 소리와 같으니 나란히 쓰면 'ᄍᆞᆼ(慈)' 자의 처음 나는 소리와 같다.

ㅊ은 치음(齒音)이니 '침(侵)'자의 처음 나는 소리와 같다.

ㅅ은 치음(齒音)이니 '슗(戌)'자의 처음 나는 소리와 같으니 나란히 쓰면 '쌰ᇢ(邪)' 자의 처음 나는 소리와 같다.

ㆆ은 후음(喉音)이니 'ᅙᅳᆸ(挹)'자의 처음 나는 소리와 같다.

ㅎ은 후음(喉音)이니 '허ᇰ(虛)'자의 처음 나는 소리와 같으니 나란히 쓰면 'ᅘᅩᇰ(洪)' 자의 처음 나는 소리와 같다.

ㅇ은 후음(喉音)이니 '욕(欲)'자의 처음 나는 소리와 같다.

ㄹ은 반설음(半舌音)이니 '려ᇰ(閭)'자의 처음 나는 소리와 같다.

ㅿ은 반치음(半齒音)이니 'ᅀᅣᇰ(穰)'자의 처음 나는 소리와 같다.

ㆍ는 'ᄐᆞᆫ(呑)' 자의 중성(中聲)이다.

ㅡ는 '즉(卽)' 자의 중성(中聲)이다.

ㅣ는 '침(侵)' 자의 중성(中聲)이다.

ㅗ는 'ᅘᅩᇰ(洪)' 자의 중성(中聲)이다.

ㅏ는 '땀(覃)' 자의 중성(中聲)이다.

ㅜ는 '군(君)' 자의 중성(中聲)이다.

ㅓ는 '업(業)' 자의 중성(中聲)이다.

ㅛ는 '욕(欲)' 자의 중성(中聲)이다.

ㅑ는 'ᅀᅣᇰ(穰)' 자의 중성(中聲)이다.

ㅠ는 '슗(戌)' 자의 중성(中聲)이다.

ㅕ는 'ᄇᆑᇙ(彆)' 자의 중성(中聲)이다.

종성에는 다시 초성을 쓴다. ㅇ을 순음(脣音) 아래 이어 쓰면 순경음(脣輕音)이 된다. 초성을 아울러 쓰려면[8] 나란히 써야 하니 종성도 같다. "ㆍ, ㅡ, ㅗ, ㅜ, ㅛ, ㅠ"는 초성의 아래에 붙여 쓰고 "ㅣ, ㅏ, ㅓ, ㅑ, ㅕ"

는 오른쪽에 붙여 쓴다.

모든 글자는 어울려서만 소리를 이루니,[9] 왼쪽에 한 점을 더하면 거성(去聲)이요, 둘이면 상성(上聲)이요, 없으면 평성(平聲)이요, 입성(入聲)[10]은 점을 더하기는 같으나 발성이 촉급(促急)[11]하다.[12]

우리 세종대왕 28년(1446)에 훈민정음을 직접 만드시니 임금께서는 여러 나라가 각각 문자를 만들어 그 나라의 방언을 기록하되, 우리나라만 문자가 없기에 드디어 자모(子母) 28자를 만드시고 언문(諺文)이라 이름 하셨다. 궁궐에서 언문청(諺文廳)[13]을 열어 정인지, 신숙주, 성삼문, 최항 등에게 이를 검토하라 명하셨다. 고대의 전(篆)을 본뜨고 초성, 중성, 종성으로 나누어 글자가 간이(簡易)하나 전환이 무궁하니, 여러 언어와 문자가 기록하지 못하는 것들까지 모두 통하고 막힘이 없었다. 이때에 중국 한림학사 황찬(黃瓚)[14]이 요동으로 유배를 당했는데, 성삼문 등에게 명하여 황찬을 보고 음운을 질문하게 하여 요동을 13번이나 왕래하였다.

---

8 아울러 쓰려면 : 원문은 "合用"이다. 다른 초성자끼리 나란히 쓰는 경우이다. "ㅺ" 같은 쓰임을 이른다. 같은 초성자끼리 나란히 쓰는 경우는 각자병서(各字竝書)라 이른다.

9 모든 …… 이루니 : 훈민정음은 음운(音韻)문자이지만, 초성자와 중성자나 초성자, 중성자, 종성자가 합해져야만 글자로 쓸 수 있음을 이른다.

10 입성(入聲) : 입성의 표기는 따로 하지 않는다. 보통 "ㅂ", "ㄷ", "ㄱ"을 받침으로 한 한자어들의 발음이 입성이다.

11 촉급(促急) : 입성의 발음을 지시하는 말이다. 발음을 빠르고 짧게 마무리 한다는 의미이다.

12 여기까지가 "훈민정음 본문"이고 아래 문단은 『문헌촬록(文獻撮錄)』(鄭元容, 1851)에 의거한 지석영의 기록이다.

13 언문청(諺文廳) : 훈민정음의 편찬과 인쇄를 위해 임시로 궁중 안에 설치한 관청이다. 정음청(正音廳)이라고도 한다.

14 황찬(黃瓚) : 명나라 선종(宣宗) 때의 학자. 1429년에 향시(鄕試)에 급제하고 1433년 한림원 진사 및 형부(刑部)의 관리를 지냈다. 1445년을 전후하여 신숙주 등이 요동에서 귀양살이하던 황찬과 교류한 사적이 있다. 그러나 황찬은 음운학자가 아니기에, 훈민정음 창제와 직접 관계가 있다는 것은 와전(訛傳)이라 한다.

훈민정음 서[15]【예조판서 정인지】

천지자연의 소리가 있으면 반드시 천지자연의 글이 있다. 그래서 옛 사람이 그 소리를 바탕으로 하여 글자를 만들어 가지고 만물의 정을 통하게 하고 삼재(三才; 천·지·인)의 도리를 책에 싣게 하니, 후세 사람이 선인이 만든 글자를 함부로 바꿀 수 없었다. 그러나 사방의 풍토가 다르고, 소리의 기운도 이를 따라 다르다. 대개 외국의 언어는 중국어와 다른 그 말의 음이 있으나, 그 음을 기록할 글자가 없어서 중국의 글자를 빌어가지고 그 쓰임에 통용하고 있어서, 이것은 마치 둥근 구멍에 모난 자루를 낀 것과 같이 서로 어긋나는 일이니 어찌 능히 막힘없이 통달할 수 있겠는가! 그러므로 각각 그 처해 있는 바를 따라 쉽게 해야만 하고, 억지로 같게 만들 것이 아니다.

우리 동방은 예악, 문장 등 문물제도가 중국과 견줄 만하나 방언과 이어(俚語; 속어)가 중국과 같지 않다. 그래서 글을 배운다면 그 뜻을 깨치기 어려움이 근심이 되고, 옥사(獄事)를 다스림에는 그 곡절을 통하기 어려움이 병통이 된다. 옛날 신라의 설총이 이두를 처음 만들어서 오늘에 이르기까지 관청이나 민간에서 이를 사용하고 있다. 그러나 이것이 모두 한자를 빌려 쓰는 것이어서 난삽하거나 통하지 않아 비루하고 황당무계할 뿐 아니라, 민간의 언어를 기록함에 이르러서는 그 만분의 일도 전하지 못하는 것이다.

계해년(1443) 겨울에 우리 전하께서 정음 28자를 창제하시고, 간략하게 예의(例義)를 들어 보이시고 이름을 훈민정음이라고 지으셨다. 이 글자는 상형해서 만들되 글자 모양은 중국의 고대 전(篆)을 본떴고, 소리의 원리를 바탕으로 하였으므로 음은 칠조(七調; 음악의 일곱 가지 곡조)에 맞고,

15 이 서(序) 역시 강신항의 번역을 따르되, 약간 수정하였다.

삼재(三才)의 뜻과 이기(二氣; 음양)의 묘가 다 포함되지 않은 것이 없다.

이 28자를 가지고도 전환이 무궁하여 간단하고 요긴하며 정밀하고도 통하는 까닭에, 슬기로운 사람은 아침 동안이 지나기도 전에 깨우칠 수 있고, 어리석은 이라도 열흘이면 배울 수 있다. 이 글자로써 글을 풀면 그 뜻을 알 수 있고, 이 글자로써 송사를 심리한다면 그 실정(實情)을 알 수 있게 되었다. 한자음은 청탁을 능히 구별할 수 있고, 노래와 음악은 율려(律呂)가 고르게 되며, 쓰임에 갖추지 못한 바가 없고, 어디에 가도 전하지 못할 바가 없으며, 바람소리, 학 울음, 닭과 개가 내는 소리도 모두 적을 수 있다.

드디어 임금께서 명하시어, 저희들에게 자세히 이 글자에 대한 해석을 해서 여러 사람들을 가르치라고 하셨다. 보는 이들이 스승이 없이도 스스로 깨치도록 바라심이다. 그 연원과 정밀한 뜻의 묘리라면 신(臣) 등이 능히 펼쳐 나타낼 수 있는 바가 아니다. 삼가 생각건대, 우리 주상(主上)께서는 하늘이 내신 성인으로서 지으신 법도와 베푸신 업적이 여러 제왕들을 초월하시니, 정음을 만드심도 선인의 지은 바에서 비롯한 것이 아니라 자연히 이루신 것이다. 어찌 그 지극한 이치가 있지 않겠는가, 인위의 사사로움이 아님이다. 대저 동방에 나라가 생긴 지가 오래되지 않은 것은 아니지만, 개물성무(開物成務; 만물의 뜻을 깨달아 모든 일을 이룸)의 큰 지혜는 대개 오늘을 기다렸던 것이 아닐까!

화동정음통석(華東正音通釋)[16]

초성의 5음(초성의 5음에 반설음과 반후음을 합쳐 7음)

각(角) : 아음(牙音), "ㄱ, ㅋ, ㆁ"[17]

치(徵) : 설음(舌音), "ㄷ, ㅌ, ㄴ" 치(徵)인 설음이 변해서 반설음(半舌音)인 "ㄹ"이 된다. "ㄹ"은 『홍무정운역훈(洪武正韻譯訓)』[18]에 반치반상(半徵半商)이다.

상(商) : 치음(齒音), "ㅈ, ㅊ, ㅅ"

우(羽) : 순음(脣音), "ㅂ, ㅍ, ㅁ, ◇[19]"

궁(宮) : 후음(喉音), "ㅇ, ㅎ" 궁(宮)인 후음이 변해서 반후음(反喉音) "ㅿ"이 된다. "ㅿ"은 『홍무정운역훈』에 반상반치(半商半齒)이다.

언문(諺文)의 초성, 중성, 종성의 변(辨)[20]

초성과 종성에 통용되는 8자

16 『화동정음통석(華東正音通釋)』: 1747년(영조 23)에 박성원(朴性源)이 저술한 운서(韻書)로 2권 1책이다. 『화동정음통석운고(華東正音通釋韻考)』를 줄인 말이다.

17 ㄱ, ㅋ, ㆁ : 원문에는 'ㅣ'가 포함되어 있으나 ㅣ는 아음이 아니므로 생략하였다.

18 『홍무정운역훈(洪武正韻譯訓)』: 세종 31년(1449)에 신숙주, 성삼문 등이 중국 운서인 『홍무정운(洪武正韻)』을 한글로 풀이한 책이다. 한자 밑에 한글로 음을 달았다. 단종 3년(1455)에 완성되었다.

19 ◇ : ㅁ의 변이음으로 "微[wei]"의 'w' 음가를 표기하기 위해 쓰인 자모. 한자음 표기에만 쓰였다.

20 이하는 최세진의 『훈몽자회(訓蒙字會)』의 범례에서 발췌한 부분이다. 자모의 음가를 표시하기 위해 사용된 한자는 한글로 바꾸었다.

ㄱ 기역, ㄴ 니은, ㄷ 디귿, ㄹ 리을, ㅁ 미음, ㅂ 비읍, ㅅ 시옷, ㅇ 이응

ㄱ, ㄴ, ㄷ, ㄹ, ㅁ, ㅂ, ㅅ, ㅇ →"기, 니, 디, 리, 미, 비, 시, 이"의 8음이 초성으로 사용된다. 역, 은, 귿, 을, 음, 읍, 옷, 응의 8음을 종성으로 쓴다.[21]

초성에만 쓰는 8자

ㅋ 키, ㅌ 티, ㅍ 피, ㅈ 지, ㅊ 치, ㅿ ᅀᅵ, ㆁ ᅌᅵ, ㆆ ᅙᅵ

중성에만 쓰는 11자

ㅏ 아, ㅑ 야, ㅓ 어, ㅗ 오, ㅛ 요, ㅜ 우, ㅠ 유, ㅡ 應(종성은 제외), ㅣ 伊(중성만 씀), ㆍ 思(초성은 제외)[22]

(11호, 24~28면)

이상 기록한바 국문의 시원과 관계가 이와 같이 귀중하거늘, 오호라! 세상 사람들은 등한하게 간과하고 깊이 생각하지 않아서 어린아이를 교육할 때에 초성과 중성을 병합하여 발음이 만들어지는 것을 강구하지 못하고, 단지 글자가 이루어진 뒤의 소리로서 혼란하게 읽어 버리니 차츰 변하여 왜곡되었다. '사 · 샤 · 서 · 셔 · 소 · 쇼 · 수 · 슈' 8자를 "沙 · 沙 · 書 · 書 · 疎 · 疎 · 垂 · 垂"의 4음[사, 서, 소, 수]으로 읽으며, "자 · 쟈 · 저 · 져 · 조 · 죠 · 주 · 쥬" 8자를 "孜 · 孜 · 低 · 低 · 曹 · 曹 · 周 · 周"의 4음[자, 저, 조, 주]으로 읽고, '차 · 챠 · 처 · 쳐 · 초 · 쵸 · 추 · 츄'를 "差 · 差 · 萋 · 萋 · 初 · 初 · 趨 · 趨"의 4음[차, 처, 초, 추]으로 읽는다. 또, "댜"와 "쟈"를, "뎌"와 "져"를, "됴"와 "죠"를, "듀"와 "쥬"를, "디"와 "지"를,

21 "역, …… 응"의 8글자의 받침소리의 음가, 즉 "ㄱ, …… ㅇ"의 8자가 종성으로 쓰인다는 의미이다.

22 ㅡ, ㅣ, ㆍ 의 세 자모는 한자의 음가와 관계 되는 부분이 있어 한자를 그대로 썼다. "應"의 음가에서 종성을 제외한 부분이 ㅡ의 음가이고, "伊"의 음가에서 중성 부분만 ㅣ의 음가이며, "思"의 음가에서 초성을 제외한 부분이 ㆍ의 음가라는 의미이다.

"탸"와 "챠"를, "텨"와 "쳐"를, "툐"와 "쵸"를, "튜"와 "츄"를, "티"와 "치"를 똑같이 읽는다. 그 자음은 고저의 일정한 기준을 잃었으므로 자연히 눈[雪]과 눈[目]의 뜻이 혼동되고, 동(東)과 동(動)의 발음이 같아 한문에 의거하지 않으면 변별할 도리가 없으니, 이 어찌 성인(聖人; 세종대왕)이 문자를 만드신 본의이리요!

상성 : 낮았다 올라간다
거성 : 쭉 높다

영조(英祖) 갑자년(1744)의 『소학언해(小學諺解)』[23] 범례에 "자음의 고저를 모두 방점으로써 기준하니 점이 없으면 낮고 평평한 소리이고, 점이 두 개이면 낮았다가 올라가고, 점이 하나면 쭉 높으니라"라고 하였다. 『훈몽자회(訓蒙字會)』[24]에 "평성(平聲)[25]은 점이 없고, 상성(上聲)[26]은 점이 두 개, 거성(去聲)[27]과 입성(入聲)은 점이 한 개"라 하였으나, 근세 시속의 발음이 상성과 거성이 서로 섞여서 갑자기 바꾸기 어렵게 되었다. 과거의 발음만을 써버리면 듣는 이가 혼란하기 때문에 무인본(戊寅本)[28]에서는 "상성과 거성 두 가지를 시속에 따라서 점을 찍었는데, 지금 이 예(例)를 따라서 독자의 편의를 돕는다"고 하였다. 안타깝도다! 이 예(例)들이 실전(失傳)됨이여. 또한 "ᄀᆞ, ᄂᆞ, ᄃᆞ, ᄅᆞ, ᄆᆞ, ᄇᆞ, ᄉᆞ, ᄋᆞ, ᄌᆞ, ᄎᆞ, ᄏᆞ, ᄐᆞ, ᄑᆞ, ᄒᆞ" 각 글자 말미의 "ㆍ"로 말하자면 각각 본래 발음이 있거늘, 지금은 "가, 나, 다, 라, 마, 바, 사, 아, 자, 차, 카, 타, 파, 하"와 통용되

---

23 『소학언해(小學諺解)』: 1744년(영조 20)에 나온 『어제소학언해』이다.
24 『훈몽자회(訓蒙字會)』: 1527년(중종 22)에 최세진이 지은 한자 학습서로 3,360자의 한자를 33항목으로 분류하고 한글로 음과 뜻을 달았다.
25 평성(平聲) : 중세 국어 사성(四聲) 중의 하나로, 낮고 평평한 소리이다.
26 상성(上聲) : 중세 국어 사성(四聲) 중의 하나로, 낮았다 높아지는 소리이다.
27 거성(去聲) : 중세 국어 사성(四聲) 중의 하나로, 쭉 높은 소리이다.
28 무인본(戊寅本) : 1518년(중종 13)에 간행한 『번역소학(飜譯小學)』을 가리킨다.

어 혹자는 말하길, "제일자(第一字)[29]와 소리가 같지만 고저의 구분이 있다"라고 한다. 그렇다면 상성인 "可"에는 "가"를 써야하고 평성인 "家"에는 "ᄀᆞ"를 써야하고, 평성인 "斯"에는 "ᄉᆞ"를 쓰고 거성인 "四"에는 "사"를 써야하지만 옥편과 『어정시운(御定詩韻)』[30]을 살펴보면 "可"와 "家"에 "가"를 통용하고 "斯"와 "四"에 "ᄉᆞ"를 통용했으니 고저의 구별이 있다는 증거가 없음은 다시 논할 필요가 없다. 『훈민정음』을 잘 찾아보니 "ㅏ"는 "覃"의 중성과 같다 하였고, "ㆍ"는 "呑"의 중성이라 하였다. 『화동정음통석(華東正音通釋)』에 "ㅏ"는 "阿"로 발음을 표시하고 "ㆍ"는 "思"의 초성을 뺀 것이라 하였다. 중국 자음(字音)을 상고하면 "阿"는 자음이 "아"이고, "思"는 자음이 "스"니, 그렇다면 "ᄀᆞ"와 "ᄂᆞ" 등의 글자들은 각각 본래 발음이 있음을 미루어 알 수 있도다.

생각해보니 세대가 멀어지고 가르침이 해이해져 진체(眞諦)를 잃음이라. 훈민정음 28자에는 ㅇ, ㆆ, ㅿ 등의 글자가 있었는데, 『화동정음통석』의 5음 초성에는 ㆆ이 없고 ◇을 더하였고, 지금은 ㅇ, ㆆ, ㅿ, ◇ 등의 4자 초성이 전하지 않는다. 또 종성 가운데 "ㄷ"이 있었는데 지금 "ㅅ"을 전용하고 "ㄷ"은 없어졌으니, 이로 미루어보면 "ᄀᆞ, ᄂᆞ" 등의 글자가 세월이 지나 와전되어 본래 발음을 잃고 "가, 나"와 혼동됨이 확실하도다. 또한 살펴보니, "ㅏ, ㅑ, ㅓ, ㅕ, ㅗ, ㅛ, ㅜ, ㅠ" 8자는 자모를 따라서 약간 변하여 그 음을 이룬 것이지만 "ㅡ, ㅣ, ㆍ"에 있어서는 자음(字音; 자모의 발음)이 서로 어긋나서 위 8자가 연관되어 맞물림과는 같지 않다. 자모의 모양으로 말하더라도 위 8자는 1점, 2점으로 예가 이루어졌지만 밑의 3자는 가로 선, 세로 선, 한 점으로만 만들어져 그 예가 같지 않다.

"아, 야, 어, 여, 오, 요, 우, 유"의 예로 보자면 "으"자 밑에 "ᄋᆖ"모양과 비슷한 글자가 반드시 있어야 하지만 "이"자로 이어져 해례와 어긋난

---

29 제일자(第一字) : 훈민정음을 보면 "ㆍ"가 모음 중에 가장 처음에 위치한다. 그러나 여기서 정확히 어떤 대상을 지시하는 지는 미상이다.

30 『어정시운(御定詩韻)』: 헌종 12년(1846)에 규장각에서 간행된 운서(韻書)이다.

듯하다. 자음으로 말하면 "으"자와 서로 비슷하고 조금 음이 다른 자를 이어야 하니 "이"자와 "으"자를 병합하여 발음되는 소리로 자리를 잡으면, 위 8자가 글자에 따라 조금씩 바꾸어가는 변례(變例)와 들어맞을 것이니 위치는 부득불 "으, ᄋᆞ, 이"로 될 것이다. 이 3자의 위치가 당초에는 분명히 이와 같았을 것인데 세월이 지나서 변이한 듯하다.【『훈민정음』을 살펴보면 중성 글자의 순서는 "ㆍ, ㅡ, ㅣ, ㅗ, ㅏ, ㅜ, ㅓ, ㅛ, ㅑ, ㅠ, ㅕ"로 되었던 것이 지금은 "ㅏ, ㅑ, ㅓ, ㅕ, ㅗ, ㅛ, ㅜ, ㅠ, ㅡ, ㅣ, ㆍ"로 하고 있으니 그 연혁과 변천을 알 수 있음】 왜 그런가. "으"자 밑에 "으"자를 씀이 당연하거늘 "ᄋᆞ"자를 씀은 특히 필법을 생략한 것으로 2획을 합하여 1점이 된 것이오, 말단에 "ㅣ"자를 둔 것은 "ㅣ"자가 상하를 통하여 연관됨을 형상함이다. 무슨 까닭으로 반드시 그러할 줄을 알 수 있는가. "ㅣ"에 "ㅏ"를 합쳐 읽으면 "ㅑ"가 되고 "ㅣ"에 "ㅓ"를 합쳐 읽으면 "ㅕ"가 되고 "ㅣ"에 "ㅗ"를 합쳐 읽으면 "ㅛ"가 되고 "ㅣ"에 "ㅜ"를 합쳐 읽으면 "ㅠ"가 되고 "ㅣ"에 "ㅡ"를 합쳐 읽으면 "=" [31]가 되니, 이는 "ㅣ"자가 상하를 관철한 증거가 확실하도다.

아! "이, 으" 병합하여 나오는 바의 새 발음으로 "으"자 밑에 위치하여 중성을 삼으면 새로운 발음 300여 종을 얻으리니 어찌 훌륭하지 않은가! 다만 "ᄋᆞ"자가 "아"자로 서로 발음이 같게 된 지가 이미 오래라. 지금 비록 새로 정한 발음으로 명(命)한다 해도 혼효하여 방해 될 폐단이 있을 수밖에 없으니, "ᄋᆞ"자를 "으"자로 바꾸어 "ㅏ, ㅑ, ㅓ, ㅕ, ㅗ, ㅛ, ㅜ, ㅠ, ㅡ, =, ㅣ"로 예를 정함이 타당할 듯하므로 감히 질언(質言)하노라. 망령되이 붓을 놀린 죄는 면하기 어려우나 훈몽에 절실하기에 혐의를 피할 겨를이 없었으니 고명하신 군자들은 이를 용서하시며, 또한 근정(斤正)해 주시기를 깊이 소망하노라.

---

31 =: 'ㆍ'는 'ㅡ'와 'ㅣ'가 합친 발음이라, '='을 다시 써야 한다는 주장은 현재 국어학계에서는 통용되지 않는 학설이다.

신정국문(新訂國文) 오음상형변(五音象形辨)

ㄱ : 아음(牙音)이다. 어금니를 본뜸.

ㅋ : 아음이다. 겹친 소리.

ㆁ : 어금니와 목구멍 사이에서 나는 소리이다, 목젖[喉扇]을 본뜸(원래 소리를 잃어 지금은 우선 비워둔다).

ㄴ : 설음(舌音)이다. 혀를 본뜸.

ㄷ : 설음이다. 떨리는 혀를 본뜸.

ㅌ : 설음이다. 겹친 소리.

ㄹ : 반설음(半舌音)이다. 말린 혀를 본뜸.

ㅁ : 순음(脣音)이다. 입의 모양을 본뜸.

ㅂ : 순음이다. 입이 반쯤 열린 모양을 본뜸.

ㅍ : 순음이다. 입이 열린 모양을 본뜸.

ㅅ : 치음(齒音)이다. 윗니를 본뜸.

ㅈ : 윗니와 혀 사이에서 나는 소리로 잇몸을 본뜸.

ㅊ : 치음이다. 겹친 소리.

ㅿ : 반치음(半齒音)이다. 반쯤 열린 윗니의 모양을 본뜸(원래 소리를 잃어 지금은 우선 비워둔다).

ㅇ : 얕은 후음(喉音)이다. 목구멍을 본뜸.

ㆆ : 목구멍과 윗니 사이에서 나는 소리로 목구멍과 입천장의 모양을 본뜸(원래 소리를 잃어 지금은 우선 비워둔다).

ㅎ : 깊은 후음이다.

신정국문 초중종(初中終) 삼성변(三聲辨)

초성과 종성에 통용되는 8자

ㄱ(기역), ㄴ(니은), ㄷ(디귿), ㄹ(리을), ㅁ(미음), ㅂ(비읍), ㅅ(시옷), ㅇ(이응).

초성으로 쓰는 8 발음

"기, 니, 디, 리, 미, 비, 시, 이" 8발음은 초성에 쓰임.

종성에만 쓰는 8 발음

"윽, 은, 읃, 음,[32] 을, 읍, 읏, 응" 8발음은 종성에 쓰임.

초성으로만 쓰이는 6자

ㅈ(지읒), ㅊ(치읓), ㅋ(키읔), ㅌ(티읕), ㅍ(피읖), ㅎ(히읗).

중성으로만 쓰는 11자

ㅏ(아), ㅑ(야), ㅓ(어), ㅕ(여), ㅗ(오), ㅛ(요), ㅜ(우), ㅠ(유), ㅡ(으), ᆖ("이"와 "으"의 합음(合音)), ㅣ(이).

신정국문 합자변(合字辨)

초성 "ㄱ" 자를 중성 "ㅏ" 자에 함께 쓰면 "가" 자를 이루고 종성 "ㅇ"

32 원문에 "음"이 빠져있으나 인쇄상의 오류로 보아 수정하였다.

자를 "가" 자에 합하면 "강" 자가 되니 나머지도 이를 따른다.

신정국문 고저변(高低辨)

상성과 거성은 옆에 1점을 더한다【우리나라 속음(俗音)에 상성과 거성은 차이가 별로 없음이라】.

평성과 입성은 점이 없고 또한 말 하면서 끌리는 소리[長音]에는 또한 1점을 더하니라.

자음고저표(字音高低標)

"動[움직일 동]과 同[한가지 동], 禦[막을 어]와 魚[고기 어]"와 같은 종류이니 나머지도 이를 따른다.

주어예성표[做語曳聲標; 장음]

"발[簾]과 발[足], 버릴[列]과 버릴[捐]" 같은 종류이니 나머지도 이를 따른다.

신정국문 첩음산정변(疊音刪正辨)

"ᄀᆞ, ᄂᆞ, ᄃᆞ, ᄅᆞ, ᄆᆞ, ᄇᆞ, ᄉᆞ, ᄋᆞ, ᄌᆞ, ᄎᆞ, ᄏᆞ, ᄐᆞ, ᄑᆞ, ᄒᆞ" 14자는 "가, 나, 다, 라, 마, 바, 사, 아, 자, 차, 카, 타, 파, 하"의 첩음(疊音)이므로 사용을 산정(刪正)한다.

신정국문 중성리정변(重聲釐正辨)

"ㄲ, ㄸ, ㅃ, ㅆ, ㅉ"은 "ㄱ, ㄷ, ㅂ, ㅅ, ㅈ"가 겹쳐서 나는 소리라, 옛날에는 "까, 따, 빠, 싸, 짜"로 쓰더니 후세인이 한문 첩자(疊字)를 표시하는 "〈"를 모방하여 "ᄭᅡ, ᄶᅡ, ᄲᅡ, 싸, ᄶᅡ"로 쓰는 것이 도리어 편리하지만 "以"를 "ᄲᅧ"로 새김은 유래가 없기에 "ㅅ" 옆에 "ㅂ"을 함께 쓰는 것은 폐지한다.

(13호, 23~27면)[33]

33 13호 연재분부터 다시 지석영의 기술이다.

인족(人族) 역사의 연원과 관념

설태희

무릇 우리나라 사람들은 인족(人族; 인류와 민족)의 기원에 말이 미치면 자주 지나(支那)의 아무, 아무 씨들이 저술한 역사를 들어서, 천황・지황・인황의 형제 여러 명이 또한 각기 수 만, 수 천 세를 지냈다는 황당한 문자로 교육의 시작을 구성한다.[1] 어릴 때부터의 학습이 골수에 주입되어 종신토록 오해하니, 비록 수인(燧人), 유소(有巢)의 계보[2]가 실려 있다 말하나 소종래의 첫머리가 갑자기 돌출하여 근원을 고증할 수 없다. 어찌 애석하지 않은가! 문서로 증험할 수 없고 지리가 혼몽한 때에는 아시아인들은 단지 아시아가 있는 줄만 알고 바깥이 있음을 모르고 유럽인들은 유럽이 있는 줄만 믿고 또한 다른 것을 몰라서 각기 한 귀퉁이만

1 천황 …… 구성한다 : 『십팔사략』의 첫 장인 「태고(太古)」는 천황 · 지황 · 인황의 형제들이 수 만세를 다스렸다는 구절로 시작된다.

2 수인(燧人), 유소(有巢)의 계보 : 수인과 유소는 천황, 지황, 인황과 같은 고대의 신화적 제왕이다. 수인은 불의 사용법을 찾아냈고 유소는 인류가 집을 짓고 살도록 했다고 하여, 나름의 계보가 있지만 실증되는 바가 아니다.

지켜서 주관적으로 증명했을 따름이었다. 서로 교통함에 이르러 그 시원을 연구하여 그 선후를 판가름하고 저 무리가 어떤 종자이고 이 무리가 어떤 족속의 연원인지를 고찰해야만 한다. 하지만 아아! 동아(東亞) 폐습의 근원은 대부분 문화의 말세에서 나오니 공연히 망령되게 스스로 존대하고 함부로 다른 민족을 배척하여, "견융(犬戎)과 이적(夷狄)"이라 이름 하니, 밖을 보는 범위가 지중해까지 미치지 못했다. 그래서 항해하고 무역하고 침략하는 것을 저 서구인들이 선점하게 만들어 태평양 가운데 섬들은 대소를 막론하고 모두 서구인들이 점령하였으니, 끝내 대륙을 침범케 하고도 오히려 몽매하여 우리 계보와 우리 역사를 도리어 서구인에 의지해 해석하고 있으니 탄식을 이길 수 없도다!

하물며 우리나라는 더욱 증거 할 만 한 역사가 없어서 근일에 소위 본국의 역사를 편찬하기 시작함에, 일본인이 엮은 바를 번역하여서 겨우 고대를 살피는 거울을 갖게 되었다. 그러나 옛날 책에 고개를 박은 자들은 이것에 뜻이 없으니 옛것에 완강한 굳은 습속이 이런 지경에 이르렀단 말인가. 눈앞에는 멸족의 근심이 눈썹에 이르렀으니 지기(志氣)를 강하게 하고 내 정신을 굳세게 함이 어찌 우리가 스스로를 지켜낼 책임이 아니겠는가! 우리의 혼미한 생각을 열어주려면 역사의 관념에 힘써야 하므로, 이에 감히 분수에 벗어남을 돌아보지 않고 세계사의 개요를 대략 모아서 여러 군자들께서 보시도록 드리노니 그 참람한 죄는 피할 수 없음이로다.

우리가 딛고 있는 지구는 유성(流星)의 부분[3]에서 만들어짐과 동시에 유동하는 물질이 굳어지면서 비죽 솟은 것은 산악이 되고 움푹 꺼진 곳은 호수와 바다가 되었다. 물에서 어류가 먼저 나오고 육상에는 초목이 다음이고 금수는 그 다음인데, 인류가 마지막에 나왔다. 동물과 식물이 각각 그 종을 이어서 번식하고 발전함은 지구의 공전과 자전이 태양의

3 지구는 유성(流星)의 부분 : 지구가 유성에서 기원했다는 것은 현재 통용되는 지구과학의 학설과는 다르다. 저자가 참조한 출전은 미상이다.

인력과 자체의 동력에 따라, 온난의 기후가 상통하도록 순환하기에 낮과 밤의 구별, 사계절이 자리를 잡으니 동물의 생사와 식물의 영고(榮枯)는 자연에 정한 이치이다. 형체는 변하지만 원소는 불멸하여 60여 종이 대기(大氣)에서 순환하여 바뀌지 않기 때문에, 탄소는 탄소의 물질로 산소는 산소의 물질에 다시 돌아감이란, 호흡이 일정한 이치로 혼란이 없음과 같다.

그러므로 동아(東亞)의 와전(訛傳)된 말에 물고기나 짐승이 혹은 변하여 사람이 된다는 미신은 생각건대, 뱀의 몸에 사람의 머리를 달았다거나 사람 몸에 소의 머리를 달고 있다는 등의 잘못된 전설의 여파에서 나온 것 같은데, 이치에서 벗어난다. 이렇게 보면 지나 역사가가 상고(上古)를 잘못 전함과 경학가가 후학(後學)들을 구속함은 사물의 연구를 거의 막은 것이라 오늘 동아가 장차 앙화에 빠진 까닭은 진실로 이 때문이다. 대개 동물은 일반적으로 모두 직각(直覺)의 성질 밖에 없지만 우리 인류만 유추(類推)의 능력이 있는 동물이기 때문에, 그 진화와 발전의 범위가 무한하게 뻗어나가 만물 가운데 가장 귀하고 영험한 지위를 차지하였다. 원시 시대의 먹을거리는 천연의 어류와 고기, 과실이었고, 들판과 동굴에 거처하니 이는 천연적 생활시대이다.

다음에 일정한 토지에서 생활하는 자가 그 땅에 천연의 먹을거리가 다한 경우가 있으면, 동시에 이웃 땅의 식품을 완력으로 약탈하는 경쟁이 있었을 것이로다. 이러면 점점 천연의 산물이 결핍하여 보급할 걱정이 생겨 날 것을 추측할 수 있다. 이 까닭에 과수(果樹)의 재배와 목축의 지식이 발현되어 저마다 자립의 생활을 도모하니 이는 바로 저축적 생활시대이다. 그 다음에는 식품 제조의 기반이 발달하여 농작하는 사업이 필연적으로 진보되니 단순한 농업생산으로 목축을 소홀히 할 수 없고, 목축만으로 농업생산을 소홀히 할 수 없었다. 여기에서 서로 모자라는 것을 맞바꾸고 교역으로 돕는 것이 일대 편리를 얻으니 이것이 교역적 생활시대이다.

이미 부락의 단체로 추장의 명령에 복종함도 반드시 규율이 있겠으나, 이러한 시대는 문자시대의 이전이다. 허실을 찾는 것은 잠시 다음으로 미루고, 동양의 연대기를 지목할 때 복희씨로부터 지금까지 6천여 년이라 말한다. 하지만 서양사에 의거하면 고대 이집트 제1왕조로 역사시기라 부르기 시작하여 30왕조를 차례로 계산하니 5천여 년에 이르렀다 하나 가공의 전설이라 믿기 어렵다. 근래의 연구는 제1왕조로 기원하여 예수 기원전 3,897년이라 말하기도 하고, 최신연구에 따르면 기원전 2,880년을 내려가지 않는다 하니 여러 설이 같지 않음에 다시 의문이 더해진다. 오직 그 동서에서 가장 먼저 건국한 사례를 비교해서 연구하건데, 세계사의 사실로 가장 오래된 것은 아시아 서부와 아프리카 동북지역을 연결한 지중해의 동쪽과 페르시아의 서쪽 지역에서 일어났다.

유사(有史) 이래 각자 특별한 종류의 발전을 이룬 인문의 기원은 대체로 5가지가 있으니, 지나, 인도, 서아시아【메소포타미아】, 이집트와 중앙아메리카이다. 전체적으로 보면 이 다섯 지역은 기후가 춥지 않고 온난하며, 지질이 기름져 경작과 목축에 적절하고 하천과 항구가 있어 배로 항해하는 편리가 있다. 그리고 산림과 천택(川澤)에 수목과 광석의 이득이 있어서 자연의 은혜가 상고시대 인민의 생활에 알맞다. 이로써 다른 지방보다 앞서 나아가 읍락이 모여서 이루어지니 민족에는 종교와 문학이 있고, 사회에는 제도와 역사가 있어서 인문이 발전할 원천이 되니 후대인이 우러러 미치지 못할 위대한 자취를 남겼도다.

이 다섯 문명 중에 오직 아메리카의 문명은 대서양의 파도에 오랫동안 막혀서 가장 나중에 이르러서야 비로소 후세 세상에 알려진 까닭으로, 그 시원을 밝히기 어렵다. 다른 네 문명의 기원은 아득히 먼 상고시대를 거쳐 각 문명의 중심을 이룬 지역에서 중대한 사건이 일어나, 각각의 변방에 영향을 주고 이웃 민족을 움직여서 갈등이 나오고 전쟁도 일어나며 교통도 마련되어, 인문의 범위를 점차 확대함에 따라 상이한 문명과의 접촉이 이루어져 세계사의 큰 권역이 되었다.

(4호, 34~38면)

서양을 간략히 말해보면 그 왕국 체제의 비조(鼻祖)인 이집트는, 고구하기 어려운 사적이기는 하지만, 함족이 아리안·셈족에서 분할되어 아시아 발원의 옛 땅으로 이전한 즈음에 고문명의 경지에 나아간 듯하다. 그러므로 황하 유역, 인도반도와 페르시아만 근처의 즈란,[4] 아리안 또는 셈 인종의 문명에 비하면 나일강 유역의 문명은 연대가 오래된 것이 난형난제이다. 더구나 그 문명의 범위가 장구하고 단일하지 않아, 일찍이 서아시아【메소포타미아】의 평원에서 일어난 문명과 접촉하고 교착하여 후대에 크게 흥기한 유럽 문명의 길을 열었다. 여기서 세계의 중대한 사건을 서술하는 처음에 나일 강의 함 인종에서 시작하여 서쪽으로 번져나갔다고 한 까닭은, 이 강의 삼각주 지역으로부터 그 동쪽은 페르시아만 근처의 티그리스·유프라테스 양쪽 하구에 이르고, 그 남쪽은 아프리카 열대 지역의 사막 부근으로, 그 북쪽은 아르메니아 고원에 다다라 3대륙이 만나는 지역을 이루었기 때문이다. 그 다음 성립된 나라는 아시리아, 백아사,[5] 알렉산더 제국과 로마, 이탈리아 등의 옛 나라들로 지금 유럽에는 혹 남아 있기도 하고 사라지기도 하여 만고 영웅의 비감(悲感)을 불러일으킨다.

우리 황인종의 계보를 거슬러 올라 따지면, 히말라야와 북부 총령(葱嶺)[6]의 동쪽에서 나와서 동아시아의 평원으로 뻗어나가 황하 유역에서 발상한 즈란 인종의 일파인 한족의[7] 융성을 고대에 앞서 나온 네 문명

4 즈란 : 페르시아만 근처에서 발상한 가장 오랜 문명의 인종은 수메르 인종으로 여기서 "즈란"은 수메르 인종으로 추정해 볼 수 있다.

5 백아사 : 원문은 "百亞士"인데, 발음과 문맥으로 보아 페르시아로 유추해 볼 수 있다.

6 총령(葱嶺) : 곤륜산맥과 천산산맥이 갈라지는 산맥으로 지금 중국의 티베트족 자치구와 인도 북부 등을 포함하는 지역이다.

7 즈란 …… 한족의 : 19세기 말, 20세기 초의 서구 학자들은 중국 민족의 기원을 중앙아시아나 서아시아로 주장한 바 있다. 한족(漢族)이 즈란의 일파라 함은 이런 학설에서 비롯된 것으로 보인다.

의 기원과 함께 서술하지 않을 수 없다. 그러나 즈란과 아리안 2대 민족이 중앙아시아에서 기원하여 사방으로 흩어져 수천 년을 도도히 뻗어나감은 세계사 상에서 짝이 없다.

(5호, 33~34면)

아리안, 셈의 여러 민족이 이주를 시작하여 태고의 세상에서 뻗어나간 지역이 많았도다. 즈란 족이 토착한 것을 말하면 어떻게 어떠한 방면으로 이동하였는지 사적을 증명할 수 없으나, 즈란 인종이 가장 오래된 민족인 것은 의심할 수 없다. 근래 발견에 의거하면 이 민족이 가장 먼저 역사상에 나온 것이 예수 기원전 25세기경으로 2백여 년간 유프라테스 강변에서 번성한 스키타이 제국이 고 바빌로니아와 함께 서양 역사서에 실려 있다. 그러나 이 즈란 인종이 아득한 동방에서 일어나 장구한 대제국을 이룬 것에 비교할 만한 사례는 없다.

어떤 학자가 동방문명의 개발자가 된 한족의 선조가 서북의 협곡에서 황하 유역에 내려온 것을 보고서 그 유래를 탐구하여, 학술・정치와 전설을 비교하면 백성은 바스크족이요, 군주는 나이보완지(미상)라고 추정하여 한족의 고향을 서방 아시아인 칼데아로 귀속할 수 있다고 한 학설이 참신하지만 아직 단정하기 어렵다. 또 한 학설을 보면 한족은 도백특(圖佰特)과 교지지나(交趾支那)[8]의 두 민족이 모두 지금의 지나 인종에 속하고 터키, 몽고, 퉁구스의 세 민족은 모두 필필리(華必利; 미상)의 인종이라 한다. 한족이 서북산간에서 황하유역을 따라 동남에 들어간 것이 적어도 4천여 년이 되었다는 것은 각 학설에서 일치하니, 내가 보기에는 그 구전이 왜곡되어 명칭이 서로 차이나는 것을 의심할 바 없

---

8 도백특(圖佰特)과 교지지나(交趾支那) : 원문은 "圖佰特趾支那交"인데 문맥이 통하지 않아 도백특과 교지지나로 어순을 바꾸었다. 교지지나는 베트남 남부인 코친차이나를 의미한다. 도백특은 티베트이다. 여기서 이 두 단어는 지명이 아니라 티베트족과 교지지나의 민족을 지칭하는 것으로 보인다.

다. 또 그 혼돈하고 아득히 먼 시대에 불확실한 기원을 찾기보다 차라리 이 땅에서 인문이 전개된 것으로 가장 명확한 지나 고대의 전설로써 그 보수적 인민이 백대절후의 성대한 시대라 추억하는 요순(堯舜)과 하(夏), 은(殷), 주(周) 삼대의 정치로 소급함이 나을지라.

제자(諸子)[9]의 위서(緯書)[10]에 삼황오제 이래의 여러 군왕들의 옛 전설이 있으며, 서쪽에서 온 한족이 황하 연안에 군집하고 촌락과 고을에 추장이 지방을 나누어 차지하고 연대(年代)를 지나는 사이에 정벌과 병탄을 시작하였다. 부시를 갈아서 화식(火食)을 전해준 수인씨와 집에 살 것을 가르친 유소씨와 팔괘를 나누고 서계(書契)[11]를 만들어 결승(結繩)을 대신하고, 갑자 역법을 만들고 결혼 제도를 제정한 복희씨 등은 특히 강대한 걸출(傑出; 남보다 뛰어남)이다. "군(君)"이란 호칭은 "군목(群牧; 무리를 관리함)"에서 나왔으니 여러 촌락의 인민이 항상 유목하여 이동하는 경우에서 벗어나지 못한 것이다. 신농씨가 농경을 발명하고 한낮에 시장을 열어 교역을 개도하니 이로써 한족에서 문화의 선조로 삼음이 옳다. 후세에 수인씨, 복희씨, 신농씨로 삼황(三皇)이라 부름이 적당하고, 돌을 달궈서 하늘의 구멍을 기웠다는 여와씨가 수인씨를 대신하였다고 하기도 하나, 이는 한 지방의 강한 추장에 불과하다. 복희씨는 성기【成紀; 지금 감숙성 진안부(秦安府)】에서 일어나 진【陳; 지금 하남성 진주부(陳州府)】에 도읍을 정하고 신농씨는 강수【姜水; 섬서성 기산현(岐山縣)의 동쪽】가에서 일어나 곡부【曲阜; 지금 산동성 연주(兗州)】에 머물렀다 하였으니, 여러 추장이 서북에서 산동성과 하남성 방면으로 내려온 것을 볼 수 있다. 복희씨가 15대, 신농씨가 8대를 이어졌다고 말하니, 여러 제왕이 각

9 제자(諸子) : 제자(諸子)는 보통 춘추전국시대의 제자백가를 지칭하나, 글 뒷부분에 나온 "각 시대의 제자(諸子)"라는 표현을 보면, 여기서는 춘추전국시대 뿐 아니라, 일가의 학설을 세운 이들을 두루 아우르는 용어이다.

10 위서(緯書) : 유가(儒家)의 경의(經義)에 의탁하여, 시대의 운수나 조짐을 기술한 책들로 주로 한나라 시대에 많이 나왔다.

11 서계(書契) : 글자로 사물을 표시하는 부호로 문자와 부호의 중간 단계에 해당한다.

각 몇 세대를 전승하였는지 확인된다.

이어서 오제(五帝)의 첫 번째로 지나 고대의 통일 대업을 시작한 유웅국(有熊國)의 자손인 황제(黃帝)는 먼 서북에서 유래한 사람이 아니라 하남성 헌원구【軒轅丘; 지금 개봉부 新鄭縣】 사람으로 성이 공손(公孫)이다. 신농씨의 8대 후손인 유망(榆罔)과 세 차례 판천(坂泉)의 들판에서 싸워 이겼고, 제후를 징집하여 치우(蚩尤)와 탁록(涿鹿)의 들판【지금 하북성 宣化府와 保安府】에서 싸울 때 마침 짙은 안개가 끼니 나침반을 써서 방위를 살펴 치우를 사로잡고, 사방을 정벌하여 북방의 훈필(葷蕐)[12]을 쫓아냈다. 훈필은 뒤에 흉노가 되며 앞에서는 터키라 칭한 민족이니, 한족과 터키양 민족의 충돌은 일찍부터 동양사에서 단서가 시작된 것이다.

황제(黃帝)는 신농씨를 대신하여 사방을 복속하니 위령(威令)이 동으로는 바다에 떨치고 서로는 감숙성의 공동【崆峒; 지금 감숙성 高台縣 서남쪽】에 이르며 남으로는 양자강에 다다랐다. 도읍을 탁록의 산자락에 정하고서 고을과 들을 나누어 국(國)과 읍(邑)을 경영하고, 좌우의 태감(太監)을 두어 보묘(步畝)[13]의 제도를 수립하며 정전(井田)을 마련해 8집에 주고 인(隣; 행정구역)을 이루었다. 9정(井; 隣과 같음)을 리(里)라 하고 5리가 읍(邑)이 되고 100읍이 사(師)가 되고 10사가 1주(州)가 되었다. 여기서 관직과 가정, 기물의 사용 및 화폐, 율려, 도량형, 계산술 등 일용의 윤리가 발명되었다. 황제(黃帝)의 비(妃) 나조(螺祖)는 누에를 길러 잠사를 시작하여 인민에게 가르쳐서 후대 지나의 이름이 멀리 서양에 다다르게 하였도다. 이하 4제의 시대와 3대 및 진나라와 한나라 이래 성쇠의 사적은 여기서 췌언할 필요가 없다. 오직 우리 대한의 역사는 근래 번역되어 나온 것이 전에 비해서 더 분명하거니와 단군의 소종래도 확실

---

12 훈필(葷蕐) : 고대 중국에서 서북쪽의 이민족을 칭하는 말로 험윤(玁狁), 훈육(獯鬻) 등이 있는데, "훈필"도 이와 같은 호칭으로 보인다. 이들이 흉노족의 시조라 전해진다.

13 보묘(步畝) : 6척(尺)이 1보(步)가 되고 100보가 1묘(畝)가 된다. 길이를 재는 단위이며 땅을 재는 단위로도 쓰였다.

히 지나의 서북에서 기원이 된듯하다.

(6호, 46~49면)

오호라! 인류는 유추(類推)의 능력이 있는 동물이라. 수 만 세대 이후의 미래는 지식이 미치지 못하여 다 말할 수 없으나, 과거를 거슬러 아득하게 돌아보면 자연히 추상하는 감각이 크게 틀리지 않을 것이다. 그런데 상고에서 가장 먼저 문명한 이집트, 인도, 지나는 지금에 이르러는 어떠한가? 혹은 남의 지배를 받고 혹은 남의 침략을 받아서 문화가 말세인 병증임이 확실하니, 안으로는 자만하여 태만하고 밖으로는 배척당하고 두려워해서 스스로 쇠약에 이르렀으니 실로 천리(天理)가 그렇게 만든 것이 아니다. 이어서 로마, 이탈리아로 말해보아도 모두 역사가 오랜 나라이다. 로마는 서광이 일찍 뻗어나가 왕정시대 다음의 공화정체로 480여 년[14]을 이르렀으며 12동률(銅律)[15]은 오늘날 유럽 문명의 표준이 될 뿐 아니라, 그 공법・사법과 물권・채권의 자세하고 분명한 분류는 우리나라 같으면 3천여 년 뒤인 오늘에도 오히려 미칠 수 없으니 위대하고 찬란하도다! 이러한 국가도 지금 세상에 명색이 없어졌다. 이탈리아는 멸망에서 다시 살아나 의연히 금일 열강들과 어깨를 나란히 하니 이 어찌 천운이랴!

제왕의 흥폐를 개론해보면 그 개창이 제왕 개인에게 맡겨졌으되, 그 나라의 존망은 오로지 인민의 성쇠에 달려 있음은 하늘과 신이 증명하기에 다시 의심할 수 없노라. 탄식하노라! 4천여 년의 오랜 나라인 조선

14 480여 년 : 고대 로마시대에서 왕정을 폐지한 기원전 509년부터 카이사르의 양자인 아우구스투스가 안토니우스를 물리치고 초대 황제로 즉위한 기원전 23년까지의 기간을 로마 공화정이라 이른다.

15 12동률(銅律) : 로마법대전은 동로마 황제 유스티니아누스 1세(527~565)의 명을 받아 편찬되었다. 『학설휘찬』, 『법학제요』, 『칙법휘찬(*Codex*)』 등이 있는데, 이 중 『칙법휘찬』이 12권이다. "동률(銅律)"은 "Codex"의 번역어로 추정되며, 규격화된 문서, 정본 등을 지칭한다.

이 강토가 작지 않고 인종이 열등하지 않건만 서쪽의 재갈을 벗어나고는 북쪽에서 압박을 받다가 지금은 동쪽에 머리채를 붙잡힌 꼴이다. 천운이 가라앉아 남은 세월이 거의 없는데, 노예로 학대를 받아 죽어서 묻힐 땅이 없어도 분발할 마음이 전혀 없어 오히려 정부를 천둥 도깨비를 만난 듯이 미워하며 두려워하고, 이웃 열강을 잔인한 호랑이를 만난 듯 무서워하니 이 얼마나 이상한 심성(心性)인가? 참으로 본연의 심성이 아니라, 수백 년 압제의 독이 마침내 그 극한에 다다름이니 참혹하고 애통하도다!

멀리 저 5천 년 이전의 순박하고 유치한 인류라도 능히 스스로 지키고 타인에게 맞서는 대책이 있었으니, 활동하여 강인한 자는 살아남고 구차히 안주하고 숨어서 굴종하는 자는 망하니라. 이수(理數)[16]라, 경학이라 의례(儀禮)라 이른 것은 한 시대의 제자(諸子)들이 기량을 겨루고 토론하여 문물을 장식하는 제도에 불과하니 인류의 존망에 경중이 어떠한가? 또한 특별히 믿는 것은 하늘이라고 하지만 옛 책에 "사람이 많으면 하늘을 이기니라"라고 하지 않았는가? 또한 "하늘이 정하면 사람이 역시 이기지 못하니라"[17]라고도 하였으니 어찌 하늘이 정하고 정하지 않음을 알 수 있겠는가? 내가 보기로는 사람이 각자 활발히 움직여 강하고 굳세어져 단체를 팽창시키면 이것이 곧 사람이 많아서 하늘을 이길 수 있다는 것이고, 사람이 구차히 안일하고 숨어서 굴종하여 열악하고 영락하면 이것이 하늘이 정하여 사람이 하늘을 이길 수 없다는 것이다. 그러니 어찌 미혹되고 집착하여 어둡고 완고하겠는가? 오호라! 동포여, 오호라! 동포여. 발분하고 발분할 지어다!

(7호, 47~49면)

16 이수(理數) : 이치나 천리(天理)의 운수를 가리키며, 상수(常數)나 명리(命理)와 관계된다.

17 하늘이 …… 못하니라 : 춘추시대 초나라 대부(大夫)였던 신포서(申包胥)가 한 말이라고 한다.

4부 | 교육정책론과 교육학교과서

교육정책에 관한 사의 | 교육학원리

교육정책에 관한 사의(私議)

양계초 저 / 장지연 역술(譯述)

양계초 선생은 청나라 사람이다. 학술과 언론이 정밀하면서 깊고 넓어 일세의 표준이 될 만한데, 특히 교육에 더욱 정성스레 마음을 쏟았으니 그 종지가 볼 만하다. 여기서 그의 「교육정책의(教育政策議)」 한 편으로 우리 당국자가 찾아보도록 제공하되, 다만 그 논의한 바가 여러 나라들을 가지고 말한 것이므로 혹 우리나라와 맞지 않고 어긋나는 구절이 없지 않은지라, 우리나라의 현재 실상으로서 바꾸어 역술한다. 대개 그의 생각과 언론의 진실만을 취할 따름이요, 그 문자를 그대로 사용하는 것은 아니니 독자께서 마땅히 헤아려 주시지 않겠는가?

1. 교육 순서를 의론함

저번에 조정에서 내린 조칙과 각 성(省)에서 올린 상주문에 주(州)·군(郡)의 소학과 부(府)의 중학과 경사(京師; 북경)의 대학에 관한 논의가 모두 들어있는데, 지금까지 시행함을 보지 못했고 오직 경사대학당(京師大學堂)[1]의 성립만 들었으니, 이대로 간다면 우리는 다시 10년이 지나더라도 끝내 효과를 이루지 못할 것이다. 학문을 구함은 비유컨대 나무 위의 둥지에 올라가는 것[2]과 같아, 초급을 거치지 않고 날아서 절정으로 오르고자 하면 중도에서 꺾이고 넘어지기 마련이다. 지금 멀리 따질 것 없이 일본유학생들로 증명하리니 그 처음에는 왕왕 뜻이 높고 마음이 급해 고등학교, 전문학교에 달려 들어가 정치, 법률, 경제, 물리, 화학, 공예 등 여러 학문을 강구하지만, 보통학(普通學)이 부족하므로 제반 사정을 이해할 수가 없어 명색 졸업했다는 자가 모두 어둡고 무식할 뿐이요, 또 중도에 학업을 그만두고 돌아가는 자가 몇이나 되는지 알 수 없다. 하물며 중국에서 과거공부나 글귀를 익히던 자들을 갑자기 모아 놓으니 멍하게 산수나 기하도 알지 못하며, 꿈속인 듯 공기가 오르고 내리는 이치도 해득 못하는 자들이다. 이들을 전문적인 물리학·화학의 오묘함으로 시험한다면, 이는 상을 부여잡고 겨우 선 아이를 용백대인(龍伯大人)[3]과 경주에 내모는 것과 무엇이 다르겠는가?

18세기 이전에는 구미 각국의 소학교 제도가 정비되지 않았다. 19세기 이후 큰 안목의 정치가들이 교육의 본지가 국민을 양성함에 있음을 비로소 확인하여 프러시아의 프리드리히 프뢰벨과 프랑스의 하가토(夏

1 경사대학당(京師大學堂) : 1898년 창설되었으며 북경대학의 전신이다.

2 둥지에 올라가는 것 : 원문은 "登樓"로 올라서 깃든다는 뜻이다.

3 용백대인(龍伯大人) : 용백 나라의 큰 사람. 『열자(列子)』에 용백의 나라에 큰 사람이 있어 몇 걸음도 안 걸어 오산(五山)에 이르고, 한 번 낚시를 하면 한꺼번에 여섯 자라를 잡아 합쳐서 등에 지고 그 나라로 돌아갔다고 하였다.

哥士; 미상) 등이 소학교를 가장 시급한 논의로 앞서 주창하니, 이때부터 각국이 그 풍도를 따랐다. 독일 장군 몰트케는 스당(Sedan) 전투에서 승리하여 귀국할 무렵 소학교 생도들을 가리켜 말하기를 "우리들의 공로가 아니라 실로 저들의 힘이다"고 했으니, 대개 지극한 말이다. 지금 우리나라가 흥학(興學)을 하고자 하지 않으면 그만이지만, 진정 흥학을 하고자 할진대 반드시 정부가 간섭하여 소학교 제도를 강행하는 것이 옳다. 이제 일본인이 논한 교육의 차례를 취해 하나의 도표로써 밝혀 본다.

▲ 교육기 구분표

22세~25세 : 대학교기, 성인기
14세~21세 : 중학교기, 소년기
6세~13세 : 소학교기, 아동기
5세 이하 : 가정교육기
유치원기 : 유년기

▲ 유치원기

신체 : 1세 전후에 젖니가 나고 걸음걸이를 익히며 언어를 배워 비로소 다른 동물과 완전히 구별된다. 인류의 특성을 갖추어 양식을 찾으며, 욕망이 생겨나 감각의 힘이 점점 민첩해진다.
지성 : 감각지식의 동기가 극도로 민첩해진다.
감정 : 그 감정이 모두 감각에서 나와 공포의 감정이 매우 강하다.
의지 : 감각적 의지만 있다.
자관력[4] : 자신의 존재를 스스로 알지 못하고, 순전히 혼돈이라 경계를 나누지 못한다.

---

4 자관력 : 원문은 "自觀力"인데 축자적으로는 스스로를 관찰하는 힘 정도로 해석되나, 여기서는 자기개념이나 자기정체성 등과 비슷한 개념으로 보인다.

▲ 소학교기 : 6세 이상

신체 : 이 시기가 시작되면 뇌의 골수가 점차 단단해져 일정한 과업을 성취할 수 있으니, 신체 발육의 왕성은 이 시기에 달려 있다.

지성 : 기억과 상상의 동기가 가장 강하여, 추리를 하면 매번 하나의 특수한 단서로 전체를 판단하는 폐단이 있다.

감정 : 정서가 비로소 태동한다.

의지 : 전반기에는 감각적 의지만 있으나, 후반기에는 점차 오성(悟性)적 의지로 진입한다.

자관력 : 어른을 모방하고 스스로를 굽히기 좋아하다가, 점차 남에게 자신의 뜻을 소통시키고자하여 자기상의 관념이 처음으로 생겨난다.

▲ 중학교기 : 14세 이상

신체 : 이 시기가 시작되면 성욕이 싹 트고 체격이 점차 성인의 틀을 갖추며 음성이 일변하여, 그 자신의 몸에서 일어나는 욕망이 앞 시기에 비해 더욱 발달한다.

지성 : 전반기는 상상력에 치우치고, 후반기는 추리력이 발달한다.

감정 : 전반기는 정서에 따라 움직이나, 후반기에는 정조(情操)[5]가 점차 발달한다.

의지 : 전반기에는 오성적 의지만 있으나, 후반기에는 점차 이성적 의지가 된다.

자관력 : 전반기는 자기상의 관념이 더욱 강하여 자신의 존재는 거의 알되 남의 존재는 모르다가, 후반기에 비로소 타인의 존재를 인지하여 남과 나의 협동이 중요함을 안다.

---

5 정조(情操) : 정신의 활동에 따라 일어나는 복잡하고 고차원적인 감정을 이른다.

▲ 대학교기 : 22세 이상

신체 : 체격이 이미 정해져 성인의 형상을 완전히 갖춘다.

지식 : 추리력이 점차 강하여 진리를 탐구할 수 있고 스스로 이상을 만든다.

감정 : 정조(情操)가 발달한다.

의지 : 이상적 의지가 발달한다.

자관력 : 자치의 품성을 갖추고, 또 남과 나의 협동을 이룰 수 있기에 한 집단 속의 내가 된다.

교육제도

보통교육제도 : 유치원, 소학교, 중학교
전문교육제도 : 정치법률 학교, 군사 학교, 분과 대학, 미술 학교, 사범 학교

유치원 : 2년 과정
소학교 : 8년 의무과정

문과 중학교 : 8년 과정	심상 사범학교—고등 사범학교
문과대학 · 법과대학 · 의과대학 : 3년이나 4년 과정	

실과 중학교 : 8년 과정	정치법률 학교 · 육해군 학교 · 미술 학교 · 각종 고등실업 학교 ※각종 간이 실업학교는 4년이나 5년 과정
이과대학 · 공과대학 · 농과대학 · 상과대학 : 3년이나 4년 과정	

※ 대학원은 자유연구로 연한에 구애받지 않음.
※ 사범대학과 사범대학원은 모두 4년 과정임.

이로 보면 교육의 순서를 뛰어 넘어서는 안 된다는 사실이 명백하다. 대저 교육이 이미 흥성한 국가에서도 취학의 등급은 본디 학생의 나이와 상응하거늘 우리나라의 경우 취학대상자들이 학령에 이르러도 그에 상당하는 교육을 받지 못하여, 그 지 · 덕 · 의지 · 감정의 발달이 문명국의 학동들에 비하면 몇 등급이 뒤떨어지는데, 갑작스레 가르치려고 하면 어찌 가능하겠는가?

2. 학교 경비를 의론함

그런데 학교에 대한 논의가 주창된 것은 여러 해 되었으나, 지금까지도 실시되지 않고 혹은 각 성의 수도에 학당 한 개만 근근이 경영하며 자족할 따름인 것은 또한 연유가 있다. 즉, 경비가 나오지 않음이 그것이니 대저 전국의 중학교와 소학교를 전부 국고에서 맡는다면 재정이 고갈된 우리나라는 물론이고, 나아가 지극히 부유한 영국과 미국이라도 지급할 수 없음이다. 각국 소학교가 모두 의무교육을 시행한다 하니, '의무'란 첫째 나이가 찬 자제들이 모두 부득불 입학해야 하는 의무가 있고, 둘째 단체의 시민들이 모두 부득불 학비를 담임해야 하는 의무가 있다. 일본 메이지 22년(1889)에 반포된 법률[6] 중 "지방학사통칙(地方學事通則)"이라 불리는 법률 제2조에,

> 무릇 한 구역이나 여러 구역이 뜻을 모아 세운 소학교의 그 설립비와 유지비를 해당 구역에 거주하는 사람들 중에서 실업자(實業者)【토지와 주택 소유자】와 영업자【점포가 없는 행상인은 포함되지 않음】가 함께 부담하고, 만약 그 구역에 본래 공공재산이 있으면 우선 공공재산의 수입으로 비용을 충당한다.

이 제도는 대개 각국의 법규를 조사한 것을 가감하여 정한 것이다.

프러시아의 제도에 모든 소학교의 설립비와 유지비는 예전부터 오직 그 이익을 직접 받는 자가 부담하게 했으니, 바로 자제들을 가진 가장들이다. 근래부터 정부가 소학교 규칙과 조례를 세워 각 향촌과 도시에 반포하여 그 경비를 담임하게 하며, 거둔 비용이 쓰기에 모자란다면

---

6 일본 …… 법률 : 일본은 메이지 22년(1889) 2월 11일 흠정(欽定)헌법의 형태로 「대일본제국헌법」을 공포하고 1890년 11월 29일 시행하였다. '제국헌법' 또는 '메이지 헌법'이라고 약칭되기도 한다. 헌법의 제정과 동시에 여러 가지 법령도 함께 제정되었다.

별도로 학교세를 징수하여 보충한다.

(3호, 16~20면)

영국은 1870년에서 1873, 1874년 사이에 소학회(小學會)[7]를 제정하여 모든 소학교 설립비와 유지비를 각각의 시(市)·향(鄕)·구(區)에서 스스로 부담하게 하였다. 그 징세는 대략 휼궁세(恤窮稅)[8]와 비슷하며, 부족하면 국고로서 보조하고 또, 학교를 건축할 때 만약 비용이 부족하면 정부가 대출해줄 때도 있었다.[9]

프랑스는 소학교 수업료 징수를 멈춘 이후로 학비가 더욱 증가하여 기존의 각종 지방세로는 다 충당할 수 없었다. 이에 토지세, 호구세,[10] 인두세, 가옥세, 영업세 등의 직접세에 약간 덧붙여서 학교세를 만들고, 부족하면 지방정부 공공재산으로 보조하며 그래도 부족하면 국고로서 보조하고 있다.[11]

이것이 각 국가에서 소학교 경비를 마련하는 대강이다. 이렇게 보면 무릇 소학교란 국가의 감독으로 일정한 법을 세우고 지방세를 징수하여 그 재정을 마련하는 것이다. 이제 우리나라도 다음과 같은 법을 마련해야 한다.

하나. 법령을 내려 인구수가 천 명 이상인 도시와 촌락에는 반드시 소학교 한 곳을 설립하되, 큰 고을이나 큰 도시는 여러 구역으

---

7 소학회(小學會) : 지방 단위로 설립된 일종의 초등학교 학교위원회로 보인다.

8 휼궁세(恤窮稅) : 빈민을 구제하기 위한 세금.

9 1870년 이전까지 영국은 공립교육이 정착되지 않았다. 1870년에 윌리엄 에드워드 포스터(William Edward Forster)가 발의한 기초교육법(Elementary Education Act)에는 본문에 나온 소학회와 학교 유지비에 대한 규정을 정했다.

10 호구세 : 원문은 "牕戶"로 사전적으로는 창과 문이지만 문맥상 가구(家口)로 보여 한 가구당 부과되는 세금인 "호구세"로 번역하였다.

11 프랑스는 1880년 페리(Ferry)법에 따라 교사에 대한 최소임금제와 무상의무교육이 실시되었다.

로 나누어서 구역마다 대략 이천 명 또는 삼천 명이 될 때마다 한 곳의 학교를 증설하고, 천 명이 안 되는 작은 촌락의 경우 여러 촌락을 합하여 같이 하나의 학교를 설립한다.

하나. 학교 경비는 모두 해당 학교와 해당 구역에서 스스로 계산하되, 공동으로 셈할 것은 공공재산의 수입으로 지불한다. 공공재산이 없거나 부족할 경우면 학교세를 징수하는데, 토지세, 가옥세, 영업세, 인구세 등과 같이 그 지역의 특별세법에 근거하여 법률로써 징수한다. 학교의 창설과 유지에 쓰고 그 세목(稅目)은 둘 이상을 넘지 않도록 한다. 그 남는 것이 있으면 적립하여 학교 공공재산으로 하고, 또 부족한 것이 있으면 지방관에게 요청하여 관비로 보조한다.

하나. 무릇 하나의 학교가 있는 구역마다 모두 하나의 교육회의소를 세우고, 본지 거주민에서 약간 명을 공적으로 뽑아서 교육의원으로 삼아, 공과(功課), 재정, 서무 등 학교의 주요 권한을 분담한다. 재정 출납은 일체 본 회의소의 관리에 귀속하고 장관은 간여할 수 없다.[12]

하나. 국가는 마땅히 소학 장정(章程)을 속히 제정하되, 그 관리법과 교수과목을 상세히 정하여 각 구역에 반포해 지키도록 한다.

하나. 교과서는 관찬과 민간의 사찬을 막론하고 일단 국가가 정한 교과목에 온전히 따르는 것은 모두 두루 쓸 수 있다.

하나. 학교는 모두 수업료를 받되 반드시 매우 저렴해야 하니 국가가 일정액을 정해 지나친 액수를 수취하지 않도록 한다. 가난한 집 자제가 수업료를 스스로 마련할 힘이 없다면, 교육회의소는 조사를 통해 사실여부를 확인하고 면제해 준다. 자제가 나이가 되었는데 취학시키지 않는다면 그 부모를 처벌한다.

---

12 장관은 간여할 수 없다 : 일종의 교육자치제를 뜻하는 것으로 보인다. 교육을 담당하는 행정장관이라도 지역의 교육에 관여할 수 없다는 원칙을 천명한 것이다.

하나. 이미 정한 학교세의 징수에 저항하여 납세를 꺼리는 자는 교육회의소에서 관청에 보고하여 끝까지 징수한다.

하나. 각 성에 시학관(視學官)[13] 서너 명을 두어, 매년 성 전체의 각 학구를 분담하여 빠짐없이 순시하도록 한다. 시학관의 직임이 처음 마련할 때에는 규정을 가르쳐주고, 학교를 세운 뒤에는 그 관리 방법과 교육과정을 시찰하여 훌륭한 교사와 우등 학생들에게 때때로 관비(官費)로 상을 주어 장려한다. 학교 소유의 공공 자산액과 출납표는 모두 시학관에게 올려 시찰을 거치되, 다만 그 권한은 구별하여 학교 내부 사항에 대한 간섭은 불허한다.

이것이 그 대강이다. 상세한 규칙은 다음에 정성을 다해 고찰하여 한 권의 책으로 만들어서 당국자들의 선택을 대비하리니, 진정 이 법을 따른다면 네 가지 이익이 있다.

첫째, 국고를 쓰지 않고도 배움의 풍조를 널리 열 수 있다. 오늘날 사농(司農)[14]들이 지붕만 쳐다보는 이때에 국비로 흥학(興學)하려면 가망이 없으니, 정부는 관찰사를 책망하고 관찰사는 수령을 책망하지만 수령은 또 무슨 수로 능히 큰돈을 긁어모아 학교를 널리 일으키겠는가! 그러므로 분명한 조서로 재촉함이 하루에 열 번이라도, 그저 한 장 헛된 공문(空文)을 보임에 불과하고, 끝내 봉행하지 않는다 해도 책망하는 말이 없다. 이 법을 쓰지 않으면 다시 십 년이 지나더라도 결코 전국에 흥학 할 날이 없으리니, 오직 국가의 형세를 유리하게 이끌어 스스로 도모하게 하면 2, 3년 지나지 않아 길모퉁이와 물가에서도 현송(絃誦)의 소리[15]가 퍼질 것이다.

---

13 시학관(視學官) : 축자적으로는 학교 관련 일을 감독하는 관리인데, 오늘날의 장학사 정도로 보인다.

14 사농(司農) : 재정과 조세를 담당하는 관리를 이르는 말이다.

둘째, 학제가 정비되어야 고등의 학제와 연결된다. 관비를 마련할 수 없다면 형세가 부득불 민간에서 스스로 마련하기를 바라야만 한다. 대저 사람이 자제가 있으면 그를 가르쳐 장래의 계획으로 삼지 않을 수 없으며, 더구나 법령이 내려지고 봉록의 이득이 따른다고 하면, 교육제도가 정해지지 않았어도 민간에서 스스로 설립할 자들이 진실로 많을 것이다. 하지만 그 정비되지 못함이 심하다. 그 교사(校舍)가 여기는 있지만 저기에는 없고, 과목도 여기서는 갖추었지만 저기에는 부족하여, 힘쓰고도 공이 적으니 수십 년을 애써도 결코 효과를 얻을 수 없다. 그러나 진실로 이 법을 쓰면 전국에 퍼져나가 그 분포가 치우치지 않을 터이니, 전국의 학급들이 들쭉날쭉하지 않고 벼리를 갖춘 그물처럼 나아감에 더욱 발전이 있어 10년 안에 보통교육을 받은 인재가 천하에 퍼질 것이다.

셋째, 인민에게 의무교육을 강제할 수 있다. 이미 국민의 조성을 목적으로 삼는다면, 불가불 전국의 모든 자제들을 불러 교육을 시켜야 하므로 각국에 통용하는 제도에서 나이가 찬 자제가 학교에 안가면 그 부모를 처벌하고 있다. 대개 자제란 일국의 공유이지 부모 혼자의 사유가 아니다. 그럼에도 국가의 학제(學制)를 정하지 못했다면 인민에게 무엇을 따르게 하겠는가. 그러므로 반드시 이 법을 써서 먼저 학교를 보급한 연후에 교육이 보급될 수 있으니, 여유 있는 자는 그 수입의 작은 부분을 내어서 공익을 유지하고 가난한 자는 학비를 면제받아 앞길을 성취할 수 있을 것이다. 이와 같은데도 오히려 배움을 즐겨 배우지 않을 자는 없을 것이다.

넷째, 지방자치의 기풍을 양성하여 강국의 기점으로 삼는다. 오늘날 대지에 나라를 세우려 하면서 공민자치를 버린다면 방법이 없다. 그렇더라도 오늘날 구미와 일본에서 말하는 지방자치의 권리와 의무를 갑자기 시행하여 우리 국민에게 모두 떠넘기고 책임지우는 것은 정부도

15 현송(絃誦)의 소리 : 거문고를 타는 소리로 세월의 태평을 비유하기도 하며, 글 읽는 소리를 나타내기도 하여 학문의 풍조가 널리 일어나는 모양을 말한다.

원치 않는 것일뿐더러, 아마 우리 국민도 받아들여 최선을 다해 시행하지 못할 것이다. 그러므로 교육에서부터 착수해서 무릇 한 구역 안에 교육에 관련된 일들을 모두 교육회의소의 자치로 돌리면, 인민이 이러한 경험을 쌓아서 단체 행정을 운영하는 법을 연습하게 하는 것이 가장 좋다. 차후로 점차 다른 일을 부여하여 스스로 관리하게 하면 이로부터 혼란을 겪지 않을 것이고, 정부도 지방자치가 민권에 귀속될지라도 군권(君權)이나 국권에 특별한 해가 없음을 알 수 있다. 또 국가의 책무를 나누어 맡을 수 있으며, 여러 사무를 활발히 일으켜 차후에 집권정치와 분권의 정치를 확립할 수 있으리니 이는 한갓 교육의 계책일 뿐 아니라 모든 정체(政體)의 본원적 계책이다.

혹자가 말하여, "오늘날 우리나라의 조세가 이미 번다하고 과중하다. 샅샅이 찾아내 모두 긁어내서 생쥐와 참새까지 궁하거늘, 다시 학교세를 더하고자 하면 인민이 기꺼이 내겠는가?" 답하여, "그렇지 않으니, 무릇 인민에게 거두어서 관부에 들인 세금은 인민이 그 사용 목적과 출납의 회계를 모르기 때문에 극히 가벼워도 오히려 원망하지만, 인민에게 거두어 인민에게 쓰고 또 사용의 목적을 명시하며 스스로 그 출납 회계를 관리하게 하면 극히 무거워도 인민들은 외려 기뻐한다."

우리나라의 세금은 열국과 비교하면 가장 가볍다 하리니, 부패한 관리들이 수탈하여 배를 불리는 것까지 합해도 구미 문명국의 삼분의 일에 못 미친다. 그러나 인민들이 점점 더 원망하는 것은 어째서인가? 일찍이 한 번도 인민의 사업을 위해 쓰지 않았기 때문이다. 이제 재산을 내게 하여 그 자제들을 가르치고 기르게 하는데, 스스로 징수하고 관리하고 사용하고 감찰하게 하며, 관리는 한 가지도 간섭하지 않고 오직 규정을 정하고 공과를 따지는 일들만 도와서 빠뜨리는 바가 없도록 해야 한다. 저 교육의원을 맡은 자들은 상재(桑梓)[16]에 공이 있어 고향 고을에서 영

16 상재(桑梓) : 뽕나무와 가래나무인데 고향을 뜻한다. 부모가 심은 뽕나무와 가래나무도 반드시 공경한다는 『시경(詩經)』 「소아(小雅)」 〈소변(小弁)〉에서 유래하였다.

화로운 이름을 누리고 자제된 자들은 편안히 앉아서 배움을 이루어 그 앞날에 도타운 열매를 얻으리니, 영을 따름이 흐르는 물과 같지 않으리오. 지금의 세상에서 흥학의 계책을 구하건대 이와 바꿀 것은 없도다.

(4호, 9~14면)

교육학원리*

유근 역술(譯述)

▌교육학 원리 총목차▐

---

* 교육학원리(教育學原理) : 번역의 저본은 미상인데, 유근(柳瑾)이 역술하였다. 교육학을 교육의 목적과 방법을 연구하는 과학이라 정의하고, 윤리학 · 심리학 · 사회학 · 생리학과 관련이 깊은 혼합과학이자 규범과학이라 보았으며, 교수의 비결은 흥미를 개발하는 데 있다고 주장한다. 당시에 소개되기 시작한 헤르바르트(Herbart, J. F.) 교육학의 영향을 받아 이론을 전개하고 있다. 6호에서 13호까지 연재되었다.

서론—과학 가운데 교육학의 위치[1]

교육학이란 어떤 과학인가? 대개 동서고금의 교육에 관한 일을 연구해서 그 계통을 엮어서 조직한 것이니 그 성질이 복잡하다. 그러므로 자연과학【자연의 상태를 연구하는 것을 자연과학이라 이르니 윤리학, 심리학 등이 그것이다】을 이 교육학 원리 속에 포함해야 할 것이다.

독일의 학자 낙실가래지(洛失苛來智; 미상)가 교육학의 성질을 기술하여 "교육학은 첫째, 혼합과학이어서 그 성질이 의학과 비슷하다"하니, 그 혼합과학이라 한 것은 곧 교육학이 윤리학과 심리학의 필수적인 보조를 받음을 가리킴이요, 그 의학과 비슷하다 한 것은 곧 교육이 의학과 함께 건전과 불건전을 공평히 구별하여 인심이 건전해지는 법을 강구하기 때문이다. 다만 교육학을 혼합과학이라 한 것은 여러 학문이 모여 있다는 뜻만 아니고, 각종 과학의 결과를 빌려서 그 목적과 방법을 밝히기 때문이다.

교육의 목적과 방법을 밝히려면 반드시 4종의 과학으로 보조할지니, 윤리학, 사회학【이 두 가지는 목적을 보여준다】, 심리학, 생리학【이 두 가지는 방법을 보여준다】이 그것이다. 예로부터 교육학을 조직하는 자들이 다만, 헤르바르트의 주장만을 따라서 윤리학을 목적으로 삼으며 심리학을 방법으로 삼고, 사회학과 생리학에서는 도움을 빌리지 않았던 까닭에 여전히 부족하고 완전하지 못하여 아름답고 선한 경계에 나아가지 못했다.

교육학이 이 4종 과학의 도움을 받아 그 목적과 방법을 분명히 한 뒤에 건전한 교육의 원칙을 정할 수 있으니 이는 곧, 낙실가래지가 말한 "의학과 비슷하기에 일종의 규범과학을 이룬다"함이니 사실을 설명할 뿐만이 아니고, 그 표준을 탐구함으로 그 나머지를 보인 것이다. 그러

1 원문은 "總論"인데, 다음호의 연재분에서 수정된 목차와 명칭을 제시한바, 이를 따라 수정하였다.

므로 교육학의 원리에 두 가지가 있으니 교육의 목적 및 그 성립하는 원리와 그 목적 실행의 방법 및 그 형식의 원리이다.

요약해 말하면, 교육학이란 교육의 목적과 그 방법을 연구하는 과학이니 반드시 윤리학, 심리학, 사회학, 생리학을 빌린 것이라 보조를 받는 것으로 말하자면 혼합과학이라 할 수 있고, 성질로서 말하자면 규범과학이라 할 수 있다.

(6호, 35～37면)

1. 육화(育化)편【즉 체육편】[2]

신체를 발육함은 교육 방법의 하나이니 소홀히 할 수 없는 것이다. 몽테뉴가 말하기를 "우리가 교육정신은 말할 수가 없으나 오히려 신체를 교육함은 말할 수 있으니, 신체를 교육하지 않으면 하나의 구체적【유형의 몸은 갖추었으나 개량진보는 하지 못하는 자를 구체적이라고 일컬음】[3]인 사람"이라고 하였다. 저 헤르바르트 학파가 당연히 이를 배척하여 로크[4]의 말을 인용하여 다음과 같이 말한다.

세상에서 신체의 교육을 항상 말하는 자가 일컫기를, "심신이 서로 의

---

2 8호의 수정된 목차를 따라 '육화편'을 '교화편'의 앞에 수록한다. 이 '육화편'은 9호 연재분과 10호 연재분의 일부이다. 수정된 목차를 따르면 이 부분부터 본론이고 '교육각론'이란 부제가 붙어 있다.

3 유형의 …… 일컬음: 저자 괄호 안의 설명인데, 지금의 "구체적(具體的)"이라는 개념과는 다르다. 여기서는 신체만 갖추고 인간다운 발전이 없음을 의미한다.

4 로크: 원문은 "克龍"인데 헤르바르트가 로크의 영향을 많이 받은 사실에 의거하여 "龍克"의 오기로 보았다.

존하는 까닭에 신체의 발달이 교육상 중대한 일이 된다 하는데, 이것은 교육을 남용하는 것이다. 심신이 서로 의존하는 이치가 작용하지 않을 때가 있음을 어떻게 알 수 있는가" 이제 아래와 같은 이유로 판단할 수 있다.

(갑) 정신교육에 힘을 써 그 효과를 이루고자 할 때는 건강하고 강한 신체가 반드시 있어야 하고

(을) 교육자는 피교육자의 심성 작용이 모두 육체의 영향에서 말미암음을 반드시 알아야 하고

(병) 교육자는 인간 심리와 외부세계의 연관이 육체 오관에서 매개되어야만 상통할 수 있음을 잊어서는 안 된다.

그런 까닭에 우리가 교육학을 논할 때에는 비록 신체를 조섭하는 일을 논하기도 하겠지만 결코 체육과 지육을 동등한 지위에 두지 않을 것이니, 대개 신체를 발육함은 의사의 책임이고 교육의 목적은 그 정신을 배양함에 있다.

로크의 설이 이와 같으니 비록 체육을 배척한다고 하였지만, 이미 신체의 건강이 성공의 요소【요소라 함은 화학의 원소와 같음】임을 알고 또 심성이 육체 오관과 직접 관계가 있음을 알았다면, 어찌 그저 두고 살피지 않겠는가. 적당한 신체의 발육은 교육자가 반드시 연구할 바임을 볼 수 있다. 대개 의사의 책임은 질병을 치료함에 있으니 과거나 현재의 일이고 교육은 그렇지 않아, 생리학의 정리(定理)로 신체를 훈련하고 정신을 배양하여 장래의 계획을 삼으니 또한 영구한 계획이 될 것이다.

지금 생리학이 비상하게 진보하여 이른바 '생리적 심리학'이라는 학문이 있는데, 심신의 관계를 설명함이 흡사 한 사물의 양쪽 방면과 같아서 저것을 치면 이것이 울리고 이것을 치면 저것이 울려 그 사이에 상하선후의 구별이 거의 없다고 한다. 이로써 살펴보건대, 체육 한 부

분이 더더욱 교육의 요건이 됨을 알 수 있을 것이다. 그러면 신체를 과연 어떻게 발육할 수 있을 것인가. 이르길, "반드시 인체를 다른 동물과 비교하고 생리작용의 통례를 먼저 안 뒤에 체육을 자세히 서술할 수 있을 것이다."

1) 인체와 다른 동물의 비교

인체와 다른 동물을 비교하면 가장 다른 점이 세 가지가 있으니, 첫째 인체는 수년간 양육을 필요로 한다는 점이고, 둘째 인체는 구조가 훨씬 치밀하여 가장 고등한 유기체인 점이고, 셋째 인체와 지식의 발달이 동시에 함께 나아간다는 점이다.

첫째, 인체가 수년간 양육함이 필수라 함은, 아이가 울며 태어나서부터 3, 4세까지 음식과 생활에서 부모를 떨어지지 못하니, 이는 다른 동물이 태어나 스스로 살아가는 것【대부분 반년을 넘지 않음】과 다르다는 말이다. 따라서 가정교육은 결코 소홀히 할 수가 없는 것으로, 학교에 들어간 뒤에는 청소년에 속하지만 아직 신체가 발달하지 못하였으니 더욱 체육에 주의함이 마땅하다.

둘째, 인체의 구조가 매우 치밀하니, 그 중 가장 주요한 부위가 만일 파괴되면 생명을 잃을 것이요, 이 정도가 아니라도 일부에 병이 있으면 전체가 연약해진다. 하등 동물은 그렇지 않아 근육과 뼈가 이미 잘렸어도 오히려 파닥이고 꿈틀거려 생활을 스스로 이어나가고, 좀 더 고등한 것이라 해도, 사람이 통증을 느끼게 되면 전신이 떨리고 놀라는 것과는 같지 않다. 이 때문에 인체의 건강 여부는 다 체육으로 중추를 삼을 것이니 체육이 어찌 긴요하지 않을까.

셋째, 인체의 구조가 원래 다른 동물과 비교해 치밀하게 되어 있지만, 그 중 가장 치밀함이 뇌만 한 것이 없다. 뇌의 발달은 항상 지식의 발달과 동시에 나아가니, 이 또한 인체가 다른 동물과 같지 않은 점이다. 다른 동물의 뇌는 원래 사람 뇌의 정밀함만 못하고 또 사람의 진화한 것만 못하여 그 신체의 발육이 지식과의 관계가 털끝만치도 없으나, 사람은 이와 달라 체육을 더 잘하면 뇌의 힘도 더욱 커지니 흡사 초목의 뿌리와 꽃의 관계와 같다. 만약 그 뿌리를 북돋우지 않은 채 흩날리는 비바람과 서리이슬을 맞게 하면, 비록 기이한 방초와 천상의 꽃이 지닌 아름다운 자질이 있을지라도 활짝 웃는 아리따운 자태는 끝내 없을 것이 또한 필연의 형세이다.

인체와 다른 동물의 비교에서 이 세 가지 차이가 있으니, 이는 체육을 하루도 소홀히 할 수 없는 이유건만 특히 그 생리의 작용이 과연 어떠한지는 알 수 없다.

(9호, 16~19면)

2) 생리작용(生理作用)의 통례(通例)

사람의 생리작용은 세 계통으로 나누니, 첫째는 장양(長養; 성장발육)계통이다. 신진대사가 자연스레 순환하여 신체를 장양하는 것이니 호흡, 소화, 혈액순환, 배설이 그것이다. 둘째는 운동과 지각 계통이니 곧 후세에 종족을 번식하는 조직으로 색욕이 그것이다. 이는 생리작용의 통례로 이제 교육에서 마땅히 주의할 사항 및 방법을 다음과 같이 특별히 거론한다.

① 유희 · 체조 · 수공(手工)으로 장양(長養)계통과 운동계통을 활발하게 하여 건강하게 발달시켜 정신을 진작하는데 힘쓸 것이오
② 학교 위생으로 지각계통의 뇌의 힘을 발달시키되 지혜 · 도덕의 진보에 해가 되는 것은 제거하여 전부 깨끗하게 할 것이오

③ 교육적 병리학과 정욕적(情慾的) 교육학으로 생식 계통의 일종의 불온한 감정을 억제하되 그 오랜 병이 있는 자는 치료할 것이라

3) 유희(遊戲)·체조(體操)·수공(手工)의 가치

사람의 신체는 때때로 운동을 하지 않으면 충분히 발육시킬 수 없다. 운동의 방법은 비록 유희로 으뜸을 삼지만, 유희는 교육을 즐겁게 하기 위해 아동에게만 시행할 수 있을 따름이다. 만약 신체조직의 이치에 따라서 심성훈련의 목적에 도달하려면 체조만한 것이 없다.

유희의 본지는 처음에 오직 그 자연스러운 운동에 맡겨야 하니, 생리적으로 보면 내부 생리의 세력이 외부로 팽창하고, 심리적으로 보면 아동이 가진 기호의 취향이 외부에 드러나는 것이다. 그러므로 유희 교육에서 마땅히 유의할 바는 첫째 모험을 두려워하지 않게 함이오, 둘째 그 온몸의 운동을 유도함이오, 셋째 간섭하거나 저지해서는 안 됨이오, 넷째는 그 개성【곧 개인의 성질】과 기호의 취향을 살펴서 좋으면 장려하고 나쁘면 지도해서 개선함이다.

체조는 유희의 취지이지만 일정한 격식이 있어, 그 신체를 건장하게 하며 질서를 중히 여기며 명령을 따라서 인내심과 엄숙함을 배양하는 방법이다. 체조의 목적이 이와 같으니 그 난이도는 반드시 연령에 맞추어야 한다는 것도 알아야 한다.

대저 수공이란 그 목적이 유희와는 같지 않으니 체조는 신체의 발달에만 관계하지만, 눈과 손을 단련하거나 수학적 사고를 계발하여 실용의 바탕을 삼는 것이 수공이다. 그러므로 또한 체육의 일부가 되니 반드시 학교과정 속에 편입할 것이다.

유희 · 체조 · 수공 외에 로크가 주장한 냉수욕은 추위를 잘 견디게 하는 것이고, 루소가 주장한 자유주의는 아동으로 하여금 그 성정을 방

임하여 천성을 보호하게 하는 것이다. 또 영국 소학교에서 맑은 날의 여가에 종종 생도들을 데리고 산과 들판에 나가 뛰어 놀게 해서, 그들의 심신으로 하여금 유럽 너른 들판에서 밝은 햇빛[5]을 바로 접하게 하는 일과 같은 것은 학교 체육의 정규 방법은 아니지만 임기응변하여 때에 따라 행하면 또 큰 효과가 있으리니 어찌 사소한 보조에 그칠 것인가.

4) 학교위생

학교위생은 유희 · 체조 · 수공이 신체를 강장(强壯)하게 하는 것과는 그 취지가 조금 다르다. 대개 주로 학교의 배치를 적절히 함으로 그 건강을 지키는 것은, 학교부지의 선택과 교사(校舍) · 강당의 구조와 채광법, 환기(換氣)법, 책상 · 의자 · 서적 · 칠판의 적합 여부와 학교 의무실의 설치와 같은 일들이 그것이다.

학교부지는 주위가 한적하고 아름다워 잡다한 시끄러운 꼴이 없으며, 지질이 건조하고 샘물이 맑으며 공기가 청정한 곳을 택한다. 교사(校舍)와 강당은 반드시 그 방향과 외관, 넓이 등이 모두 생도의 건강을 지킬 수 있게 건축한다. 채광법은 광선이 조명되는 원리를 따라서 눈이 근시가 되지 않게 하고, 환기법은 항상 이산화탄소를 밖으로 방출하고 새 공기가 유입되게 해야 한다. 책상과 의자는 반드시 생도의 연령과 신체에 알맞게 해야 한다. 서적은 종이 질이 좋고 글자가 큰 것을 우선으로 하고, 칠판은 검은 색으로 칠하여 그 글자가 희고 커서 생도로 하여금 한 번에 알아보기 쉽게 한다. 학교 의무실은 때때로 생도의 건강 상태를 검사해 학교에서 근시나 척추가 휘는 등의 병을 예방해야 한다. 이밖에는 학교 주위에 나무를 심고 키워 그 청결함을 지키게 하

---

5 유럽 …… 햇빛 : 원문은 "天歐米千八地"인데, 정확한 뜻은 미상이라 일단 위와 같이 옮겼다.

고 아름다운 화원을 만들어, 한편으로 학교를 꾸미고 한편으로 생도들이 꽃을 감상하는 흥취를 일으키게 하며 또, 온전한 놀이시설을 설치하여 생도의 운동을 유도한다. 그리고 아동의 심신 발육 정도를 살펴서 과목을 증감하는 것도 학교 위생에 관한 일이다.

180년 전부터 학교 위생학이 매우 발달했는데 그 창시자는 백기사개(白奇司開; 미상)이다. 특히 아동 한 몸의 행복뿐만 아니라 국운의 강약에 관련되어 있으니 주의를 더하지 않을 수 있으리오. 근래 프랑스 정부에서 여성의 신체가 유약함을 심히 걱정해서 전국 여학교에 냉수욕을 활용하도록 대대적으로 장려하였다【프랑스 여학교에는 기숙사가 많다】. 냉수욕이 진실로 효과가 있을진대 학교 위생학 중에 냉수욕 한 분야를 더할 것이다.

5) 교육적 병리학

체육의 목적은 신체가 강건, 우미해져서 품성을 배양함에 있으니 만약 이상이 있어 혹이라도 정서가 아름답지 못하면 그 병리를 빨리 진단하고 적당한 방법으로 치료하여 정상인의 자격을 온전케 함이 마땅하다. 종래, 죄과를 누차 범하고도 고치지 않는 자는 자주 매질하고 가두어 엄한 형벌로 교정하고자 했는데, 근래에는 병리학이 점차 진보하면서 그 신체에 어떤 병이 있음을 비로소 알게 되었다. 매질하고 가두어서 그 실효가 나타나지 않는 것과 그 병의 원인을 다스려 건전한 원래 상태를 회복하는 것 중 무엇이 낫겠는가. 이른바 '교육적 병리학'이라는 것이 이것이다.

이태리 법의학자 모씨가 저술한 『천재론』에 이르기를 "천재라는 것은 무엇인가? 발광의 병이다"라고 하였으며 또 "생리학자들이 새로 발견하기를 염세하는 이는 위장병이 많고, 자살하는 이는 뇌에 병이 많고, 그밖에 큰 죄과를 범하는 이는 그 신체를 검사해 보면 또한 일종의 기묘한 병이 많이 있다"고 하였다.

대체로 생리학에서는 병의 증상이 모두 사람의 마음으로부터 지대한 영향이 있다하니 이것이 교육적 병리학이 생긴 이유이다. 그러므로 생도의 신체에 만약 이상이 있거나 정서가 좋지 않아서 성질이 급하고 쉽게 화내며, 무서워 움츠리고 두려워 떨면서 갑자기 이상한 버릇이 나타난다면 반드시 빨리 치료하여 정상으로 회복해야 할지니 이 또한 체육의 한 방법이다.

6) 정욕적(情慾的) 교육학

정욕적 교육학과 교육적 병리학은 모두 신체에 일어난 일종의 불온한 감정을 억제하고 지도하여 교육의 효과를 완전하게 하는 방법이다. 사람의 정욕이 비록 신체에서 언제나 일어나는 것이 아니지만, 청년시절에는 반드시 왕성해지니 이때 만약 지도하지 않으면 평생토록 구제받을 수 없어 가정과 나라에 잘못을 끼치는 자가 자주 있을 것이다. 그러므로 남자가 중학교에 다니는 때【13, 14세부터 17, 18세에 이르는 시기】와 여자가 고등여학교에 다닐 때【13, 14세부터 17, 18세에 이르는 시기】에 반드시 정욕적 교육학으로써 지도할 것이다.

정욕적 교육학의 성질은 불교와 다르다. 불교에서 이른바 청정적막(淸淨寂寞)으로 열반의 경지에 들고자 하는 자가 있으면 그 방향을 바로잡아서, 종족의 번식으로 풍부하고 쾌적한 정토천국(淨土天國)[6]을 조직하려 하는 것이 그 성질이다.

그러니 애써 정욕을 억제함은 결단코 불가하다. 이 때문에 지력(智

6 정토천국(淨土天國) : 정토는 불교용어로 속세의 더러움이 없는 청정한 세계로 부처가 사는 곳, 일명 불토(佛土)라 한다. 천국은 이상세계를 말한다. 문맥상 불교의 이상향이 아닌 현실적 이상세계라고 보아야 하겠다.

力)으로 마땅히 억제할 것은, 맹목적으로 몰두하여 영구히 구제받을 수 없는 병의 원인을 빚어내어 종신토록 고해에 빠질 일이 없게 함이오. 감정에서 마땅히 억제할 것은, 자신을 비하하는 입장에서 고상하고 우미한 애정을 일으키는 일이 없도록 함이오. 의지로 마땅히 억제할 것은, 임의적 망상을 이어나가 음란한 습벽으로 전환되지 않게 함이다. 이런 세 가지로 적절하게 마음을 하나로 모아야 할 것이다.

이밖에 또 주의할 것은 전하는 말에 "소인이 한가로이 있으면 좋지 않은 짓을 한다"[7]고 했으니 한가한 때에는 마땅히 교외로 유람하며 사회에서 교제하는 즐거움을 알도록 하고 또 그 혈기를 활발하게 함이 또한 조화의 한 묘법이다.

이상에서 말한 육화(育化)의 원리와 방법을 다시 종합해서 논하자면 1절은 인간과 다른 동물의 비교를 서술하여 인체가 교육을 통해 더욱 발달함을 보였다. 2절은 생리작용의 통례를 서술하여 생리교육에서 마땅히 주의할 사항을 밝혔다. 3절은 유희, 체조, 수공의 가치를 서술하여 육화의 수단을 보였다. 4절은 학교위생의 관계가 중대함을 서술하였고, 5절은 교육적 병리학을 소홀히 할 수 없음을 서술하였다. 6절은 정욕적 교육학의 성질이 청년시대에 가장 유익함을 서술한 것이다.

(10호, 13~18면)

7 소인이 …… 한다 : 원문은 "小人이 閒居홈의 不善을 혼다"로 출전은 『대학(大學)』 「성의(誠意)」이다.

2. 교화편【지육(智育)편】

전편에서는 신체 양육의 방법을 서술하였고 여기서는 지식 개발의 방법을 서술하는데, 이 방법이 교육에서 가장 중요한 지위를 점하기에 이름 하여 교화 혹은 지육(智育)이라고 하였다. 만약에 이것이 모자라고 부족해 완전하지 못하면, 사물의 이치를 이미 판단할 수 없으니 감정을 고상하게 할 수 없고, 지기(志氣)를 견고하게 할 수 없을 것이니 교육 목적에서 말한 단체를 자치하는 품성은 장차 무엇으로부터 얻겠는가? 그런데 이 상세한 방법을 알려 한다면 사상 일반의 성질과 그 발달의 통례를 먼저 살펴보지 않을 수 없다.

1) 사상 일반의 성질

사람의 지식은 결코 지(智)・정(情)・의(意) 세 가지로 명백히 나눌 수 없고 세 가지가 동시에 지식이 되지만, 사물을 헤아려 밝히면 지(智)라 하고, 사물에 닿아서 느끼는 경우를 정(情)이라 하고, 사물에게 바라고 구하는 일체를 의(意)라 한다. 이유가 따로 있는 것이 아니라, 그 지향하는 바가 다르기 때문이다. 브렌타노는 일찍이 다음과 같이 분석하였다. "(갑) 그 지식이 대상에 나타난 것을 '표현'이라 하고, (을) 대상에 나타나는 결정함과 반대함을 '신념'이라 이름하고, (병) 대상에 나타나서 희망하거나 혐오하는 의(意)를 품는 것을 '흥미'라 이름 한다." 이는 거의 타당하지만, 과학의 실제를 강구함은 그 종류를 구별함에 달려 있지 않고 그 성질을 연구함에 달렸으니, 이제 일단을 아래에 특별히 거론하여 보는 자로 하여금 유추하도록 하겠다.

지의 성질은 참을 밝힐 뿐이니, 이른바 참을 밝힌다는 것은 무엇인가? 첫째, 오관을 따라 사물을 감동(感動)하는 것이니 '감각' 또는 '직각(直覺)'[8]이다. 둘째, 마음이 사물에 감동을 받는 것이니 '지각'이다. 셋째, 지각으로 말미암아 그 보편의 성질을 유추해내는 것이니 '개념'이다. 넷째, 그 개념을 가지고 하나의 명제를 구성하는 것이니 '판정'이다. 다섯째, 판정 관계로부터 하나의 새로운 논리를 따로 연역하는 것이니 '추론'이다. 이 다섯 가지 작용은 모두 사람의 의식으로 하여금 참을 밝히는 방법이다. 만약에 관통하여 숙달하지 않으면 실체가 모호할 지니, 어찌 사물들의 진상을 얻을 수 있겠는가?

대저 마음이 미치는 바에 따라 천신이 존엄을 잃고, 미인은 미모를 잃고, 칼과 톱도 예리함을 잃음이 바로 확실하지만 힘써 그 이치를 알고 하나하나 실험을 해보지 않으면 단지 공상일 따름이라 또 무엇을 얻겠는가? 그러므로 반드시 방향을 지도하여 실제에 돌아가도록 하여 야만과 환상의 비루한 습속을 벗어 버리게 해야 하니, 이것은 단체 자치의 품성을 알지 못해서는 안 되는 까닭이다.

지(智)를 개발하는 방법을 알고자 한다면 마땅히 그 사상 발달의 순서와 그 조건을 먼저 살펴야 할 것이다.

2) 사상 발달의 통례

사상은 간단함으로부터 복잡함에 나아가는 것이다. 예로부터 규명해 온 가운데, 두 가지 큰 학설이 있다. 하나는 라이프니츠, 칸트, 헤겔 등이 제창한 독일파이고, 다른 하나는 헤르바르트 등이 제창한 영국파[9]이다.

---

8 직각(直覺) : 사전적 의미로 '바로 깨달음 또는 직관(直觀)'이다. 여기서는 감각과 같은 의미로 해석해야 한다.

9 영국파 : 헤르바르트는 독일인이다. 로크의 영향을 받았다. 본문 뒤편에는 영국파와 헤르바르트 학파를 구분하고 있다.

독일파는 사람의 의식에 선천 · 종합 · 활동 · 통일의 여러 성질이 있으니 반드시 평소의 경험을 겪고서 발달하는 것이라 하였고, 영국파는 사람의 의식이 분석 · 수동(受動)[10] · 판단의 여러 단계를 쌓아서 발달을 점차 이루는 것이라 하니, 대개 독일파는 형이상학에 가깝고 영국파는 자연과학에 가깝다.

이 두 학설은 각각 근거가 있는데, 독일파는 실로 지식의 원리에 근거하고, 영국파는 거의 관념의 연합으로서 증명을 한다. 그러므로 제임스 밀이 "사람은 감각함에 불과할 따름이라"고 역설하자, 미륵돈(彌勒頓; 미상)이 "사람이 과연 감각에 불과하다면 감각이 있게 하는 것은 무엇이라 말하겠는가?"라고 반박하였다. 헤르바르트 학파가 관념의 동화(同化)를 추리하여 흥미의 설을 세웠으나 이것도 반박을 면하기 어려울 것이다. 대개 영국파와 헤르바르트 학파의 설이 원리가 엉성하고 귀납에 뛰어난 것이라. 이런 까닭에 이제 의식의 발달을 논하자면, 반드시 독일파로 형식을 삼고 영국파와 헤르바르트 학파로 내용을 삼아야 지당하여 바꿀 수 없는 통례(通例)가 나올 것이다.

관념 동화의 근저는 독일파가 말한 바에서 결코 벗어나지 않지만, 그 동화의 순서는 영국파의 관념연합법과 헤르바르트의 동화설을 빌리지 않을 수 없다. 영국파의 관념연합법에는 3법칙이 있다. 첫째, 일치율이니, 예컨대 내가 나의 부모를 생각하여 남의 부모에게까지 미치는 경우가 이것이다. 둘째, 대비율이니, 예컨대 흑과 백, 선과 악의 성질이 상반되어 사람들에게 쌍쌍으로 비교할 마음이 생기게 하는 경우가 이것이다. 셋째, 근사율이니, 예컨대 나폴레옹을 추억하는 자가 그로 인해 알렉산더 대왕, 시저, 진시황, 한(漢) 무제 등에 두루 미치는 경우가 이것이다. 헤르바르트 학파의 동화설에서는 비록 분류하지는 않았지만 그 뜻은 영국파와 같아, 그 옛 관념의 동화와 새 관념의 상태를 다음과 같이 기술하였다.

---

10 수동(受動) : 현재의 사전적 의미보다는 이 글의 앞에 나온 "감동(感動)"의 의미에 더 가까울 듯하다.

지금 일군의 관념이 뇌 속에 들어가되, 만약 옛것의 힘이 새것보다 강하면 반드시 서로 충돌할 것이다. 충돌이 지극하면 마침내 뒤섞여 모두 변화해 새롭게 되는 까닭에 '동화'라고도 하고 또 '융회(融會)'라고 한다. 이윽고 융회에 이르면 홍미가 고조되어 비상한 유쾌함이 이로부터 나와 각종의 흥미가 섞여 나온다.

그러므로 교수의 비결은 오직 그 흥미를 계발하는 데 있을 따름이다. 이에 그 흥미를 표로 보이니 아래와 같다.

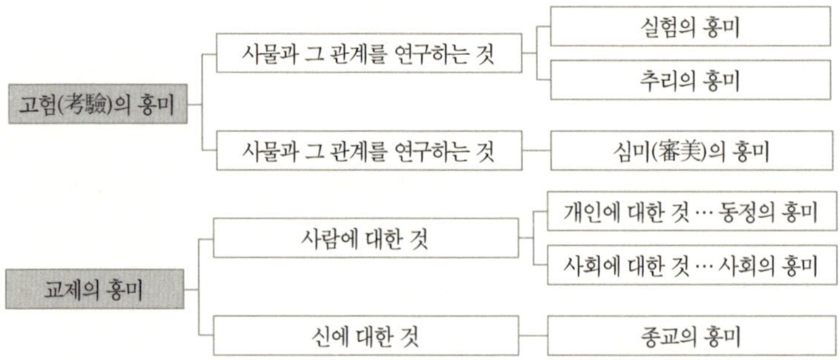

영국파의 관념연합 3법칙과 헤르바르트 학파의 6종 흥미는 심리학 분야에서 지금까지 의문시되나, 사람의 사상이 간단함에서 복잡함으로 점차 나아간다는 굳은 결론은 산과 같아 바꿀 수 없을 것이다. 이제 스코틀랜드의 모대학 교수인 노호리(老湖里; 미상)가 구분한 개인의 사상이 발달하는 시기를 다음 표에 특별히 거론하여 증명하겠다.

1	영아기(1세)	감각 · 직각(直覺)의 시기
2	유아기(2~8세)	지각 및 개념의 시기 : 대략 유아원에 다니는 시기
3	소년기(9~15세)	개념 및 판정의 시기 : 대략 초등학교에 다니는 시기
4	청소년기(16~18세)	추론의 시기 : 대략 중학교나 고등학교에 다니는 시기
5	청년기(19~24세)	새로운 이상의 발달 시기 : 대략 대학교에 다니는 시기

3) 교수원리(教授原理)

사상 발달의 통례를 따라 교수(教授)원리를 추출하면 다음과 같다.

(1) 교수는 마땅히 관념연합의 법에 따를 것이다.
(2) 교수는 마땅히 힘을 다해 그 흥미를 계발할 것이다.
(3) 교수는 마땅히 의식발달의 순서에 따를 것이다.

지금 다시 이상의 여러 원리를 상세하게 설명하겠다.

(1) 교수는 마땅히 관념연합의 법에 따르는 까닭은 관념의 발달이 이 법에 의지하기 때문이다. 이 법을 일치, 대비, 근사의 3법칙으로 나눔은 앞 절에서 살펴보았으니, 이제 그 교수원칙을 서술하면 다음과 같다.

① 자연스럽게 결합된 경우를 교수할 때는 반드시 서로 연결해야 하고 나눠서는 안 된다.
② 한 사물에 대한 관념 형태가 근사율로 말미암아 바뀌어 직각(直覺)으로 교수할 수 있을 때는 반드시 근사율을 이용한다.
③ 보편 관념의 형태가 일치율로 말미암아 바뀌어 개념으로 교수할 수 있을 때는 반드시 일치율을 이용한다.
④ 직각(直覺) 교수와 개념 교수 모두, 무릇 아동의 두뇌에 의거해 반드시 대조 비교할 것은 필히 대비율을 이용한다.
⑤ 교수법은 교과 편제와 시간 분배 모두 다 관념연합법을 반드시 따른다.

(2) 교수할 때 마땅히 힘을 다해 그 흥미를 계발하는 까닭은 대개 관념의 발달이 반드시 흥미에 의해 점차 깊어지기 때문이다. 흥미는 모두 6종이니 교수원칙은 이 6종 흥미에 따라 정할 것이다.

① 교수할 때는 반드시 유쾌하게 피곤을 느끼지 못하게 해야 한다.
② 흥미가 없는 사물은 교수할 때에 반드시 피한다.
③ 흥미가 한 쪽에만 치우쳐서는 안 된다.
④ 교수할 때는 반드시 잠깐 스스로를 살피도록 하여 여흥을 일으키는 지점이 있도록 한다.
⑤ 흥미와 더불어 같이 발생하는 관념은 교수할 때에 반드시 계통을 조직하여 증명한다.

(3) 교수를 마땅히 의식 발달의 순서에 따르는 까닭은 대개 의식 발달의 순서를 따르지 않고 뒤바꿔 교수하면, 그 결과로 아동의 지식을 활발하게 하지 못하고 반대로 고사시키기 때문이다. 그 순서는 무릇 감각, 지각, 개념, 추론, 이상(理想)의 5단계를 거치니, 교수원칙은 이에 준하여 정한 것이다.

① 먼저 명목과 사물을 보인 뒤에 언어로서 가르친다.
② 아는 것으로부터 알지 못하는 것에 나아간다.
③ 하나의 사물을 이해하지 못하면 다른 사물을 가르침은 불가하다.
④ 마땅히 구체적 사실을 추상적 가상의 앞에, 간단한 것을 복잡한 것 앞에 둔다.
⑤ 감각을 교수할 때는 반드시 특별히 민첩하게 그 지각을 움직여야 한다.
⑥ 지각을 교수할 때는 전체와 그 일부를 보여서 일부와 전체의 관계를 논한다.
⑦ 정확한 개념을 얻으려면 첫째 반드시 피차에 특이점을 비교함으로 명시한다.
⑧ 둘째 반드시 특수로부터 보편으로 나아가며, 구체로부터 추상에 나아간다.

⑨ 추론은 모름지기 귀납, 연역 두 가지 방법【살피건대, 두 방법이 모두 논리학의 방법으로서, 하나는 귀속시켜 집어넣는 것이고, 다른 하나는 펼쳐 풀어내는 것이다】으로부터 입문하게 한다.

⑩ 귀납, 연역 두 방법을 따라 인과율에 비추어서 자유롭게 사고하여 자기의 새로운 이상을 발휘하게 한다.

이상의 여러 원리는 언뜻 보면 번잡하다 하겠으나, 그 요지를 모으고 그 강령을 끌어내면 오로지 의식이 동화한다는 것일 따름이다. 세상의 동홍(冬烘) 훈장[11]들은 이러한 이치를 알 수 없기에 죽을 때까지 난삽하고 산만한 경전의 문자만 읽으니, 우두커니 앉아 세월이 다하도록 고집해서 깨우치지 못한다. 그 폐해로 나무인형 같은 인재만 무수하게 양성하는 지경에 이르렀다. 프랑스의 문호 볼테르가 일찍이 통렬히 비판하여, "스승이 되어서 사람을 유용한 실학으로써 가르치지 않고 헛되이 옛 종이만 파고들어 진부한 말이나 기롱하는 자는 망국의 으뜸 죄인이다" 했으니 아름답다, 그 말이여!

4) 교수의 형식

옛날부터 교수법은 천차만별이어서 그 수를 다 헤아리기 어렵지만 임의로 구분하면, 하나는 주입주의이니 바로 각종 사물을 아동의 머릿속에 부어 넣어 기어이 들어가게 하는 방식이요, 다른 하나는 개발주의이니 바로 각종 사물로써 자연히 발달하는 의식을 개발하고 유추하여 두루 통하게 하는 방식이다. 주입주의는 힘들게 배워 단련을 중요시하고, 개발주의는 흥미를 활발하게 일으키는 것을 중요시하기에, 표면적

11 동홍(冬烘) 훈장 : 원문은 "동홍학구(冬烘學究)"로, 겨울철에 난로를 쬐는 훈장을 가리켜 세상물정에 어두운 사람들을 낮잡아 부르는 말이다.

으로 보면 두 가지가 상보적으로 시행되는 것과 같아서 한 쪽에만 치우침은 불가하다. 그러나 심리학적으로 증명해 보면, 개발주의는 득이 있고 해는 없지만 주입주의는 득도 있고 또 해도 있는 것이기에, 개발주의는 근세 교육의 특징으로 중세나 상고의 교육과 비교할 때 매우 다른 점이다.

개발의 방법에는 두 가지가 있다. 하나는 기존의 관념계를 분해하는 것이니, 교육의 목적에 따라 그 번잡함을 줄이고 간단함을 취하는 것은 논리학에서 말하는 분해교수법과 같다. 다른 하나는 새로운 관념을 기존 관념계에 넓혀서 더하는 것이니, 그 종류를 채우고 그 전부를 다하여 크고 널리 통달하게 하는 것은 논리학에서 말하는 종합교수법과 같다. 이 두 방법은 과학으로 연구하는 경우에 필수적인 것이며, 교육에 적용하면 사람의 심성을 개발하는 데 충분할 것이다.

대체로 교수법의 단계는 통상 세 단계로 나뉜다. 첫째, '예비'이니, 바로 피교육자의 산만한 지식을 교수의 중심점에 집중하게 하는 것이다. 둘째, '수여'이니, 바로 새로운 재료를 주어 그 집중시킨 관념계를 확장하는 것이다. 셋째, '응용'이니, 바로 신·구 관념을 연합하여 자유로이 응용할 수 있게 하는 것이다. 헤르바르트 학파는 이를 부족하게 생각하여 네 단계로 나누었고, 근래에 라인은 또 다섯 단계로 나누었다. 그 변천을 표로 보이니 다음과 같다.

교수단계

1. 특불입특(特弗立特; 미상)과 활특제(活特梯; 미상)	① 관찰, ② 사고, ③ 응용
2. 헤르바르트와 칠러	① 명료, ② 연합, ③ 계통, ④ 방법[응용]
3. 라인	① 예비, ② 수여, ③ 연합, ④ 결합, ⑤ 응용

라인이 교수단계를 다섯 단계로 나누었으므로 '5단교수법'이라 한다. 이른바 '예비'라는 것은 일상적 의미로서의 예비와 뜻이 같고, '수여'라

는 것도 일상적 의미로서의 수여와 뜻이 같은데, '연합'이라는 것은 신·구 관념의 비교 대조이고, '결합'이라는 것은 신·구 관념을 합병하여 관념계를 하나로 만드는 것이며, '응용'이라는 것도 일상적 의미로서의 응용과 뜻이 다를 바 없다. 5단교수법은 교수할 때는 비록 경계를 나눌 수 없으나 마음으로 그 뜻을 알고서 교과를 운용하여 피교육자의 관념을 계발한다면, 동화되는 순서가 어그러지지 않아 그 사상이 바람이 불어 물결이 솟구치듯 무한히 성취될 것이다.

교수의 주의와 그 단계는 앞에서 이미 약술했지만, 그 주의를 실행하는 근거와 단계상의 방법은 아직 서술하지 못하였다. 이제 그 요체를 하나씩 거론하겠다.

(1) 문답법 : 이중에는 의문을 내어 논란하는 방법과 서로 문답하는 방법의 구별이 있으나, 요컨대 모두 피교육자의 관념계를 살펴서 그 명확하지 못한 자는 개발해 주고 명확해도 깨치지 못한 자는 통하게 함으로 새로운 재료를 주입할 것이다. 옛날 그리스의 큰 현자 소크라테스가 이 방법을 창시했기 때문에 '소크라테스법'이라고 한다. 그가 일찍이 "나는 지식을 주는 자가 아니라 지식을 낳게 하는 산파이다"라 한 것을 보면 그 참뜻을 알 수 있다. 이 방법으로 교수할 때는 개발주의 가운데 '분해법'과 교수단계 중의 '예비'와 '응용'이 가장 적합하다.

(2) 담화법 : 이중에, 비록 세부 항목으로 나눌 수 있는 것이 있으나, 요컨대 그 사실을 강구하여 밝혀서 피교육자를 환하고 밝게 열어줌은 동일하다. 단 이 방법은 수사와 논변의 학문에 정통한 자가 아니면 자주 그저 평범한 무리로 흘러 사람을 움직이기 어렵다. 그러므로 교수할 때는 개발주의 가운데 '종합법'과 교수단계 중의 '수여·연합·결합'이 가장 적합하다.

교수 방법을 표로 나열하면 다음과 같다.

교수의 방법	문답법—분해법—예비 · 응용
	담화법—종합법—수여 · 연합 · 결합

그러나 이 두 방법은 때때로 서로 바꾸어 쓸 수 있으니, 담화법으로 예비 · 응용을 삼고 문답법으로 수여 · 연합 · 결합으로 삼되 일정한 격식을 고수해서는 안 되니, 교육하는 사람이 밝게 알아 시의적절하게 적용해야 한다.

5) 교과의 종류

'교과'란 것은 교수 원리와 그 형식을 나타내어 사람의 마음을 개발하는 도구이다. 이제 그 종류를 나누어 자세히 서술하겠다.

옛날 그리스의 교과는 체조와 음악을 오로지 중시했고, 플라톤이 『공화국』[12]에서 정한 교과에 처음으로 수학, 기하학, 천문학, 물리학【격치학】[13]이 더해졌다. 아리스토텔레스는 대학교[14] 하나를 세워 다시 철학, 미술을 더했고, 중세에서 모두 일곱 과목으로 나뉘어졌으니, 라틴 문법, 논리학【명학(名學)】,[15] 수사학, 수학, 기하학, 천문학, 음악이다. 근세에 이르러 베이컨이 나타나 자연과학이 크게 발흥하니 윤리, 어학, 작문, 지리, 역사, 수학, 물리학, 화학, 동물학, 식물학, 습자, 도화, 체조, 수공(手工), 음악 등의 여러 과목들이 있게 되었다. 이것이 유럽의 교과 변천의 대체이다.

12 『공화국』: 플라톤의 주저인 Politeia는 보통 『국가』, 『정체』 등으로 번역되는데, 영문 번역이 Republic이다. 이 영문명에서 본문의 번역이 유래한 것으로 보인다.

13 격치학(格致學): 격물치지(格物致知)라는 전통적 관념에서 나온 물리학의 다른 명칭으로 과거 한자 문화권에서 쓰였다.

14 대학교: 아리스토텔레스는 플라톤의 아카데미아에서 공부하고, 플라톤이 죽은 뒤에는 직접 그리스의 리케이온(Lykeion)에 자신의 학교를 개설한 바 있다.

15 논리학【명학(名學)】: 원문은 "倫理學"이나 오자로 보인다. 명학(名學)은 중국 고대 철학상의 분류법으로 지금의 논리학과 비슷하다.

물러나 동양의 교과를 보면, 중국의 학제 가운데 가장 완비된 것은 당나라 때만한 것이 없으니, 당시에는 국학(國學)에 국자(國子), 대학(大學), 사문(四門), 율학(律學), 서학(書學), 산학(算學)[16]의 여섯 분과를 두었다. 그 후의 시(詩), 부(賦), 책(策), 논(論), 제(製), 예(藝)[17] 등은 모두 인재를 파괴하는 도구로서 교과라고 말할 수 없다. 일본은 왕조시대에 명경도(明經道), 기전도(紀傳道), 명법도(明法道), 산도(算道)[18]의 4도가 있었고, 도쿠가와 막부 무렵에는 각 번(藩)의 학교에서 화학(和學; 일본의 국학), 한학(漢學), 산술, 서예, 천문, 지리, 역사, 병학 등의 여러 학과를 개설하였다. 메이지 유신 이후에는 서구의 교육법을 모두 받아들여, 이로부터 교과가 완비되었다고 한다.

그러므로 오늘날 교과라 인정할 수 있는 것은 윤리, 어학, 작문, 지리, 역사, 수학, 물리학, 화학, 동물학, 식물학, 서예, 미술, 체조, 수공(手工), 음악 등의 교과이다. 단, 이들 교과로 보통교육을 삼는 것이 꼭 고등이나 전문의 지식을 갖추게 하는 것은 아니며, 오직 그 단체 자치의 품성을 배양함으로 공민의 한 사람이 되어 개인의 의무를 다하게 할 뿐이다. 참으로 그 국가에 관계가 이처럼 중차대하므로, 각 학과의 가치를 다시 조목별로 거론하겠다.

(1) 윤리

윤리란 사람 된 도리를 가르치는 것이므로 교과 가운데 가장 중요한 것이다. 과거 서구의 여러 나라들은 모두 윤리를 종교와 혼동하여 종교

---

16 국자(國子) …… 산학(算學) : 국자와 대학, 사문은 경서를 배우는데 학생의 신분에 따라 구분된 것이며, 율학은 법학, 서학은 행정실무, 산학은 수학에 가깝다.

17 시(時)…… 예(藝): 시, 부, 책, 론은 한문학의 장르로 특히 과거의 과목들이었다. 제(製)는 전반적인 글짓기를 지칭하고 예(藝)는 서예 등을 지칭하는 말이다.

18 명경도(明經道) …… 산도(算道) : 명경도는 경학, 기전도는 역사, 명법도는 형법학 그리고 산도는 수학에 가깝다.

를 가르침이 곧 윤리를 가르침이라 하더니, 근래에 문명이 날로 발전해 그 오류를 알기 시작해 종교는 신앙의 자유에 맡기고 윤리는 강제로 따르게 하는 법률을 드디어 만들었는데, 그 실행 방법이 훈화편【덕육편】에 보이므로 여기서는 더 말하지 않는다.

(2) 어학

어학이란 자국어와 외국어를 막론하고 그 요체가 지식을 교환하는 매개이며 품성을 도야하는 자료이다. 어학은 그 교과 중에서 대체로 윤리와 함께 각 학과의 기초가 되므로 주의를 기울임이 마땅하다.

(3) 작문

작문은 곧 자기의 사상을 표현하고 또, 타인의 의지를 이해함으로서 조행을 지키고 배양하여 훗날 세상에 나가는 밑거름으로 삼는다. 대개 작문은 수동적인 어학이 능동적으로 발현되는 것이기에, 이를 교수함에 마땅히 어학과 함께 안팎으로 상응시켜야 한다.

(4) 지리, 역사

지리와 역사는 바로 우리들의 경험을 확장하는 중요한 교과이다. 지리로서 그 공간에 관한 관념을 넓히고, 역사로서 그 시간에 관한 지식을 늘리는 것이다. 헤르바르트 학파는 역사를 더욱 중시하여 사회교제의 흥미는 거의 여기에 달려 있다고 하였다. 실제로 두 교과는 공통의 관계가 있어 한 쪽에 치우쳐서는 안 된다.

(5) 수학

수학이란 것은 만물의 용적과 분량을 측정하여 털끝만큼의 오류도 없는 학문이다. 특히 사람의 추리력과 사고력을 연마할 뿐 아니라, 생활상에서 하루도 소홀히 할 수 없는 것이다. 또 여기에 그칠 뿐 아니라 물리, 화학을 증명하면서 그 방정식을 제시할 경우는 오직 수학에 의지해야 한다.

(6) 물리, 화학

물리와 화학이란 것은 만물 요소의 조직과 변화를 연구하여 수학 방정식을 빌어 자연현상의 진상을 얻는 것이다. 이것들로써 사고력과 추리력을 연마하여, 그 실용적 결과로 오늘날 왕성하고 화려한[19] 문명세계를 이룰 수 있었다. 그러므로 교과 가운데 역사, 지리와 함께 동등한 위치에 선다.

(7) 동물학, 식물학

동물학과 식물학은 물리, 화학의 자연현상에 비해 더욱 분명히 드러나기에, 아동이 보고 깨달음이 성인과 차이가 없다. 그러므로 추리력을 연마하는 것 이외에 심미와 정서의 흥미를 계발할 수 있다. 만약 여기에 물리와 화학을 혼합하면 다시 광물학이 되므로, 진실로 교육에 유용한 교과이다.

(8) 습자, 미술

습자와 미술은 손과 눈의 지각을 연습하여 근육을 자유로이 움직여 실용성과 함께 심미의 흥미를 얻게 하는 것이다. 학교 교과 가운데서는

19 왕성하고 화려한: 원문은 "여화여도(如火如荼)"로 중국어 숙어이다. 번역의 대본이 중국에서 왔을 가능성이 많다.

비록 부속과목이 되지만 그 교육적 가치는 결코 얕은 것이 아니다. 감화편【정육편(情育篇)】의 미육(美育)에 보인다.

(9) 체조, 수공

체조와 수공은 모두 전신을 움직여서 근육을 튼튼하게 하는 것이다. 그 가운데 수공의 가치는 심미적 흥미를 발휘함과 수학적 사고를 연습함에 있다. 그리고 지각(知覺)의 관점에서 본다면 더욱 분명할 것이다. 체조에 관해서는 육화편(育化篇)에서 이미 보았다.

(10) 음악

음악이란 것은 심신을 조화하는 이치에 바탕하고, 만물이 내는 소리를 따라 그 귀를 연습하는 것이다. 옛날 그리스는 이 교과를 가장 중시하여, 플라톤은 일찍이 "음악이란 것은 정신을 발양하며 덕행을 배양하니, 소홀히 할 수 없는 것이다"라고 하였다. 음악 중에 정신과 덕행의 배양에 관계가 가장 깊은 것으로는 국민가(國民歌)와 자연스럽게 유행하는 시가만한 것이 없으니, 실로 국민의 자연스런 감정을 양성하여 윤리가 미치지 못하는 바를 보완할 것이다. 그 가치는 감화편의 미육(美育)에 보인다.

이상으로 거론한 교과가 꽤 번잡하지만, 그 대체적인 성질을 논하면 두 가지로 나눌 수 있다. 하나는 '인문' 과목으로 인간 활동에 관한 것이요, 다른 하나는 '자연' 과목으로 자연현상에 관한 것이다. 헤르바르트 학파는 인문 과목으로 교제의 흥미를 기르고 이과【물리, 화학 종류】로 경험의 흥미를 기른다고 하였다. 그로 인해 인문 과목은 다시 '윤리'라 할 수 있고, 이과는 또 '실용'이라 할 수 있다. 라인의 교과분류표를 기록해

보면 다음의 표 '교육의 교과'와 같다.

교육의 교과

(갑) 인간생활사의 학과							(을) 자연생활과 자연학과		
제1 의지의 교수			제2 기술의 교수		제3 어학의 교수		제1 지리학	제2 박물학【동물학, 식물학】	제3 수학
1. 경전 및 교회의 역사	2. 일반역사	3. 문학	1. 미술	2. 창가	1. 국어	2. 외국어			

(7호, 19~36면)

6) 교과의 통일

앞에서 기술한 것처럼 교과의 종류는 매우 복잡하기에 아동의 재지(才智)와 덕성을 조성할 때, 통일하지 않으면 안 된다. 라인의 교과분류표에 역사와 이과(理科) 양자를 구별하였으나, 그 성질에 대해서 논한 것은 통일성이 있다고 말할 수 없을 것이다. 헤르바르트 학파에서는 문명사의 단계를 종으로 삼고 윤리의 중심점을 횡으로 삼아 각종 교과를 통일하였다. 이제 라인의 교육학원리 중에서 그 요지만 발췌한다.

(1) 교과를 문명사의 단계에 통일시켜 말하길

수시로 교육 받는 자의 정신을 자극할 것이니, 배우는 중에 생긴 흥미를 키워내고 이로써 배움을 마친 뒤에도 여흥이 계속 남아야 하는 것이 교과의 가치이다. 그 흥미 거리를 일으키려면 마땅히 심리학에서 요구하는 바를 따를 것이니, 기존의 구관념에 의거하여 미래의 신관념이 점차 생겨나게 하는 것이다. 즉, 세계 문명사를 순서대로 교수하여 심계(心界) 발달의 단계를 이끌어 낼 것이다.

이는 헤르바르트 학파처럼, 교과를 문명사에 통일시킨다는 설이다. 여기에 그 교수의 순서를 표로서 보이니 아래와 같다.

제1년	동화
제2년	에픽(epic), 사가(saga) 등 전설
제3년	가족정치시대 역사 이야기
제4년	봉건무사의 사적
제5년	이스라엘 제왕의 전기
제6년	예수의 전기
제7년	사도행전
제8년	종교개혁 및 근세의 사적

(2) 교과를 윤리 중심으로 통일한다는 설에 이르길

소년의 인격을 양성하고자 하면 각종 관념계를 혼합하여 가르치되, 통섭하지 않으면 안 되니 그렇지 않으면 분리되고 혼잡하여 번번이 가로막히고 품성이 통섭하는 바가 없게 된다. 인격이 또한 이를 따라서 미치지 못할 것이다. 슈토이가 말했으니,

> 교수하는 것을 음악합주에 비유할 수 있으니, 앞에서 이끄는 자가 반드시 먼저 소리를 낸 후에 다른 음이 일어나 더불어 상응한다. 온화한 소리와 굳센 소리가 갈마들고 창화하여, 봉의수무(鳳儀獸舞)[20]의 지극한 즐거움을 이루니 교수하는 것도 역시 그러하다.

처음에 종교, 윤리, 역사, 문학의 교재로써 그 취지를 훈련하고, 다시 미술, 가창 같은 각종 기예로 조화시켜 경험과 교제를 확장할 것이니

20 봉의수무(鳳儀獸舞) : 봉황과 짐승이 와서 춤을 춤. 출전은 『서경(書經)』「우서(虞書)」〈익직(益稷)〉에 나온다.

이와 같다면 교육의 효과를 볼 수 있을 것이다.

여기에 특별히 계통표를 기록함이 아래와 같다.

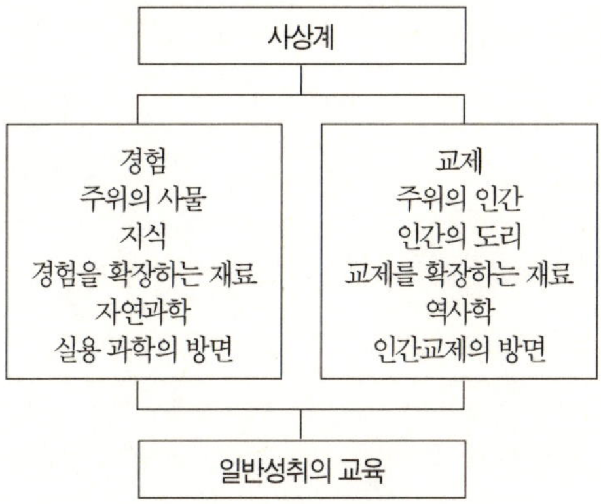

헤르바르트 학파에서 문명사의 단계를 종으로 삼고 윤리의 중심점을 횡으로 삼아 교과를 통일함은 그 교수원리에 특별한 식견이 있다고 할 수 있다. 그러나 사실에 비추어보면, 개인의 발달이 세계문화의 발달함에 따라 자주 서로 호응하면서 상반되지 않는 것은 대개 심리의 자유가 있기 때문이다. 그 교과를 윤리라는 중심으로 통일하자는 것과 완전히 상반되는 학파가 있으니 스펜서가 그 대표이다.

스펜서의 저서 『교육론략(教育論略)』[21]에 이르길, '교과의 가치에서 가장 높은 것이 바로 이과(理科)이니 대개 범인의 평생 활동이 다섯 가지를 넘지 않는다. 첫째는 자신의 활동을 지키는 것이고, 둘째는 생계를 도모하는 활동이고, 셋째는 일가를 정리하여 자손을 번영시키는 활동이고, 넷째는 사회정치적 활동이고, 다섯째는 성정을 즐겁게 하는 활동이니, 이 다섯 가지가 완전하여야 능히 일신을 지탱하여 가정과 국가의 중임을 맡아도 당황하지 않는다. 이러한 지식, 재능, 도덕을 배양함은 모두

21 『교육론략(教育論略)』: 허버트 스펜서의 저술 중에 *Education*(1861)이 있다.

이과로 이루어낼 것이다. 다른데서 구할 필요 없이 이과가 교과통일의 중심점이다.' 이는 곧, 스펜서가 헤르바르트와 상반되는 명확한 증거이다.

이밖에 교과의 통일에 대해 특별한 의견이 있는 자로 지금 북미합중국 시카고대 철학과 주임교수 듀이가 바로 그다. 작년에 발행한 교육잡지에서 말하였다.

> 무릇 사회생활을 훈련하여 발달되는 것이 교과통일의 근저이고, 이로써 힘을 다해 성공하는 것이 교과통일의 내용이니, 만약 사회의 생활을 떠나 독서, 습자, 지리, 역사 등의 과목을 오로지 연구하면 그 성질이 무너지고 그 도덕은 상하게 된다. 그러므로 교과통일의 중심점은 과학도 아니며 문학도 아니며 역사도 아니며 지리도 아니오, 독립하고 스스로 경영하여 능히 사회생활을 하는 것에 있을 따름이다.
>
> 과학이라는 것은 모두 자연의 이치로 인간 신체에 관계가 그다지 밀접하지는 않기 때문에, 이로써 교과통일의 중심점을 삼으면 분열의 큰 화가 초래될까 두렵다. 문학 역시, 교과통일의 중심점이 되지 못하니 실로 문학은 사회의 경험을 발표함에 불과하여 결코 결과가 없으며, 혹시 좀 있다고 해도 그 근거 또한 황당하여 증빙할 수 없다. 역사 역시 그 중심점이 되지 못하니, 대개 역사의 범위는 사회의 변천과 진퇴를 기술함이니 비록 교육의 가치가 있어도 사회에 의존하게 되어 독립할 수 없으며, 지리도 역시 그러하다.

위 말은 은연중에, 헤르바르트가 윤리만 중시하고 스펜서가 이과(理科)만 중시하는 한계를 지적하고 이로써, 사회에서 생활의 통일을 완전하게 하고자 함이니 실제로는 윤리와 이과 양자를 합하여 만든 것이다. 앞 절의 정의에서 말한 교육의 목적이 단체 자치의 품성을 배양함에 있다고 한 것 역시 윤리로써 체(體)를 삼고 이과로써 용(用)을 삼은 것이다. 따라서 교과통일의 중심점은 윤리에 있는 것이고 이과에 있는 것은 아니다.

7호부터 지금까지 실은 것이 제2 교화편이다. 이편의 앞에는 제1 육화편이 있어서 본론의 둘째 부분인 교육각론의 부분이고, 또 그 앞에는 본론의 첫째 부분인 교육개론이 있다. 원고의 선후가 뒤바뀌었으므로 이제 우선 그 목차를 정리하여 아래에 열거하니 독자는 참고하기 바란다.

교육학 원리 목차[22]

(8호, 19~25면)

22 이 목차에서 연재된 부분은 서론과 본론의 "2. 교육각론"이다. 나머지는 연재되지 못하였다.

3. 감화(感化)편【정육(情育)편】

전편인 교화(教化)의 주의는 지식을 개발하는 것으로 주지를 삼는다. 그 결과, 이치를 정확히 보고 일을 명민하게 판단하게 할 수 있으니 진실로 교육의 요건이다. 그러나 혜안이 약간 있을지라도 열심히 하지 않으면 그저 헛된 말로 도움이 없을 뿐 아니라, 진보에도 역시 장애가 되리니 이것이 감화를 소홀히 할 수 없는 이유이다. 감화는 교화와 상반되는데 하나는 사물의 참을 탐구하는 것이오, 하나는 사물의 아름다움을 얻는 것이다. 꽃을 감상하는 일에 비유하자면 과학자는 그 종류가 어떤 과에 속하는가를 연구하면서 꽃에 꽃잎이 몇 장이 있으며 밑씨는 어디에 위치하는가를 따진다. 시인은 그렇지 않아 반대로 읊고 노래할 뿐이라, 천지의 오묘한 흥취로 우리의 감정을 이입시킬 따름이다. 감화도 교육의 일대 사업이 아니겠는가.

시험 삼아 실제에서 징험해 보면 이성으로 움직이지 않고, 정으로 움직이는 경우가 이따금 있다. 전하는 말에 "정을 저버리기보다는 이성으로 이겨내는 것이 낫다"라 하였으니 사람은 진실로 정이란 것에 따라 움직인다 하겠다. 자고로 위대한 교육가는 정으로 정을 교화하여 사제가 경애하는 정이 가득하게 했으니 이로써 교육의 효과를 이루었던 것이다. 그러나 세상에 교육학을 연구하는 자는 대저 지육, 덕육, 체육을 논하되 정육(情育)은 언급하지 않은 것은 유독 어째서인가? 역사에 그 원인이 있음이로다. 처음에 교육을 지육, 덕육, 체육의 세 가지로 나눈 이는 그리스의 위대한 현인 아리스토텔레스다.

그 심리학에서 "정이란 것은 행위와 사상의 조화나 부조화에 따라 발생하는 것이다"라고 말한 것에 인하여 정육이 빠졌는데, 루소가 나와서 "정이 무릇 인간 생활의 일대 원동력이 된다"고 크게 주장하고, 칸트가 다시 일어나 발전시켰다. 전후로 변천하는 이치를 미루어보면 지식과

정(情)이 더불어 충분하게 진화하였음을 반드시 우선 주의해야 한다. 객관은 물리와 천문을 관찰한 뒤에 강구하고, 주관은 윤리를 관찰하여 살핌에 하나의 궤도로 같이 나온다. 대개 감정은 결코 사상과 행위에 부속된 것이 아니기에 우연히 한번 촉발되면 결국 의마심원(意馬心猿)[23]을 막아 억제할 수 없을 것이다. 교육하는 자가 어찌 여기에 뜻을 두지 않을 수 있겠는가.

그러나 인문파 및 과학파 교육가 헤르바르트는 정육(情育)에 주의하지 않음이 심했고, 실리파 교육가 스펜서에 이르러도 그 교육론에서 지 · 덕 · 체의 세 가지 교육만을 말하고 한마디도 정육을 언급함이 없었으니 또한 이상하지 않은가. 지금 시험 삼아 감정을 방임하여 교육하지 않으면 희노애락이 바른 이치에 귀의하지 않으리니, 그 뜻과 행실이 박약할 것이라 어찌 간사한 습벽에 흐리지 않으리오. 만약 감정을 교육하면 기질이 고상하고 운치가 풍부한 사람을 만들어내는 것이 어렵지 않으리니 어째서인가? 인품의 순수하고 잡스러움이 모두 습관의 동기에서 발생하고, 그 동기는 실로 감정에서 생긴다. 그러므로 인품을 개량하려 한다면 반드시 감정을 수양하는 것으로부터 시작해야 할 것이다. 감정수양을 고구(考究)할 방법에 대해서는 마땅히 먼저 일반성질 및 그 종류의 개략을 알아야 한다.

1) 감정의 성질

감정이라 하는 것은 언어로 형용하기 어려우니 그 성질을 알고자 한다면 반드시 실제로부터 증험하여 부득이 이름 붙일 것이니, 곧 우리가 때때로 감각하는 쾌, 불쾌와 같은 것들이다.

---

23 의마심원(意馬心猿) : 뜻이 말처럼 달리고 마음이 원숭이처럼 설친다는 뜻으로 마음이 흐트러지고 억누를 수 없는 상태를 가리키는 사자성어이다.

소위 쾌와 불쾌란 것은 어떻게 생기는가. 아리스토텔레스는 "거리끼는 바가 없으며 억지로 하는 바도 없어서 자유로 활동하면 쾌락이 생기고, 이와 반하면 불쾌락의 감정이 생긴다"고 했다. 근세의 학자는 "쾌락은 활동이 고르게 조화되면 생기니 심신이 안위한 때이다"라고 했는데 당대의 스펜서에 이르러 진화론으로 판단하여 "생리의 활동을 증가시키는 것은 쾌락이 되고, 퇴보시키는 것은 불쾌락이 된다"고 하였다. 이상의 여러 학설을 참조하여 해석해 보면 "쾌락은 심신이 조화로워 활동이 진보할 때에 생기고, 불쾌락은 이와 반할 때 생긴다"고 할 수 있다. 다만 이 감정의 성질은 쾌, 불쾌만을 가리켜 말한 것이며, 감정은 결코 쾌와 불쾌로 남김없이 포괄할 수 있는 것이 아니다. 이제 다시 감정을 분류해 본다.

첫째는 감각의 감정이니 무릇 근육의 접촉 및 운동의 감정과 후각, 미각, 시각, 청각의 감정이 모두 속한다. 둘째는 상념의 감정이니 혐오, 비애, 원한, 연애, 희열, 격발(激發), 요구, 희망, 공포의 감정이 모두 속한다. 셋째는 이기(利己)와 동정(同情)이니 무릇 자기를 중심으로 감정을 나타내서, 사심 없는 동정과 윤리, 종교, 지력(智力), 심미의 감정이 모두 속한다. 이런 개개의 감정은 모든 개인에게 고유한 것으로 그 가치 또한 높고 낮음의 차이가 심하지 않다. 그러나 교육에서 논한다면 마땅히 길고 짧음, 많고 적음을 단번에 비교해서 말할 수 없는 것이다.

감각의 감정은 곧 근육 및 오관의 감정이니 모두 육체를 따라 자연히 발생하는 것이다. 만약 수양함에 감각의 감정을 적절히 제한하지 못하면, 술과 색욕에 빠져서 금수와 같아질 것이니 사람다움이 어디 있으랴.

상념의 감정은 곧 사상의 조화와 진보의 여부에 달린 감정이니 부조화한 때에는 시기, 비애, 원망이 생기며 이와 반대면 연애, 희열, 동정이 생기고, 조화하고 진보함이 있으면 요구, 희망이 생길 것이며 이와 반대면 공포, 위축이 생길 것이다. 이외에도 각종의 상호 충돌하는 격정이 있을 터이다. 독일의 유명한 심리학자 요락사기(奶洛司氣; 미상)가 분류한 것이 다음과 같다.

적당한 경이	과도한 경이
예상 외의 쾌활, 조증(躁症)	낭패 흥이 다함, 우울증(憂鬱症)
희열	고통
방탕	비탄과 우수
환희	침울
용감	비겁
분노	수치
원한	두려움
책망	처참
감동	한심
광희(狂喜)	회한
	위축

이 모두가 상념의 감정이니 또한 교육에서 마땅히 연구해야 할 바이다. 타인에게 시기 당하여 사회의 교류를 끊음과 동정심만을 바라서 일신의 자립을 잊어버림은 모두 부적당한 것이니, 기르고 닦아서 그 심성을 화평하고 시종일관 즐겁게 할 것이다. 밖으로는 사물의 견제를 당하지 않으면서도 안으로는 정욕의 노예가 되지 않도록 해야 한다.

자기의 감정만을 위주로 한다면 비록 나쁜 근성이라 하겠으니, 진실로 사람마다 자기 이익만을 도모한다면 서로 싸우고 소모하여 손해가 반드시 있을 것이다. 그러나 자기를 확립하면 가문과 국가에 무슨 어려움이 있겠는가? 단지 자기중심의 감정을 장려함이 지나치면 사(私)가 공(公)을 이기지 못하여서 서로 해치고 서로 죽여 모두 파국에 이를까 두려우니, 교육하는 이들은 이 점에 주의하지 않을 수 없다.

그런즉 사람이 자기를 중심으로 삼으면서도 자기 이익만을 도모하지 않는다면 반드시 사심 없는 공감이 생기니, 이것이 무사(無私)의 동정(同情)[24]이다. 진화론자들은 이것이 비록 이기(利己)적 감정으로부터 생기는 것이라 했으나 베인과 스튜어트[25]는 모두 극력 반대해서 그 이치를 증명하였다. 대개 사람은 반드시 타인과 더불어 협조하여 사회를 유지한 뒤에 공익을 위하는 마음이 솟구치니 윤리, 종교, 지력, 심미의 감정들을 볼 지어다.

윤리의 감정이 어디에서 생기는가. 무릇 사람이 자기가 사회의 일원임을 알고 나면 이로부터 행위를 바르게 다듬는다. 겨우 그 일신의 편리를 도모하는 것은 다수의 행복을 가져오는 것만 못하니, 여기에서 의무의 감정이 생기고 의무를 다하지 못하면 여기에서 후회와 의심이 생긴다. 그러므로 교육에는 의무의 관념을 힘써 길러 그 양심을 북돋우고, 잘못이 있으면 뉘우침의 기회를 힘써 열어서 속히 잘못을 스스로 씻어내도록 해야 할 것이다.

종교의 감정은 윤리의 감정과 밀접한 관계가 있다. 사람이 항상 절대적 세력에 의탁하려는 마음이 있나니 그 의탁할 때에는 찬미하고 숭배하는 마음이 생긴다. 다만 이 감정이 종종 미신에 빠지고는 스스로 떨쳐 일어나지 못하여 그 폐습이 실로 얕지 않으니, 교육하는 이는 마땅히 그 미미한 조짐을 막아 자라지 못하게 하여 그 미신의 악습을 끊어야 할 것이다. 근래에 유럽 각국에서 종교가 교육과 분리되어야 한다는 설이 주창되고 있다. 지금 프랑스에서는 종교를 보통교육의 범위 밖으로 완전히 내몰아서 모든 종교들을 개인이 자유로 신앙하도록 일임하였다.

지력(智力)의 감정은 지식으로 지식을 구할 때에 생기니 코페르니쿠스가 지동설을 주장하고, 뉴턴이 만유인력【곧 흡력(吸力)】을 발견한 것이 그 예이다. 이 감정이 사물의 참을 얻으면 매우 유쾌하고, 얻지 못하면 회한이 극심하다. 그러므로 교육하는 이는 반드시 이를 명시하고 지도하여 수양하도록 할 것이다.

---

24 동정(同情) : 사전적 의미로는 남의 처지를 딱히 여기는 감정을 의미하나, 여기서는 영어 compassion이나 sympathy의 번역어로서 오히려 공감(共感)과 비슷한 의미이다.

25 스튜어트 : 원문에는 "雪特活克"이라 표기되었는데, 앞에 언급된 알렉산더 베인과의 관계를 감안하면 존 스튜어트 밀로 추정할 수 있다.

심미의 감정은 일종의 고상한 감정으로 그 가운데 엄정(嚴正)과 골계(滑稽)[26] 두 방면으로 나누어지고, 지력의 감정과 더불어 지식으로 지식을 구할 때에 함께 생긴다. 사람에게 이러한 감정이 있어야 비로소 수양이 충분한 사람이 될 것이니, 이것은 비록 실리파 교육가 스펜서가 홀로 주장한 것이지만 요컨대 사람으로 하여금 심미의 즐거운 경지를 얻게 만든다. 그러므로 교육 중 상등(上等)의 것이기에 그만둘 수 없다.

이상에 서술한바 각종의 감정이 모두 마땅히 교육을 통해서 발달해야 할 것이니, 발달시킬 수 있는 교과와 그 방법을 다음 절에서 설명하겠다.

2) 정육(情育)의 교과

교과에서 정육에 적합한 것은 '2. 교화편' 가운데 '교과의 종류'에서 이미 말했거니와 곧 습자, 미술, 수공이 심미를 유발하는 흥미에 가장 적합하며, 역사는 동정을 기르는 흥미에 가장 적합하고, 자연과학 중 동식물학도 심미와 동정의 흥미를 유도하여 계발함에 적합하다 한 것이다. 그런데 정(情)의 종류는 앞 절에서 기술한 바와 같이 자못 복잡함을 알아야 한다. 지금 정육을 나누어, 감각 감정의 교육, 상념 감정의 교육, 이기 및 동정의 감정에 대한 교육과 윤리 감정의 교육, 종교 감정의 교육, 지력 감정의 교육 그리고 심미 감정의 교육 등으로 각각의 교과를 정한다.

감각의 감정 교육은 마땅히 신체로 운동의 유쾌함을 느끼고, 눈으로 아름다움의 유쾌를 보고 느끼며, 우아한 음악의 유쾌를 듣고 느끼게 해야 한다. 그러므로 교과목에서 신체적 운동의 유쾌를 느끼게 하는 것에 체조보다 좋은 것이 없고, 눈으로 아름다움의 유쾌를 보고 느끼게 하는

26 엄정(嚴正)과 골계(滑稽) : 두 개념 모두 미학 용어를 번역한 것으로 보인다. 엄정은 비극, 서정시 등을 감상하며 느껴지는 숭고미로 보이고, 골계는 희극, 풍자시 등을 감상하며 느낄 수 있는 골계미로 보인다.

것에는 미술, 수공 및 자연물을 연구하는 것보다 좋은 것이 없고, 귀로 우아한 음악을 듣고 느끼게 하는 데 음악, 창가(唱歌) 및 어학의 수사(修辭),[27] 연설보다 좋은 것이 없다.

상념의 감정 교육은 상념이 명확하고 예민해지도록 힘써서 감정이 마구 터지는 것을 제어해야 하니 그 교과로 윤리보다 좋은 것이 없다.

이기(利己)의 감정 교육은 자신을 너무 높이 받들거나 너무 비하하지 않도록 힘써서 항상 사회적으로 상당한 명예를 지키게 해야 하니 그 교과는 또한 윤리보다 좋은 것이 없다.

동정의 감정 교육은 이기의 감정과 상반되니 사회에서 고립되지 않고 사회와 밀접한 관계를 맺는 것에 힘쓸 것이라, 그 교과로 역사보다 좋은 것이 없다. 역사상 분골쇄신해서 세상을 위하고 국가를 위한 인물의 전기가 이 감정을 최고로 발양할 것이며 윤리가 그 다음이 될 것이다.

윤리의 감정 교육에서 그 교과로 윤리보다 좋은 것이 없음은 더 말할 나위없다.

종교의 감정 교육은, 구미에서는 대저 예수를 신앙하기에 예수의 성경교육과 찬송가로 교과를 삼으니 사리와 형세가 그렇게 만든 것이다. 동양【한국, 일본, 청나라, 태국 등의 국가를 가리킨다】의 나라라면 윤리, 역사와 자연계를 연구하는 것이 가장 좋다. 윤리, 역사로 종교의 감정을 기름은 사람들이 아는 바라 덧붙일 말이 없지만, 자연계를 연구하는 것도 종교 감정 교육의 교과가 된다는 것은 조금 이상하게 여길 수도 있다. 그러나 사실 자연계의 광대하고 미묘하게 사계절이 절로 운행하며 만물이 자생하면서 조화의 기미가 순환, 합벽(闔闢; 닫히고 열림)함은 까마득히 넓고 아득해 그 원인을 알 수 없다. 진실로 생각이 여기에 이르면 종교 감정이 발흥하게 되는 것이다. 저명한 교육가 임특나(林特挪; 미상)[28]가 말하였다.

---

27 수사(修辭) : 지금의 수사학, 수사법은 작문 행위에 국한되는 경우가 많으나, 수사학은 원래 발화 행위에 대한 기술이었다. 여기서도 작문보다는 발화의 기술을 의미하는 것으로 볼 수 있다.

자연계를 정밀히 연구한 이는 종교의 감정이 필시 높고도 간절할 것이다. 대개 자연계의 풍운이 변화해서 순식간에 모였다 흩어짐은 결단코 보통 사람이 억측할 수 있는 바가 아니니다. 그러나 깊이 생각하고 잘 관찰하면 모두 일정한 질서가 정연하고 문란하지 않은 것이니, 곧 우주의 주재자가 아니면 어찌 이에 이를 수 있겠는가? 그러므로 예전부터 최고의 이학자【곧 격치가(格致家)】는 바로 가장 신심 깊은 종교인이었다. 전기에 '뉴턴은 신의 이름을 들을 때마다 모자를 벗고 경의를 표하지 않은 적이 없었다'고 했으니 이것이 분명한 증거가 아니겠는가.

지력의 감정 교육은 지력을 개발하는 모든 교과가 충분히 이 감정을 기를 수 있으니, 이른바 "진리를 행하고 진리를 사랑하여 진리를 구하는 자"가 이것이다. 심미 감정 교육은 그 교과로 음악, 창가, 수공, 미술, 습자, 작문 및 자연물을 연구하는 것이 가장 좋다. 그 중 습자와 작문은 과거에는 모두 크게 주의하지 않았지만 심미의 감정을 기름에는 역시 적당한 교과이다.

이상에서 말한 것을 총괄하면 아래와 같다.

운동의 유쾌한 감정을 기르는 것	체조
눈의 심미의 감정을 기르는 것	미술과 자연계 연구
귀의 심미의 감정을 기르는 것	음악, 창가, 독법(讀法)
일반 상념의 감정을 기르는 것	윤리
이기의 감정을 기르는 것	위와 같음
동정의 감정을 기르는 것	역사, 윤리
윤리 감정을 기르는 것	윤리
종교 감정을 기르는 것	윤리, 역사 및 자연계 연구
지력 감정을 기르는 것	지육(智育)의 교과
심미 감정을 기르는 것	음악, 작문, 수공, 습자, 미술 및 자연계 연구

28 임특나(林特挪) : 라인의 제자로 독일의 교육학자 리츠(Hermann Lietz, 1868-1919)가 있다. 자연친화적인 교육을 주장한 바 있다. 임특나를 리츠로 추정해 볼 수 있다.

다만 이들 교과를 과연 어떻게 이용해서 각종의 감정을 배양할지, 그 방법을 아직 상세하게 다 기술하지 못했다. 이에 대해서 특히 다음 절에서 조목별로 논할 것이다.

(10호, 18~26면)

3) 정육(情育)의 방법

정육의 방법은 체조를 이용해서 운동의 유쾌한 감정을 기르는 것이니, 대개 고대의 그리스에서 시작한 것이다. 그리스에서는 남녀를 불문하고 모두 공공체조장에 나와 체조를 연습하였는데 남은 조각상에서 그 체격이 건강하고 아름다움을 생각해 보면 체조를 정육에 포함시킴이 의아할 수도 있다. 그러나 체조는 규율이 가장 중요하니 특히 이로써 체육을 밑받침할 뿐 아니라, 또한 운동의 유쾌한 감정을 길러 정육에 큰 효과가 있는 것이니 어찌 힘을 다하여 장려하지 않을 수 있겠는가.

미술 및 자연계 연구로 심미 감정을 기르되, 도저(到底)한 미술의 목적에 적합한 그림으로 모범을 삼아서 그 그림의 기술이 나오게 하고, 이 모범을 따라 정밀하게 연습할 것이다. 동시에 자연계의 질서를 관찰해서 그 아름다운 것을 취하고 배워서 그리되, 그 소재는 곧 초목과 화훼로부터 나아가 어류, 조류, 산수에 미칠 것이다. 이밖에 학교의 교실을 깔끔하게 하고 풍경을 아름답게 하는 것 등도 역시 심미 감정을 기르는 한 방법이다.

음악, 창가, 독법(讀法)으로 귀에 심미 감정을 기를 것이니 그 중 음악, 창가 두 교과는 사람들이 다 아는 바라 덧붙일 말이 없지만, 독법의 경우에는 우리나라에서는 오직 큰 소리로 낭독할 뿐이다. 서구의 경우에는 논리독법과 심미독법이 있는데 논리독법은 문장의 의미를 손바닥을 가리키듯 분명하게 하도록, 구법(句法)과 어법에 따라 낭독하게 하는 것이고, 심미독법은 슬픈 문장이라면 그 슬픈 음성으로 나오게 하며 웅장한 문장이라면 웅장한 음성으로 나오게 하여 독자의 감동에 힘쓰는 것이다. 저 비루하고 외설스런 말을 듣고 흔연히 기뻐하는 자는 모두 귀의 심미감이 부족한 까닭이다.

정(情)에 윤리로 상념 감정을 기르는데, 상념을 명료히 하는 것에 힘써서 방치해 둘 수 없음이다. 곧 시기, 원한과 같은 것들이 있으면, 사회의 관계로 알려주어 조용히 점차 바꾸게 하여 공공의 덕에 기울어지게 할 것이다. 비애는 부지런히 지도하여 상하고 막히는 데 이르지 않게 하며, 희열은 수양하여 음탕함에 이르지 않게 하며, 희망은 조장하고 위축되면 고무해야 할 것이다. 기타 각종의 격정은 모두 마땅히 시의적절하게 지도해야 한다. 종합하면 이런 감정들은 생도가 학교에 있을 때, 종종 드러내고도 자각하지 못하는 것이니 좋은 것은 장려하고 나쁜 것은 금지해서 순수한 감정을 배양하지 않으면 안 된다.

윤리로써 이기(利己)의 감정을 기를 때에, 사사로운 뜻을 억제하고 사회를 돌보아야 하니, 이익만을 도모함은 허용할 수 없다. 그러나 억압이 과도하면 자존, 자중, 자주, 자립의 마음을 잃고 비루하고 악착스러움에 이를 수밖에 없으니 교육하는 이가 더욱 마음을 쓰는 것이 옳다.

동정의 감정을 기르는 것에 윤리, 역사만한 것이 없는데 그 중에 역사 과목에 대해서는 로크의 말이 가장 상세하다. 그가 아래와 같이 말했다.

> 역사만 동정을 기를 뿐 아니라, 전기(傳記)의 정신이 담긴 시를 베끼는 일도 또한 충분히 동정을 기를 수 있다. 대개 시인은 역사에서 전기를 따라 그 소재를 취하고 혹 자신의 상상을 통해서 인물을 구성함에 아름다운 운문으로 그려내고, 다시 그 사실을 간략히 서술함으로 그 풍모가 눈앞에 생생히 드러나게 한다. 이렇게 한다면 교육받는 이가 불끈 감동하여 동정이 왕성하게 나올 수밖에 없다.

그런즉, 그의 말이 지극하기에 그대로 하면 동정을 기를 수 있을 것이다. 그러나 아동의 실제 교제 가운데 동정 감정의 맹아를 조장할 때에는, 우선 나와 세상이 연결되어 나뉠 수 없다는 감정을 가지게 한 뒤에 힘써야 한다.

윤리로 윤리 감정을 기를 때 의무의 관념이 고귀함을 일상에서 보일지니, 교육하는 이는 마땅히 고금동서의 덕행을 널리 채집하여 몸소 힘을 다해 모범이 되어야 한다. 그 의무를 다하여 도덕이 완전해지면 매우 유쾌하고 의무를 다하지 못하면 깊이 스스로 회한이 있고, 만약 도덕에 어긋나면 부끄럽고 불안하니 반드시 떨쳐 일어나 통렬하게 고쳐야 한다. 대저 이와 같다면 일반에서 말하는 천량(天良; 천부의 좋은 품성)이란 것이 때때로 생각하고 보는 사물마다 발현하여 혹이라도 묻혀 사라질 일이 없을 것이나, 이는 윤리 감정에 한정해 말한 것이다. 윤리의 성격을 기르고자 한다면 이는 덕육(德育)의 대사업이라, '훈화편'에 상세히 서술하였다.

종교 감정을 기르는 것에 윤리, 역사 및 자연계의 연구만한 것이 없다. 윤리로 종교 감정을 기르니, 노오리(老烏里)[29]가 말하기를 "모든 사람에게 고유한 덕성이 실로 사상의 본체가 되니, 진실로 그 관계를 강구하여 통달하고 신명(神明)에 바로 접하면 종교의 감정이 풍부하게 생긴다"고 하였으니, 이는 윤리가 종교에 이르는 과정이 된다는 뜻이다. 공자도 "하늘을 두려워하고 천명을 아는 것으로서 윤리에 이르게 된다"[30]고 하셨으니, 그 말씀은 『논어』 곳곳에서 볼 수 있으므로 여기에서 더 언급하지 않는다. 그러나 역사로 종교 감정을 기르는 것에는 이른바 상고시대가 가장 적합하고, 그 밖의 역사 중에 위인이나 고승들이

29 노오리(老烏里) : 미상인명으로 앞에 "2) 사상 발달의 통례"에서 언급된 노호리(老湖里)와 동일인으로 보인다.

30 하늘을 …… 된다 : 원문은 "畏天知命으로 倫理에 至홈이 된다"인데 『논어』 「계씨(季氏)」에 나오는 "군자는 세 가지 두려움이 있으니 천명을 두려워하고 대인을 두려워하고 성인의 말씀을 두려워한다[君子有三畏, 畏天命, 畏大人, 畏聖人之言]"라는 구절을 번안한 것으로 보인다.

모두 종교와 신앙의 언행이 있으니 이러한 전기도 충분히 그 감정을 기르고도 남음이 있다. 자연계의 연구로 종교 감정을 기르려면, 자연계의 질서가 아득하고 그윽한 가운데 주재자가 자재함을 알도록 힘써야 한다. 서구의 격언에 "지혜가 열리면 신을 사랑한다"고 했는데, 곧 이를 가리킨다.

다만 '5) 교과의 종류'에서 말하길, "유럽 각국이 과거에 윤리와 종교를 혼동하여 구별이 전혀 없었는데, 근래에 그 오류를 알기 시작해 종교는 신앙의 자유에 맡기고 윤리는 강제로 따르게 하는 법률을 정하였다"라 하였다. 그런즉 지금 세상에 오직 종교 감정을 기르고자 함이 어찌 사족(蛇足)이 아니겠는가? 그렇지만 사람에게는 종교의 일념이 반드시 있으니 마땅히 이를 개발하고 지도하여 그 덕을 배양할 것이요, 결코 치지도외해서는 안 되며 특히 교육하는 이는 그 미신의 폐단을 반드시 예방해야 한다.

이밖에 자연계를 연구하여 종교의 감정을 일으키게 하는 하나의 원리가 있으니, 교수법에서 마땅히 주의해야 할 것은 바로 물리 · 화학의 현상, 천지자연의 질서 그리고, 동물 · 식물의 생리이다. 비유하자면 박물학을 가르칠 때 그저 해부만 한다면, 이것은 바로 말라 죽은 한 껍데기에 불과할 것이니 어찌 그 종교 감정을 촉발할 수 있겠는가. 그 생리를 반드시 보여주되 만물에 모두 활동하는 정신이 있어 그 가운데 분배되고 운행함을 알게 한 뒤에야 가능하니, 이것이 매우 특별한 지식 격물(格物)이 되는 까닭이다.

지력의 감정은 모든 지육(智育)의 교과를 통해 기를 수 있다. 그러니 정교하게 가르쳐 자연의 질서로 밝게 보여주지 않으면 생도가 필시 태만함에 이르러 도약할 길이 없을 것이다. 그런즉 과연 어떻게 가르친 뒤에야 생도가 취미의 정도에 따라 일을 선택하여 즐거울 수 있겠는가.

첫째, 교사된 이는 가장 활동적인 사물을 취하여 가장 활동적인 사상으로서 명확히 강의할 것이다.

둘째, 생도 자신의 활동력으로서 각종 문제를 풀어갈 때 그가 풀 수 없는 문제가 있거든, 반드시 찬찬히 도와주어 해답을 쉽게 찾게 해주어서 유쾌한 감정이 생기게 할 것이다.

셋째, 생도가 좋아하는 것을 제공하여 상상이 더욱 깊어지게 할 것이다.

넷째, 생도를 장려하여 지식을 스스로 구하게 할 것이니, 다만 세속에서 시험에 합격했다고 하여 순위를 매기거나 포상하는 등의 방법으로 장려하는 일은 상책이 아니니로다.

(11호, 16~21면)

심미의 감정을 기르는 것을 일명 미육(美育)이라 하니, 세상의 교육을 논하는 자, 진·선·미 세 가지를 아울러 일컫지만 요컨대 미를 더욱 중시하는 것이다. 대개 사람에게 심미의 감정이 없으면 우아하고 고상한 풍모가 없을 것이니, 가련하고 비루한 동물이 아니고 무엇이겠는가? 이 감정을 기르는 교과는 음악【창가 종류】, 작문, 수공, 습자, 미술 및 자연계의 연구만한 것이 없다. 음악은 특히 귀의 심미 감정을 기를 뿐 아니라, 또한 각종의 심미 감정이 이로부터 발현한다. 작문을 통해서 자신의 언론을 자유롭게 표현하니, 사람마다 모두 말을 꾸미려 하는 까닭에 이 또한 심미 감정을 기르기에 충분하다. 수공은 비록 실용적인 일에 속하나 제작을 정교하게 하여 미술에 도움이 되므로 이것도 족히 심미 감정을 기르기에 충분하다. 습자는 작은 재주에 속하지만 크기와 모양의 자리를 배치하는 사이에 미술이 절로 나타나서, 옛사람의 필적을 볼 때 마다 천 년 뒤에도 오히려 그 풍채를 생각하며 한참을 맴돌게 되나니 이 또한 심미 감정을 기르기에 충분하다. 미술은 갈제(葛提; 미상)가 말하였다.

생도에게 미려하고 귀중한 감각을 확충하고 다시 사물의 형체와 채색으로 새 관념을 계발하여 조화의 아름다움을 알게 하되, 경애하면서도 즐기게 할 것이다. 그렇지 않으면 손과 눈을 단련하여, 선악을 판결함으로 발명과 추리의 마음이 생기게 함과 같은 것이다.

이 또한 심미 감정을 기를 수 있다. 만약 자연계를 연구한다면 종교감정을 기르는 것 이외에 또 심미감정을 기르게 된다. 시가·문장을 이루는 그 비분과 침통, 격앙과 강개 그리고 호방하고 툭 트인 운치는 저마다 다르나, 그 소재는 태반이 천지에서 아름다움을 취한 것이다.

이 외에 학교의 위치를 정하려면, 소란스럽고 잡다한 곳에서 멀리 떨어져 한적하고 아름다운 곳에 두어야 한다. 학교 건물은 비용에 구애받지 말고 미술의 정신이 있게 하며, 교내는 먼지를 소제하여 표본을 전시하고 교외에는 화원을 마련하는데, 아름다운 초목을 널리 심어서 생도들이 경승의 그윽한 곳에서 천연의 오묘한 경치를 유람하게 하는 것이 또한 미육의 한 방법이다. 요컨대 미육이란 고상하고 활발한 인물을 길러서 세속의 홍진을 벗어나 청결하고 원만한 신천지로 이끄는 것이다.

4. 훈화편【곧 덕육(德育)편】

교육의 삼대 사업이 있으니 육화(育化; 체육), 교화, 감화가 그것이다. 이에 대해서는 위에서 대체로 말했거니와 이제 그 최후의 일대 사업이 훈화이다. 육화는 신체를 강건하게 하는 것이고 교화는 지혜를 개발하는 것이고 감화는 감정을 배양하는 것이지만, 훈화란 것은 이런 신체, 지혜와 감정이 있는 사람으로 하여금 일정한 주의 및 품성을 갖게 하는 것이다. 가령 사람에게 그 신체, 지혜와 감정이 모두 갖추어졌어도, 일정한 주의와 품성이 없으면 완전한 인간이 되지 못할 것이므로 훈화는 교육의 지극한 경계이다. 이를 보통, 훈련이나 덕육이라고 이르는 것이다.

헤르바르트 학파가 교도(教導)라고도 하는데, 심리학에서는 의지의 교육으로 말미암기에 의육(意育)이라 한다. 의육은 훈련의 사업이기에 다시 관리와 훈련 두 가지로 나누어지니 관리는 훈화의 외적인 일을 위주로 하며, 훈련은 훈화의 내적인 일을 위주로 한다. 또 관리는 다만 현재에 관계되며, 훈련은 장래에 관계되니 요약하면 관리란 학교의 질서를 정리하는 것이고, 훈련이란 그 의지를 도야하는 것이다. 관리의 법은 나머지 논의【교육학과 교육술】[31]에 자세하므로 여기서는 훈련에 대해서만 서술한다.

훈화란 의지를 교육하는 일이기에 반드시 심리학으로부터 이 의지의 성질을 먼저 점검한 연후에 교육법에 이를 수 있을 것이다.

1) 의지의 성질

의지란 마음속에서 있는 특별한 일종의 활동이다. 의지는 지력의 지(知)와 감정의 감(感)과 다르고, 그 처음 움직이는 형태를 충동이라 한다. 자연스레 그 목적을 이루려는 경우가 본성이니, 동물의 활동은 끝내 이 범위를 벗어나지 않는다. 우리도 영아 시기에는 이와 비슷하나 조금씩 자라면서 지식이 점차 열려서 갖가지 요구하는 마음이 생기니, 소위 원욕(願欲)이라는 것이 바로 의지의 제2형식이다.

원욕은 다소 명백한 목적이 있는 것이 충동과 달라서 그 목적에 도달하지 못하면 기가 그로 인해 거의 막힐 것이고, 그 목적에 도달한다면 쾌락이 생겨나서 호오(好惡)와 행동의 동기가 다시 이로부터 나올 것이다. 호오와 행동의 동기가 서로 경쟁할 것이니 이에 일정한 주의를 선

31 나머지 논의【교육학과 교육술】: 『대한자강회월보』에 연재되지 못했다.

택하되, 견지하여 습관이 오래되면 드디어 품성이 이루어진다. 그러므로 품성의 선악은 그 주의를 표준으로 삼아서 살펴보아야 하느니, 주의가 선하면 품성 또한 선하게 되어 덕이 있는 사람이라 이를 것이고, 주의가 악하면 품성 또한 악하여 덕 없는 사람이라 이를 것이다. 아리스토텔레스가 "덕이 있는 사람은 덕행이 성취되어 쾌락을 항상 느끼는 사람이라" 하였으니 진실로 의심할 수 없도다.

그런즉 우리 행위의 선악에 결코 책임이 없을 수 없으니 대철학가 이특(李特; 미상)이 쓴 『심리학초보』에 열거해 논하였다.

(1) 의지작용은 자기의 사상이 발현하여 활동하는 바라 그 작용은 분명히 내가 스스로 한 것이다.

(2) 의지작용이 모두 나에게 있는 힘이라고 스스로 믿어야 하니, 이 때문에 도덕에 치욕이나 찬미가 있다. 내가 능히 도덕에 진력하면 찬미를 받을 것이고, 그렇지 않으면 치욕이 있을 것이니 이 또한 천연적 지식의 일부분이다.

(3) 의지작용은 또 내게 자유로운 기억, 상상, 고락 그리고 자유로이 사랑하고 미워하는 생각이 있다는 것이다.

(4) 이 세 가지가 있으면 책임의 감정이 드디어 생긴 것이니 나의 의지작용은 그 책임이 오로지 내게 있다. 천하 사람이 모두 이 책임을 저버리지 않아야 자립의 마음이 흔들리지 않을 것이다.

이렇게 보면 세상에 환경으로 말미암아 편벽됨에 흐른 것을 아무리 "환경의 죄"라 한다 해도, 자기가 환경을 일신하지 못하였고 다시 도움을 구해 떨쳐 일어나지 못했으니, 자립하고 자책하는 마음을 이미 잃은 것이다. 어찌 그 책임을 피할 수 있으랴.

의지의 형식은 위에서 이미 말했거니와 지금 그 내용을 재론하자면, 사람의 의지에는 상호 항쟁하는 두 원리가 있으니 이(理)와 의(義)[32]가 그것이다. 중국에서 말한 도심(道心)・인심(人心)과 칸트가 말한 성리(性理)[33]・정욕이다. 도심과 이성은 항상 보통의 공도(公道)를 지향한다. 객관적으로 성질을 보면 인심과 정욕이 항상 이기적인 사욕을 지향한다 할 수 있고, 주관적으로 성질을 보면 이를 옛날의 도심과 성리로 일컬어서 '양심의 소리'라 하니 그 의(義)로써 표준을 삼아 말하는 것이고, 인심과 정욕을 일컬어 '번뇌의 개'라 함은 그 이(利)로써 표준을 삼아 말한 것이다. 이 두 가지가 양쪽으로 확연한 가운데 한 결 같이 인간이 선택을 스스로 함에 따를 것이니, 이른바 군자와 소인이란 것을 이로써 판단한다. 그런즉 사람의 의지가 모두 이익을 도모하는 사욕이 이미 있는 것이니, 그 사욕의 제어를 교육으로 응할 것이다. 이것이 곧 훈화의 일이니 훈화의 통례는 심리학으로 그 기초를 삼는 것인데 다음 장에 상론할 것이다.

(12호, 12~16면)

2) 의지훈련의 통례

앞 절에 논술한 의지작용의 선악에는 모두 책임이 따르므로 그 방향을 인도하여 '양심의 소리'를 따르고 '번뇌의 개'는 버리게 할 것이다. 본래 훈화의 일로서 그 법이 대략 세 가지가 있으므로 조목을 들어본다.

(1) 생도가 사욕이 끝이 없어 그것의 노예가 되는 자가 있거든 교육하는 이는 반드시 도덕의 위엄을 대표하여 명령 등으로써 금지해야 하니, 교화에서 이른 바 도의(道義)를 순치(馴致)하는 것이 의지이다.

---

32 이(理)와 의(義) : 아래 문맥을 감안하면 "利와 義"나 "理와 利"로 바꾸어 써야 한다. 오자로 보인다.

33 성리(性理) : 현재의 어감으로는 이성(理性)에 가깝다.

도의를 순치함에, 의지에는 그 수단이 명령, 순시, 상벌만한 것이 없다. 명령이란 도의를 위해서 위엄을 대표하여 그 불의에 빠지는 폐단을 물리칠 것이다. 따라서 첫째 도의에 부합하지 않을 수 없고, 둘째 생도의 의심을 일으켜서는 안 되고, 셋째 분명하고 정확하지 않을 수 없고, 넷째 앞뒤에 일관성이 없어서는 안 된다. 순시라는 것은 과실(過失)을 예방하고 조잡・방일한 사욕을 억제하여, 순시할 때는 생도가 풍채를 우러러보고 경애함이 있도록 해야만 한다. 다만 순시가 과도하면 생도에게 싫은 마음이 생겨서 비밀로 나쁜 일을 저지르기 쉬운데, 그렇다고 생도들을 서로 고발하게 한다면 시기하고 의심해서 또한 충후함을 손상할 것이다. 그러므로 순시할 때는 마땅히 오로지 자연스럽게 해야 한다. 상벌이란 선악이 있을 때 징계하거나 장려하여서 덕이 있는 사람을 만드는 것이므로 남용하여 허위를 행하거나, 노예와 같은 저열한 근성이 생기게 해서는 안 된다.

(2) 각종 도덕의 목적을 취하여 일일이 지도하되, 교육을 받는 자로 하여금 스스로 선을 따르고 악을 버리게 한다. 교화에서 이른 바 실천의 원칙으로서 한다. 즉 인욕의 사사로움을 버리고 천리의 공정함을 보존케 한다.

실천의 원칙으로 할 때 그 수단은 예시와 교훈만한 것이 없으니, 예시는 실제 활동의 교훈이다. 페스탈로치가 말하되 "나의 일신은 아동의 세계"라 하고, 석랍(席拉; 미상)이 말하되 "교육하는 이는 아동의 표본이 됨을 잊어서는 안 된다." 대개 아동은 모방을 가장 잘하기에 교사는 아동의 표준이 된다. 진실로 자신을 희생하고라도 정의를 유지해 가면 훈화의 효력이 나타날 수밖에 없을 것이니, 곧 예시의 특별한 장점이다. 그러나 또한 교훈이 예시의 부족을 충분히 보충해야 하니, 뛰어나고 고결한 도덕적 지식을 얻어서 뛰어나고 고결한 도덕적 행위를 앞에서 지도해야 할 것이다.

(3) 생도의 습관과 품성을 모두 도심과 인심의 구별이 없어지도록 스

스로 다스리게 하되, 마음이 바라는 바를 따라도 규범을 넘지 않는[34] 혼연일체의 원만한 이상적 경지에 도달하도록 할 것이니, 이른 바 도덕상의 자유가 그것이다.

도덕상의 자유는 훈화의 목적이 될 뿐 아니라, 또한 교육의 목적이기 때문에 도덕상의 자유를 얻었다면 또한 교육의 목적에 도달하지 않을 수 없다. 그 수단으로 예시, 순시, 상벌, 교훈, 명령을 사용해서는 안 되니, 이러한 수단들은 모두 그 의지가 도덕의 규율에 복종하게 되거나 도덕의 지식을 수여받음에 불과할 따름이기 때문이다. 다시 한걸음 나아가, 꼭 용기 있게 선을 행하는 습관이 품성을 이루고 매사를 모두 스스로 처리하며, 도덕으로 일치되는 뒤에라야 가능할 것이다. 이 때문에 도덕상의 자유를 얻고자 한다면, 비록 "반드시 장려와 강박이 없어야 하나, 성현, 군자, 위인, 호걸의 전기와 사적 그리고 남아 있는 경전으로써 표준을 삼지 않으면 아마도 때때로 광포(狂暴)를 일으켜 제어할 수 없을 터이다"라 한다. 그 경위는 뒤의 절에 상세하니, 의지훈련의 순서[35]이다.

3) 체벌의 이해(利害)

앞 장에서 의지훈련의 통례를 말했는데, 상이란 도덕을 이룬 행위를 장려하여 그 결과가 교육에 가장 유익하지만, 상을 남발하면 생도가 그 교정함을 미루어 헤아리고 인의를 행하는 척만 할 것이기에 그 허위의 계기를 열어줄 것이다. 무릇 벌이란 과실의 원인을 징계하여 그 맹아를 끊음이니 역시 훈화의 한 방법으로 소홀히 할 수 없다. 이 중 체벌의 효과가 더욱 빠르니 예로부터 교육하는 이가 모두 즐겨 썼다.

---

34 마음이 …… 넘지 않는 : 『논어』 「위정(爲政)」의 "70세가 되니 마음이 하고자 하는 바를 따라도 법도를 어기지 않았다[七十而從心所欲不踰矩]"는 구절을 바꾸어서 쓰고 있다.

35 의지 훈련의 순서 : 연재되지 못했다.

교육사를 보건데, 세계 각국이 체벌의 수단을 사용하지 않은 곳이 없었다. 고대 스파르타에서 가장 엄혹했고 인도, 지나, 일본의 교사 역시 반드시 매를 들고서 가르쳤다. 그러나 근세에 발달주의 학설이 일어남에 비로소, 마땅히 마음이 자연스레 개발되는 차례를 따라 교수하면서 완력은 쓰지 않게 되니, 드디어 체벌은 점점 사라지고 있다. 이제, 문명국으로 독일을 제외하고는 전부 체벌을 하지 않으니, 이 역시 근세교육의 일대 특색이다. (미완)

(13호, 13~15면)

5부 교육관계 기사

강박교육 | 『만주보』를 번역하여 옮겨 실은 후에 씀 | 대동교육회광고 | 부인의협 | 이 한마디 안 할 수 없노라 | 대한유학생의 공분 | 달재항숙기 | 사범학교시험의 답안지

강박교육(强迫教育)

『대한매일신보』에서 전재함*

청나라 학무대신(學務大臣)[1]이 각 성(省)에 통자(通咨)하되,[2]

"각 부청(府廳) · 주현(州縣)[3]과 큰 시(市)와 진(鎭)[4] 중에 학당(學堂)을 세우지 않은 곳이 있으면 해당 지방관은 별도로 명을 내려 신속하게 학교

---

* 『대한매일신보(大韓每日申報)』는 1904년 7월 18일 영국인 배설(裵說 : Ernest Thomas Bethell)이 창간했는데, 이를 일제가 사들여 1910년 8월 30일부터 『매일신보(每日申報)』로 개제, 간행했다. 신채호가 주요 필진으로 활약하여 근대계몽기의 신문 중 가장 저항적인 논조를 유지했다.

1 학무대신(學務大臣) : 1901년 중국에 설치된 중앙 교육 행정 기구 학부(學部)의 관료. 처음에는 관학대신(管學大臣)이라 했다가 1903년 학무대신으로 개칭하였다. 이후, 1906년 상서(尙書), 시랑(侍郎), 좌우승(左右丞), 참의(參議)를 두었는데, 1911년 상서를 학무대신으로 개칭하게 된다.

2 통자(通咨)하되 : 중국에서 2품 이상의 관아(官衙)끼리 통문(通文)하는 것. 각 성(省) 사이의 공식적 문서인 자문(咨文)을 돌린다는 뜻이다.

3 부청(府廳) · 주현(州縣) : 주(州)와 현(縣)은 중국의 행정 단위이고 부(府)와 청(廳)은 이 행정 단위들을 담당하는 행정부서이다.

4 진(鎭) : 시(市)에 대비되는 농촌의 주거지로 현(縣)에 부속된다. 읍(邑)과 비슷한 개념이다.

를 세우게 하고 8세 된 아동이 학당에 들어가지 않았으면 그 부모를 벌주라" 하였다. 각 신문사[5]가 찬성하며 "국민교육에는 강박함도 꺼리지 않으니, 동서 각국이 대개 이것으로 관례를 삼기에 당국자들은 힘써 시행하기를 간절히 바란다"고 하였다.[6]

(6호, 59면)

5 신문사 : 원문은 "報館"으로 당시 신문사를 이르는 용어로 쓰였다.

6 청나라는 1901년 중앙 교육 행정 기구인 학부를 설치하고, 국가 차원에서 의무 교육을 확대 시행하고 있었다.

『만주보(滿洲報)』를 번역하여 옮겨 실은 후에 씀

박은식

치치하얼,[1] 정장군(程將軍)[2]의 여공자(女公子)가 의롭게 여학당(女學堂)을 준비하려 했으나 경비가 없어 세울 수 없으므로, 자기의 머리장식과 옷가지 일체를 상점에 모두 팔아서 학당의 경비를 공급하였다. 이 귀중한 의거는 최고의 명예를 받아 마땅하다. 현재 중국이 바야흐로 유신(維新)을 시작하여 일체 변법(變法)으로 나라를 부강의 반열에 다시 세우고 입헌문화의 숲속에 같이 서기를 도모하고 있다. 이런 때에 여자의 배움은 더욱 중요한 것이다. 대개 집안이란 나라의 근본이라 가정의 부녀가 장래 국민의 조성에 가장 중요한 기원이 되므로, 여자의 배움은 더욱 중요하다. 우리나라 사람들이 태어나서 성동(成童; 15세의 아이)이 되기까지 대부분 생모와 보모의 손에서 키워진다. 그러므로 그 언어, 학습과 행동, 성정이 어머니의 가르침에서 본을 삼지 않는 것이 없으니, 어머니의 가르

1 치치하얼 : 원문은 "齊齊哈爾賓"인데 흑룡강성 치치하얼(齊齊哈爾)의 오기로 보았다.

2 정장군(程將軍) : 인명으로 보이나 미상이다.

침이 아이들에게 최초의 학교가 되는 것이다. 더욱 학교란 학업을 가르칠 따름이고 양육을 하지는 못한다.

지금 여공자의 일로 말해 보자면, 만주의 부패는 사람들이 모두 아는 바이다. 학교가 많다고 할 수도 없고 문명에 진전이 있다는 자랑도 할 수 없기에, 사람들이 결국 야만의 습속을 이루었고 우둔함을 감당할 수 없다. 각 지방의 진(鎭)에 하나의 관립학교도 없어서 자제들의 학습은 강호에 떠도는 선생으로부터 가르침을 얻을 따름이니 그 학문을 말할 수 있겠는가. 각 도시에서조차 학교를 자주 볼 수 없고 그 선생들도 대부분 지방의 상황과 같다. 1906년 이전에는 오직 만주 각지 성(省)의 수도와 이름난 도시에만 관립학교가 비로소 생겼지만, 그 학생도 거의 관리와 귀족, 부귀가의 자제들이고 빈민으로는 한 사람도 학교에 입학한 자가 없었다. 또 이러한 각종 학교 중에도 여학교는 없었으니, 부녀들은 마침내 배우고 익힐 곳이 전혀 없었다. 간혹 집안에서 스스로 배움을 닦는 자가 가끔 있지만 국가와 정부는 오히려 이러한 뜻이 없었다.

현재 중국정부가 이미 홍학의 뜻을 내세워서 학당을 자주 볼 수 있지만, 여학교는 중국 내지에서는 거의 볼 수 없고 만주에서는 거의 없는 상황이다. 관립여학교는 오직 심양(瀋陽)[3]에만 있고 치치하얼은 이 여공자의 의거로 장래에 분명히 성립될 것이요, 길림(吉林)[4]은 성(省)의 수도이지만 하나의 여학교도 세우지 못했으니 더욱 괴이하다. 우리가 보기에 중국정부가 여학교를 경시함은 매우 큰 잘못이다. 대개 중국의 부녀들은 그릇된 풍속을 갖추었기에 모두 어리석고 무례하며, 만주는 더욱 심하다. 무릇 부녀들이 모두 어리석은 무리라면, 아동을 잘 양육하여 세상을 구할 인재를 키워내고 국가의 사용에 대비할 것을 어찌 감히 바랄 수 있으랴! 현재 중국은 신법을 개변하여 문화를 개진하고 있으므로 반

---

3 심양(瀋陽) : 원문은 "瀋京"인데 심양이 요녕성의 성도이기 때문에 붙인 이름이다.

4 길림(吉林) : 길림시는 길림성의 수도였는데, 1954년 이후에는 길림성의 수도를 장춘(長春)으로 옮겼다.

드시 여학교를 확장하여 남자와 평등하도록 힘써야만 할 것이다. 무릇 부녀들이 문화에 익숙해졌다면 변법과 유신에서 응당 일은 반으로 줄고 공이 곱절이 될 것이므로, 이 암흑의 여성계를 개량하여 문명에 점진하게 하는 것이 국가의 제일 사무가 되어야 한다. 정부에서도 부녀교육을 확충하면 또한 국민을 육성하는 책임이 절로 가벼워 질 것이다. 우리는 여학교를 존중함이 결코 착오가 아닐 줄로 깊이 믿으니, 문명한 어머니와 문명한 부녀들과 문명한 여동포가 국가에 큰 이익을 줄 것이로다.

우리가 매우 다행으로 여길 것은 이상 진술한 바가 근래 현실로 나타남이라, 정장군의 여공자가 한번 진작시킴을 겪어서 마땅히 흥기함이 어렵지 않으리라. 우리는 일체의 진보가 나날이 확충되고 흥기할 것을 축원하고 아울러 다른 사람들도 이를 본받기 원하노라. 만주 학계의 결함이 매우 많고 여학교는 더욱 심하지만, 우리는 건립자들이 줄지어 서로 이어져서 날로 늘어나 많은 이들을 이롭게 하고, 사람들은 날로 진화를 구해 조국이 행복을 누리기를 깊이 축원하노라.[5]

내가 『만주보』[6]를 읽을 때마다 자연스레 탄식하고 눈물 흘릴 수밖에 없음은 왜인가? 대개 동병상련의 마음이로다. 지금 열강이 다투어 겨루고 문화가 크게 일어난 시대를 만나서 어찌 대한과 만주 두 곳만 민지(民智)가 야만하고 인재가 부패하여, 이웃 열강에게 삼켜지는 빌미를 주고 노예의 부림을 당하는가? 오로지 학계의 결함으로 문명이 일어나지 못한 때문이다. 이처럼 큰 상심이 깊이 사무치는 때에, 우국의 인사들이 하나로 교육에 뜻을 모아 학당을 건립하는 정황이 또한 서로 비슷하니 거듭 슬프도다. 하얼빈[7] 정장군의 여공자가 머리 장식과 옷가지들을 팔

5 여기까지가 만주보의 기사이다.

6 『만주보』: 『만주보(滿洲報)』라는 이름의 신문이 있으나 1926년에 창간되었다. 여기서 나온 『만주보』가 어떤 매체를 가리키는지 미상이다.

7 하얼빈 : 원문은 "哈埠"로 이는 하얼빈 지역을 지칭하는 말이다. 『만주보』의 기사에는 여공자의 일이 치치하얼에서 일어났다고 했는데, "哈埠"라 한 것은 박은식의 착오로 보인다.

아 학당의 경비를 마련했으니, 그 애국 열성이 평소의 마음이 아니라면 어찌 이처럼 할 수 있었으리요. 나는 이런 절세의 아름다운 의거를 명시하여 우리 대한동포들에게 말씀드리는 바이다. 위 신문에 논한바, "어머니의 가르침이 아이들에게 최초의 학교"라 했고, "암흑의 여성계를 개량하여 문명에 점진"하게 한다 했으며, "문명한 어머니와 문명한 부녀들과 문명한 여동포가 국가에 큰 이익을 준다"는 것 등은 어찌 지극히 절실하고 가장 긴요한 의론이 아니리요! 우리 대한동포의 여자형제 중에도 정장군의 여공자 같은 이가 있겠는가? 박은식은 쓰노라.

(6호, 67~70면)

대동교육회(大同教育會) 광고

북미합중국에 유학하는 이병준(李丙俊), 안정수(安鼎洙), 유성춘(柳成春)[1] 등이 대동교육회를 조직하고 회보를 간행하려고 도움을 청하는 책자를 각처에 보내었는데, 그 서문의 뒷부분을 광고 삼아서 알리니 뜻이 있는 인사들은 여력이 있으면 도와주시오.

광고문

천지(天地)가 비록 크다고 하나 사람에게 나라가 없으면, 집과 몸과 종자가 있으리요! 우리들의 고통이 이 지경에 이르렀는데 오히려 잠이 들었는가, 꿈을 꾸는가! 꿈을 꾸면 죽고 깨어나면 살아나며, 어리석으

1 이병준(李丙俊), 안정수(安鼎洙), 유성춘(柳成春) : 이 삼인의 인적 사항은 미상이나 뒤의 두 사람은 "북미 대한인 대동보국회(大同保國會)"의 총리였다고 한다.

면 망하고 지혜로우면 존속하리니, 20세기야말로 지혜와 기술이 극렬한 대경쟁의 장이로다. 원리자(元理子)가 큰 소리로 부르짖으니,

> 청년아, 청년아! 대동(大同)으로 함께 일어나자. 내가 반드시 너의 날개를 펼치도록 도우리라. 그러면 너는 만리(萬里) 험한 바다를 헤치고 20세기의 신지식을 넓혀서 문무(文武)의 정신을 크게 갖추고, 체용(體用)에 밝게 통달하며, 신묘한 변화를 모두 안 뒤에야 나라를 가히 지킬 수 있고 도울 수 있으리라.

이 바로 천고(千古)에서 질정하고 만방(萬邦)에 징험하는 것이니 이치가 그러함이라. 지금 과연 상하가 마음을 함께하고 내외가 힘을 합쳐 공금을 크게 모아서, 인재양성을 크게 이룰 사명의 기관이 바로 대동교육회이다. 충성으로 동포에게 고하여 이르니, 이 시대를 당해 깨어나 죽음을 버리고 삶을 배우려는 자가 있다면 내외와 남녀노소를 막론하고 각자 힘을 다해 의연(義捐)으로서 대사(大事)를 이룰 것이니 우리의 나라와 가문을 구하고 우리의 동포를 지킴에 힘을 일으키리라!

(7호, 목차 뒷면)

부인의협(夫人義俠)*

일본의 『호치신문(報知新聞)』[1]에 "한국 유학생의 궁상(窮狀)"이란 제목의 기사는 다음과 같다.

일진회에서 3년 전에 학생 50명을 도쿄에 보내어 학비를 지급하고 적당한 학교에 입학하게 하더니 일진회에서 내홍(內訌)이 일어나 일진회 회장[2]과 천도교 교주 손병희가 서로 갈라졌기에, 그 사이에 불미한 일들이 벌어졌다. 이 유학생들에게 학비의 지급을 정지하고 작년 7월부터 이들을 원조하지 아니함으로 이들은 학비는 고사하고 입에 풀칠

* 이와 관계된 윤효정의 연설 「지사의 눈물과 학생의 단지(斷指)」가 같은 8호에 게재되었다.

1 『호치신문(報知新聞)』: 1872년에 일본의 우편제도를 창설한 정치가인 마에지마 히소카(前島密)가 관여하여 창설한 신문으로 야노 류케이(矢野龍溪) 등이 자유민권운동을 전개한 매체였다. 이후, 요미우리 신문사에 합병되었고 현재는 『스포츠호치』로 바뀌어서 발행되고 있다.

2 일진회 회장 : 당시 일진회의 회장은 이용구(李容九)이다.

도 못하여 곤란이 막심해 결국 참아낼 수 없어 그중의 반수는 부득이하게 귀국하였다. 그 나머지 21명은 다소간의 곤란을 참아내면서 어떻게 하든지 뜻했던 학문을 수료할 목적으로 일진회 유학생 감독 최정덕(崔廷德)과 상담하였다. 때마침 다행히 스즈키 야에[鈴木八重]라는 이름의 일본 부인이 긍휼히 여겨 소유한 가옥에 유학생들을 수용하여 이전처럼 수학하게 하였다. 그러나 야에도 자산가가 아니므로 머지않아 가산을 탕진하고 의복을 저당 잡히고 가재도구를 팔아야 하는 지경에 이르렀다. 그 사이에 야에와 최정덕이 비상하게 힘을 썼지만, 유학생들의 곤란은 더욱 심해져 의복을 저당 잡히고 서적도 더 살 수 없게 되었다. 야에 등이 결국 돕기 불능함에 이르렀기에, 유학생들은 이에 결의하고 작년 12월 상순에 한국 공사관에 나아가서 그 곤경의 상황을 하나하나 진술하여 보호를 청구하였다. 이에 유학생 감독 한치유(韓致愈)가 긍휼히 여겨서 우선 유학생들을 공사관 안에 수용하고 다시 조정에 보고하여 일진회의 반성을 청구하였더니 조정에서 이에 대하여 어떤 통지도 없고 또한 일진회에서도 어떤 소식도 없었다. 유학생들은 곤경이 극도에 달하였으나 도리어 단호히, 타국에서 이런 곤란을 당하더라도 어디까지나 학업을 수행하여 국가를 위해 쓸모 있는 사(士)가 되겠다고 말하였다. 이들은 공사관 안에서 각기 학업에 계속 힘을 썼으나, 이 역시 그 결의한 목적을 이룰 수 없었다. 이번 달 5일에 유학생들은 모처에 회동하여 결의하기를, '우리들이 타국에서 이러한 곤란을 당하면서도 참아내고 학업을 수행하려 함은 장래 국가를 위하여 진력하기 위함이라 하고 그 계약의 증거로 손가락을 절단하자' 하였다. 발의자가 우선 단지(斷指)하자 동의자들이 속출하여 모두 단지하였다. 그 21개의 손가락을 한 병에 담아 넣어 영구히 보존할 의향이더니 다시 진정서와 함께 담아 학부에 바치게 되었다.

(8호, 66면)

이 한마디 안 할 수 없노라[不可無此一言]

홍필주

4천여 년 이래 겹겹의 철벽같이 깊이 닫혀 굳게 막혔던 규방에서 화장이나 다듬던 못난 습성을 한 칼로 끊어 버리고 만 리 밖 해외로 10년을 유학하니, 아침 햇살처럼 찬란하고 이름난 꽃처럼 영롱한 일본 동경 부인계(婦人界)에서 가장 고등한 학문과 제일의 재덕으로 인정받고, 왼손으로는 학생의 예를 갖추고 오른손으로는 기치(旗幟)를 높이 들어, 단군·기자 옛나라의 닫힌 규문에 지금 이 문명을 수입하기로 목적을 확정한 자가 누구인가? 바로 여사 윤정원(尹貞媛)이니 정원은 본회 부회장 윤효정(尹孝定) 군의 따님이다. 10살 즈음에, 집안에서 『효경(孝經)』, 『소학(小學)』과 『열녀전(烈女傳)』, 「내칙(內則)」[1] 등을 학습하고 또한 문필의 재주를 겸비하였다. 광무 2년(1898)에 정치의 풍랑이 윤군에게 닥쳐 처세가 어려워졌다. 그때 윤군은 정원에게 이렇게 명하였다.

1 「내칙(內則)」: 『예기(禮記)』의 편명으로 주로 여자나 가정에서 지켜야 할 덕목과 일들을 서술하였다.

우리나라가 이제부터 순수한 문명의 정도에 도달하고자 하면 교육의 근본이 되는 여자 교육이 갖추어지지 않으면 안 된다. 여자의 교육을 펼치고자 하면 본국의 남자나 외국의 부인에게 교무를 전담시키기 어려운 사정이 한둘이 아니라. 너는 10년을 한정하여 일본에 유학해 가장 고등한 학문을 전문으로 배워서 우리나라 최초로 여자사범이 되기를 자임하거라.

정원이 승낙하고 그해 8월에 일본공사 가토 마스오[加藤增雄]의 부인과 영사 아키즈키[秋月]의 부인의 허락과 소개를 받아 도쿄 메이지여학교[明治女學校][2] 보통과에 입학하여 광무 6년(1902) 4월에 보통과의 모든 과업을 졸업하였으니 여자중학 졸업의 자격을 얻었다. 같은 해에 계속하여 다시 그 학교 고등과에 입학하야 광무 9년(1905) 4월에 고등과의 모든 과업을 졸업하니 바로 여자대학교 과정을 이수한 것이다. 전후 10년 사이의 학비는 일본의 부인교육가인 하라 토미코[原富子; 하라 로쿠로의 부인]가 책임지고 전담하였다. 이후에 다시 교토 도지샤병원[同志社病院][3]에서 자선활동으로 간호부의 실무를 견습하고, 도쿄 여자음악원(東京女子音樂園)[4]에서 고상한 각종 서양 음악을 통달하였다. 현재 여자공예학교(女子工藝學校)[5]에서 각종 수예의 미술을 학습하고 있는데, 일본 각 신문에는 가끔 윤씨의 특별한 이력을 크게 게재하여 동양의 제일 여사로 일컫는 시모타 우타코[下田歌子][6]와 나란히 거론한다. 정원은 가히 대한

2 메이지여학교[明治女學校] : 1885년에 목사인 기무라 쿠마지(木村熊二)가 기독교단의 원조로 도쿄 치요다구에 개교했던 여학교로 가장 번성했을 때는 생도수가 300명이 되었다. 화재 등으로 재정이 어려워져 1909년 폐교하였다.

3 도지샤병원[同志社病院] : 1875년 교토에서 개교한 도지샤 대학의 부속병원으로 의과대학, 간호학교 및 병원은 1887년에 창설되었다.

4 도쿄 여자음악원(東京女子音樂園) : 어떤 기관을 지칭하는지 미상이다.

5 여자공예학교(女子工藝學校) : 1899년 본문에 언급된 시모타 우타코가 제국부인협회 사업의 일환으로 도쿄 치요다구에 짓센[實踐]여학교와 함께 설립한 학교로 최초로 여학교 제복을 제정했다.

6 시모타 우타코[下田歌子] : 시모타 우타코는 당시 화족여학교의 창설자이자 윤정원이 다닌 여자공예학교의 교장이다.

부인의 전체를 대표하여 만 길에 뻗는 광휘를 드날린다. 그러나 우리나라의 여자 교육은 아직 여명에도 이르지 못했으니, 이러한 큰 사범을 수용할 처지가 되지 못한다. 실로 교육 주무자와 여자 사회를 위하여 안타까움을 금할 수 없는 바로다.

지난달에 정원이 한성부인학회(漢城婦人學會)로 단체로서의 활동과 정신을 권면하는 「헌신적 정신」이라는 제목의 논설 한 편을 보내었다. 비록 이 논설의 본지는 부인회에 보내는 것이지만 그 글을 읽어보면 부인사회에 대해서만이 아니라 우리들에게도 사회에 대한 신사상과 신지식을 환기할 만하다. 현재 경향(京鄕)을 막론하고 단체를 빌려 출세한 사람이 허다하지만 대개 그 행동과 정신이 어떠해야 자신의 정당한 의무가 되고 사회에 확실한 이익이 있을 것인지 알고 있는 사람은 과연 몇이나 되겠는가! 그러므로 결국에 그 폐단이 하나가 아니다. 혹은 의심하는 마음이 생겨 서로 의견이 충돌하거나 겸양하는 마음이 없어 서로 배제하며, 또는 학회나 단체의 이름에 의탁하여 개인의 이익을 꾀하고, 학회의 책무를 다른 사람에게 떠넘겨 줏대 없이 부화뇌동하거나, 규칙을 지키지 않아 타인에게 방해를 끼치는 등의 폐단을 따져보면 결코 다른 것이 아니라 오직 헌신적 정신을 갖추지 못한 때문이다.

남녀를 불문하고 사회에 나선 사람이 잠시도 떠나서는 안 될 비결이자 나침반이기에 뒤의 지면[7]에 실어 제군이 일람하고 각성하기를 앙망하노라. 무릇 우리는 모두 당찬 7척 장부의 신체를 가졌고, 사방으로 뽕나무 활을 쏘아[8] 지기(志氣)를 드러냈으니 어찌 청년 여사의 금과옥조가 있어야만 움직일 사람들이겠는가! 그러나 윤씨의 말은 선각자의 금과옥조이기에 받들지 않음이 반드시 불가하다 하겠다.

(10호, 58~61면)

7　뒤의 지면 : 『대한자강회월보』 10호에서 "헌신적 정신"은 이 글 바로 뒤에 게재되었다. 이 편역서의 다음권에 소개할 예정이다.

8　뽕나무 활을 쏘아 : 옛날에 사내아이가 태어나면 뽕나무 활을 쏘아 사방에 쏘면서 큰 뜻을 떨치라고 기원했다 한다. 『예기(禮記)』 「내칙(內則)」에 나온다.

대한유학생의 공분(公憤)

오가키 다케오

일본 도쿄 와세다대학교에서 지난달 30일 열렸던 모의국회의 의제 중에 "특별히 주청하여 조선○○[1]을 화족(華族)[2]의 계보에 넣기로 건의하자"는 조항이 있었다.[3] 이 의제를 보자마자 같은 학교에 재학 중이던 한국 학생 윤희현(尹希鉉) 외 16명이 "이것은 우리 황제 폐하와 국민을 크게 모욕하는 것이다"라 하며 큰 분노를 표출하여, 동맹휴학을 하고

1 ○○ : 원문에 이처럼 공란으로 비워두었다. 외부의 검열인지 내부적으로 기휘하였는지 미상이다. 고종을 지칭하는 표현을 썼을 것이다. 만약 고종의 이름을 그대로 적었다면, 조선 황실을 크게 모욕하는 행위이다.

2 화족(華族) : 사전적으로 귀족을 지칭하나 일본에서는 천황의 일족을 이르는 말이다.

3 이 사건은 1907년 3월 와세다대학에서 있었던 모의국회를 말한다. 매년 3월 정치학과 학생들이 모의국회를 열었는데 학생인 다부치 토요기치[田淵豊吉]가 위 의안의 발의자이다. 한국 유학생들이 항의하고 다부치 등을 퇴학시킬 것을 요청했는데, 대학의 조치는 해당 학생들의 사죄와 게시문 철거로 그쳤다. 이에 와세다대학 한국유학생 16명이 전원 자퇴하였고, 동경 거주 한국유학생들이 동맹휴학에 돌입하였다. 이 사태를 주도해 학장과 면담한 사람이 정치경제과의 이형우(李亨雨)와 역사지리과의 최남선이었다.

학감(學監)[4] 다카다 사나에[高田早苗]와 면담하여 그 제안자를 엄중히 처분할 것을 극력 요구하였다. 다카다는 "이 모의국회의 의안(議案)은 오로지 학생 사이에서 설정된 것이니, 학교가 깊이 간섭할 필요가 없다"고 하자, 유학생들은 이 의견에 승복할 수 없었다. 그래서 마침내 도쿄에서 유학하고 있던 각 학생들에게 공문을 돌려 50여 명이 단체를 이루어 휴학하고 우시고메구[牛込區, 현재 신주쿠]의 와세다츠루마키마치[早稻田鶴卷町]에 살고 있는 차곡(車轂)[5]의 집에 모여서 비밀리에 논의한 결과, 다음과 같은 두 개 조항을 결의하였다.

1. 해당 의안(議案)의 제출자를 죽이고, 자객의 임무를 맡은 이는 함께 자살한다.
2. 학교에 방화하고 우리 모두는 교사(校舍)를 습격하여 모조리 파괴한다.

이로 인하여 경찰관이 경고함은 물론이고 학교에 소요가 한둘이 아니었으니 이는 진실로 학생으로서 당연한 공분(公憤)이었다. 그 충정(衷情)은 누구라도 헤아리는 바이니 공감을 표할 만 하다. 그러나 그들이 결의한 두 개의 조항은 모두 국법의 범위를 벗어나니 식자의 공감을 얻기 어렵지만, 또 정당한 조치가 전혀 없다고 할 수만은 없겠다. 모의국회에서 그 제안자[6]의 몰상식과 경박한 행동은 논할 필요도 없고, 학감 다카다의 발언도 한 푼의 가치가 없다 할 수 있으니 왜인가? 모의국회의 의안이 비록 학생들 간에 설정한 것이라 하지만, 교류하는 국가의

4 학감(學監) : 당시 와세다대학의 총장은 오쿠마 시게노부이고 학장을 다카다 사나에가 맡고 있었다. 학장을 학감이라 표현한 것이다.

5 차곡(車轂) : 당시 가담했던 일본 유학생 중의 한명. 1905년 처음 열렸던 대한유학생회 총회에서 서무원의 한 사람으로 임명되었다. 다른 사항은 미상이다.

6 제안자 : 위 각주에 언급한 다부치 토요기치로, 와세다대 졸업 후, 독일과 영국 등지에서 유학했다. 고향인 와카야마현에서 무소속으로 중의원에 5번 당선되었다. 중일전쟁과 2차대전에 반대하는 입장을 고수했다.

주권자를 진실로 모욕하며 그 국민의 공분을 야기할 문제라면 학감의 권리로 마땅히 제지했어야만 했을 것이다. 그렇게 하지 않고 가상의 토론이라 핑계 삼고서 중대한 문제를 방임하였던 것은 결단코 옳지 않다.

(10호, 66~67면)

달재향숙기(達才鄕塾記)*

김윤식 저, 홍필주 술

학문의 공효는 기질을 변화함에 있는데, 기질의 변화는 지식을 널리 개발하는 데 달려 있고 지식의 개발은 학교의 교육에 달려 있다. 지금 오주(五洲) 만국의 사람은 성정과 기질이 저마다 다르다. 그러나 한 번 교육을 받으면 사람들이 모두 애국의 성심을 갖고 사상의 지혜를 발휘하며 독립의 뜻을 품고 자유의 기개를 머금게 된다. 그리하여 예전에 궁벽한 오랑캐의 고을이던 곳이 모두 문명의 땅으로 바뀌고, 처음에 남에게 압제받았던 것이 마침내 그 속박을 벗어나 열국의 반열에 나란히 서게 된다. 학문의 공효가 아니라면 어찌 이렇게 될 수 있겠는가!

비유하자면 불순한 금과 철이 용광로에서 한 번 단련되고 나면 모두 합금(合金; 14K나 18K 같은 종류)이 되고, 그릇과 장신구가 녹아서 일색이

* 이 글은 김윤식의 『운양집』 권10에 「목포달재향숙기(木浦達才鄕塾記)」라는 제목으로 실려 있는데 을사년(1905)에 작성한 것으로 되어 있다. 『대한자강회월보』 12호는 1907년 6월 25일에 발행되었다.

되면 그 자질의 선악은 따질 필요가 없는 것과 같다. 그러므로 세대의 고금, 지역의 동서, 나라의 대소, 인민의 강약을 물을 것 없이 오로지 학교의 융성과 쇠퇴만을 살피면 된다. 이것이 오늘날 만국의 학무(學務)가 날로 중요해지는 까닭이다.

목포는 개항한 지 이미 10년이 지났는데 인민의 지식은 아직도 미개했던 때와 마찬가지여서 늘 다른 사람들로부터 '어리석다'[1]고 모멸을 받는다. 아! 이것이 어찌 정말 근본이 어리석어서 그런 것이겠는가.

전임 주사(主事) 홍순필(洪淳弼)[2]은 뜻을 가진 선비이다. 그는 항상 한탄하며 말하였다.

> 우리나라의 학정(學政)이 유명무실하여 선비라고 하는 자들의 견문이 옛사람이 남긴 찌꺼기에서 벗어나지 못하고 농공상업과 새로운 지식의 개발이 그저 구습만을 따르니 날로 빈궁해지고 있다. 이러고서 교섭지인 항구에 살고 있으니 어찌 남의 종이 되어 부림을 받지 않을 수 있겠는가!

마침내 뜻을 같이 하는 사람들과 학교를 세우기로 논의하고, 집 뒤의 빈터에 교사(校舍)를 건축하여 마을의 젊은이를 불러 모으고 좋은 선생을 초빙하여 그들을 교육하고자 하니 참으로 훌륭한 거사로다. 일이 끝날 때쯤 내게 사람을 보내어 기문(記文)을 청하고 또 학교의 이름을 지어 달라 하기에, 나는 이렇게 써주었다.

"옛날 추성(鄒聖)[3]께서 군자가 사람을 가르치는 도에 대해 논하신 중에 '달재(達才)의 교훈'[4]이 있다. 재주는 사람이 하늘에서 똑같이 받은 것

---

1 어리석다 : 원문은 "鈍根"인데, 원래 불교용어로 불법을 깨닫지 못하는 우둔한 근기를 뜻한다. 확장되어 총명하지 못하고 어리석음을 이르게 되었다.

2 홍순필(洪淳弼) : 다른 인적 사항은 미상인데, 1920년 5월 15일 『동아일보』에 목포에 본부를 둔 전남노동조합에서 홍순필이 위원장을 맡았다는 기사가 있다.

3 추성(鄒聖) : 맹자가 추(鄒)나라에서 태어나 성인으로 추앙받기에 맹자를 이르는 호칭이다.

이다. 진실로 재주가 통달하면 비록 어리석은 자라도 반드시 명석해지고 약한 자라도 강해질 수 있으나, 재주에 통달하지 못하면 어리석고 나약한 사람이 된다. 재주를 통달하게 하는 방도는 다른 것이 아니라 오로지 학문에 달려 있으니, 학교의 이름을 '달재'로 붙이면 좋지 않겠는가? 또 무릇 사람이 학문을 연마함은 농사일과 같아서 논밭을 갈아 씨를 뿌리지 않으면 이는 곧 그 논밭을 버리는 것이다. 김매고 가꾸는 일에 힘을 쓰지 않으면 가을의 수확을 바랄 수 없는데, 갈지 않고 씨 뿌리지 않음은 부형들의 잘못이요, 김매고 가꾸는 일에 힘쓰지 않음은 자제들의 잘못이다. 바라노니 제군들은 땅이 척박함을 근심하지 말고 매일 부지런히 가꾸고 키워 메마른 땅을 기름지게 한다면 훗날 수확할 때 반드시 300개의 창고[5]를 채우는 벼를 거둘 수 있으리니, 어찌 힘쓰지 않겠는가!"

(12호, 55~56면)

4 달재(達才)의 교훈 : 『맹자』 「진심(盡心)」 上에 "군자의 가르치는 바가 다섯 가지이니 때맞춰 오는 비처럼 교화하는 것, 덕을 이루게 하는 것, 인재를 통달하게 하는 것, 질문에 답해주는 것, 혼자 배우게 하는 것 등이 있다. 이 다섯 가지가 군자의 가르침이다[孟子曰, 君子之所以教者五, 有如時雨化之者, 有成德者, 有達財者, 有答問者, 有私淑艾者. 此五者, 君子之所以教也]". 여기서 달재(達財)의 "財"는 "才"와 통한다.

5 300개의 창고 : 원문은 "三百困"으로 "균(困)"은 한 가구의 곳간이니, 많은 곡식을 의미한다. 출전은 『시경(詩經)』 「벌단(伐檀」 이다.

사범학교시험의 답안지

이시완

음력 4월 1일에 평북관찰부사범학교[1] 시험에서 삼화회(三和會)[2] 회원 이시완(李時完)[3]이 제출한 답안지.

문제 : 이러한 경쟁시대를 이르러 어떤 방책이라야 대국(大局)을 유지할 수 있겠는가?

답 : 제가 일찍이 『대한자강회월보』의 글을 읽었기에 대국을 유지할 수 있는 방책을 확실히 알고 있습니다. 이 자강회의 목적은 식산과 교

1 평북관찰부사범학교 : 1906년 "사범학교령"의 반포와 함께 설치된 사립 사범학교 가운데 하나였다. 당시의 평안북도 관찰부는 영변이었다. 당시 사립 사범학교는 서울, 대구, 진주, 원산, 전라도 광주, 평안남도 강서군, 평택 등에 설치되었고 공립은 한성사범학교가 있었다.

2 삼화회(三和會) : 삼화는 평안남도 용강이다. 여기서 삼화회는 대한자강회의 삼화지회를 이르는 것이다.

3 이시완(李時完) : 대한자강회의 삼화지회 회원이었다. 1911년 3월 8일 총독부관보 154호에 따르면 그는 평안남도 진남포부 향교의 직원으로 임명받았다.

육을 급선무로 삼아서 단체의 성과를 하나로 이루어내는 것입니다. 그 간절히 반복된 논설과 연설은 우리의 완고함을 경고하고 우리의 몽매함을 깨우치고 있어, 실로 부강의 기틀이요 문명의 궤도이니 국가 독립의 기초가 필시 이로 말미암아 공고해질 것입니다.

식산으로 말하면, 사농공상은 국민의 중요한 근본입니다. 근본이 공고해야 국가가 비로소 편안해지니 사민(四民)이 자기의 직업을 저마다 잘 닦아서 자유의 생활을 잃지 않게 하는 것이 바로 단체를 이루는 자격입니다. 그런데 지금 단체의 자격이 완전하지 못한 것은 어째서입니까? 그 인종의 품성이 불량해서가 아니요 오관(五官)을 갖추지 못해서도 아닙니다. 단지 자포자기해 버렸기 때문에 노예의 성질을 갖게 되어 혹은 탐욕을 본능으로 삼으며 혹은 의존이 고질(痼疾)로 되어 자기를 해치고 남을 해치며 집안을 해치고 국가를 해치니 어찌 남의 모욕을 면할 수 있겠습니까. 이제부터 뇌리에 박힌 구습을 혁파하며 병든 마음의 티끌을 일소하고, 신사상과 신지식을 발휘하여 농민은 다른 나라보다 우수한 경작을 바라고 상인은 다른 나라보다 왕성한 무역을 바라고 기술자는 기예를, 선비는 학술을 모두 다른 나라보다 정밀해지도록 바라야 합니다. 광산과 철도, 삼림, 어업 같은 것들을 확장하여 발달시킨다면 국가의 부강을 곧바로 기대할 수 있을 것입니다.

교육으로 말하면 윤리 · 정치와 이용후생의 발달이 교육에서 나오지 않는 것이 없습니다. 이에 상고시대부터 반드시 교육이 있어서 천부의 사단(四端)을 회복하며 육예(六藝)의 교과에 통달하였습니다. 그런데 근년에는 윤리의 학문을 폐하고 사장(詞章)의 습속을 숭상하여 겉으로만 수식하니 어찌 문자를 꾸미느라 말의 본뜻을 해치는 것이 아니겠습니까? 하물며 세상의 변화가 이미 극심한데도 여전히 그 습속을 헛되이 지키며 미혹되어 돌이킬 줄을 모르니 어찌 잘못된 일이 아니겠습니까! 이제부터 부패한 묵은 책을 버리고 긴요한 신학(新學)을 널리 채택하여 이를 강습하여 발달시키면 문명의 교화를 이로부터 점차 이루어갈 수 있을 것입니다.

지금 열강이 대치하여 전쟁의 기운이 산과 바다를 흔들고 있습니다. 우리의 미약한 현재 상황으로, 비록 뜻을 다하여 충성을 다한들 어찌 위엄과 무력을 떨쳐서 강한 적들을 막을 수 있습니까. 우리 삼천 리 강토의 무지한 천민(天民)[4]들이 노예가 되고 희생이 되게 하며, 시든 나무처럼 헐떡이는 물고기처럼[5] 필시 점점 죽게 하고 말 것이니 어찌 피를 토하며 통곡할 상황이 아니겠습니까! 지금 나라를 유지할 방법은 식산과 교육에 힘써 스스로 문명과 부강의 방법을 꾀하는 것보다 좋은 것이 없습니다.

옛날에 프러시아의 빌헬름 황제가 프랑스에 패배한 뒤에 정책에 분발하여, 의무교육을 실시한 지 60년 만에 전쟁배상금을 받고 조약을 체결했습니다. 그리고 월나라 왕 구천(句踐)이 오나라에 패배한 뒤에 와신상담의 뜻을 다져 인구를 늘리고 재화를 모으며 백성을 교육한 지 20년 만에 패배를 씻고 복권하였습니다. 이전의 귀감이 이렇듯 분명하게 드러내지 않았습니까. 전국의 우리 동포들도 배고픈 자가 밥을 먹듯이 목마른 자가 물을 마시듯이, 식산과 교육에 힘써 공력을 들이고 급급히 노력하면 우리 대한의 정신이 날로 증진하여 육대주를 능가하고 만 년 뒤까지도 이름을 날릴 것입니다.

피눈물로 쓴 대책(對策)을 부족하나마 마칩니다.

(13호, 71면~72면)

---

4 천민(天民) : 하늘이 낸 백성, 인민을 이르는 말이다.

5 물고기처럼 : 원문은 "涸魚"로, 『장자』 「외물(外物)」에 수레바퀴 자국에 고인 물에서 헐떡이는 물고기를 이르는 학철어(涸轍魚)라는 표현이 나온다.

::『대한자강회월보』 해제

20세기 초 근대계몽기 한국 사회에는 새로운 양식의 '잡지'가 대거 등장했다. 잡지의 성격과 종류는 매우 다양했는데 그 중에서도 이 시기 잡지의 주된 형식을 이룬 것은 매달 발행된다는 의미의 '월보'라는 형태의 잡지였다. 당대의 계몽운동 단체이자 지식인 그룹인 학회가 만든 기관지이자 학술 잡지는 주로 월보로 발행되었으며 그 이름을 열거해 보면 『대한자강회월보』, 『대한협회회보』, 『조양보』, 『대동보』, 『서우』, 『서북학회월보』, 『호남학회월보』, 『기호흥학회월보』, 『교남교육회잡지』, 『태극학보』, 『공수학보』, 『대한유학생회학보』, 『낙동친목회학보』, 『대한학회월보』, 『대한흥학보』 등으로[1] 20여 종에 달한다.[2]

외교권을 빼앗기고 군대가 해산되면서 국권 상실이 임박해오던 시

1 이 시기 잡지들의 개황 및 편집 체제와 지향 등에 대해서는 다음 책에 상세하게 제시되어 있다. 임상석, 『20세기 국한문체의 형성과정』, 지식산업사, 2008, 참조. 열거한 매체들 중에는 격주간이나 격월간, 계간으로 발행되었던 것들도 소수 존재한다.

2 20여 종이라는 숫자는 국한문체로 표기되어 정론과 계몽에 비중을 두었던 잡지들을 기준으로 하여 잡은 것이다. 기독교 관계 잡지나 주부, 아동용의 잡지까지 합치면 30종을 넘을 것이다.

기, 1905년을 전후하여 집중적으로 등장한 근대계몽기 월보는 당대 계몽 지식인들의 다급한 근대지식의 수혈 의지의 표현이자 국가적 위기에 대한 정치 단체들의 대응으로서의 성격을 갖고 있었다.[3] 이미 신문지법(1907), 학회령(1908), 사립학교령(1908), 출판법(1908) 등 법적 제약을 통한 통감부의 외압이 거세지는 가운데 조선의 계몽과 근대화를 모색하고자 했던 조선 지식인들은 '학회'라는 이름의 정치적 결사체를 구성하였고, 자신들의 기관지인 각 학회지를 통해 자신들의 사회적 위상과 정치적 견해를 표명하였던 것이다.

그 가운데 가장 대표적인 계몽단체 중 하나가 '대한자강회(大韓自强會)'이다. 대한자강회는 1906년 3월 31일 장지연, 윤효정, 심의성, 임진수, 김상범 등 5명이 발기하여, 20여 명이 4월 14일 임시회를 열고 임원진을 구성한 뒤 통감부의 허가를 받아 합법적인 단체로 발족하였다. 대한자강회의 구성과 체제는 1, 2호에 걸쳐 게재된 「대한자강회규칙(大韓自强會規則)」 등의 기사에서 자세히 확인할 수 있는데, 구성원은 회원과 찬성원으로 이원화되어 있으며 임원 직책은 회장, 부회장, 평의원, 간사원, 고문 등으로 이루어졌다. 통상회는 매월 1회씩 개최하여 여러 사안을 결정했고 평의회는 통상회 일주일 전에 개최하여 안건을 결정했는데, 총 24회 가량 개최된 통상회는 회의 기본 방침을 결정하는 역할을 했다. 그 외에도 연설회 자리를 꾸준히 마련하여 주요한 대외 활동을 펴는 자리로 활용했다. 평의회는 50여 회 이상 열렸는데 주로 운영위원회의 기능을 담당했던 것으로 보인다. 지회는 모두 25개가 설립되었으며 회원은 약 1,500명이었다. 이들은 훗날 헤이그 밀사 사건으로 인해 고종이 일제에 강제 양위되던 당시, 고종 퇴위를 반대하고 친일단체인 일

---

3 이 당시 학회들의 운동 성격에 대해 임상석은 '대정부 건의서 작성, 각료들과의 면담 요청, 학교 설립, 각 단체들의 이합집산 및 친일 인사들과의 연결 시도에 이르기까지 정치적 성격이 강하게 드러난다'고 지적했다. 임상석, 위의 책. 홍인숙 또한 대한자강회가 '근대주의를 내세운 정치단체로서의 성격이 강하다'고 평가한 바 있다. 홍인숙, 정출헌, 「『大韓自强會月報』의 운동성과 지향 연구」, 『東洋漢文學研究』 30집, 2010.

진회의 성토 운동을 벌이다가 1907년 8월 21일 강제해산 되었다.

『대한자강회월보』는 대한자강회의 기관지로, 1906년 7월부터 1907년 7월까지 총 13호가 발간된 월보 유형의 대표적인 초기 잡지라 할 수 있다. 매 호마다 65~85면 정도의 분량으로 2천 부씩 발행했으며 1부에 15전의 가격에 판매되었다. 전체 구성은 '논설부(論說部), 교육부(敎育部), 식산부(殖産部), 문원(文苑), 사조(詞藻), 본회회보(本會會報), 해외기사(海外記事), 관보적요(官報摘要), 방언(方言), 소설(小說), 회원명부(會員名簿)'로 되어 있다. 그러나 1호에서 5호까지는 주요 목차가 완비되지 못해 기사를 쉽게 분별하기 힘들고 목차와 기사 내용이 일치하지 않는 경우도 종종 있었다. 6호부터는 '논설, 교육, 식산' 등의 주요 분류가 생기고 7호부터 2단 체제로 편집이 정비되었다. 각 권의 권두에 목차가 실려 있지만 모든 글의 제목이 목차에 들어가 있지는 않기 때문에 본문을 직접 확인하면서 실제 실려 있는 글과 필자를 확인해야 한다. 각 권의 목차에 없는 글들은 '축사(祝辭), 서문(序文), 연설문(演說文), 잡록(雜錄), 별보(別報), 투서(投書), 기서(寄書)' 등의 다양한 형식으로 해당 권호 내 곳곳에 실려 있다.

이 중 '논설부(論說部)'는 대한자강회의 정체성과 지향을 강하게 드러내는 부분으로, 핵심 필자들이 직접 쓴 창작 논설이 주를 이루었고, 드물게 양계초 등 청말 사상가의 번역 논설이 실리기도 했다. 1호와 2호는 '논설부'가 따로 독립되어 있지 않으며 각종 축사와 서문, 연설문들이 곳곳에서 산견되고 있어 그 분량만으로 각 권의 절반 가량을 차지한다. 3호 이후에는 논설의 분량이 평균 15면 정도로 유지되었다. '교육부(敎育部)'와 '식산부(殖産部)'는 각각 관련된 분야의 서구의 근대적 분과학문을 번역하여 소개하는 부분으로 11호 이후에는 여기에 '정치부(政治部), 법률부(法律部), 역사지리부(歷史地理部)'가 추가되었다. 근대적 지식을 압축적으로 정리하여 전달하는 성격을 갖고 있었던 이 부분은 월보에서 분량상 가장 큰 비중의 지면이었다. '문원, 사조'는 두세 편의 한시에 유기(遊記)나 전(傳) 계통의 전통적인 한문산문이 2~3면에 걸쳐 실려 있었다. '본회회보, 해외기사, 관보적요' 등은 각각 자강회 회의록, 해외 뉴스, 정부 관련 소식 등을 전하는 기능으로 15면 내외를 차지했으며 11호부터는 여기에 '내지휘보(內地彙報)'가 추가되었다. '방언'은 우리말 어원에 대한 5행 안팎의 간략한 단상이며, '소설'은 5~10행의 짧은 소화(笑話)나 계몽담(啓蒙談) 형식의 한문 산문으로 대개 1~2면의 분량이다. 『대한자강회월보』의 분량은 50면을 기본으로 한다고 제3호에서 언급되고 있으나 70면을 초과하는 것이 보통이었다.[4]

『대한자강회월보』에서 대한자강회의 계몽운동의 방향성 제시 측면에서 가장 눈여겨 볼만한 부분은 '교육부'와 '식산부'이다. 『대한자강회월보』 제7호에 실려 있는 다음 회의록에서 이 점은 뚜렷하게 명시되고 있다.

> 月報編輯員 李鍾濬氏 議案에 本會目的이 教育殖産二者가 主要點인즉 月報目次에 二部롤 特立區別ᄒᆞ고 實地程度롤 條陳縷析ᄒᆞ야 每號揭載然後에 本會目的에 開導ᄒᆞᄂᆞᆫ 要素이오 (…중략…) 尹孝定氏가 再改議ᄒᆞ기롤 教育殖産兩部롤 特定以協贊員ᄒᆞ야 隨宜開協贊會ᄒᆞ야 俾相妥定케 ᄒᆞ자 ᄒᆞ야 動議가 可決되다.[5]

『대한자강회월보』의 편찬위원을 담당했던 이종준은 위 회의에서 '본회 목적이 교육, 식산 두 가지이니 이 두 개의 부를 따로 구별해 두자'는 제안 발언을 하고 있다. 또 초대 평의원이었던 윤효정은 '교육부와 식산부를 담당할 협찬원을 따로 두자'고까지 말하고 있다. 이는 대한자강회라는 조직이 계몽운동의 궁극적인 목적인 '자강(自强)'에 다가가기

4 1호에서 13호까지 각 호별 면수는 다음과 같다. 1호 68면, 2호 70면, 3호 72면, 4호 79면, 5호 64면, 6호 83면, 7호 72면, 8호 70면, 9호 72면, 10호 72면, 11호 86면, 12호 72면, 13호 81면.

5 「本會會報」, 『大韓自强會月報』 7, 1907.1.

위해 가장 시급한 과제로 여기고 있었던 분야가 무엇보다 '교육(教育)'과 '식산(殖產)'이었음을 알게 해준다. 문명의 힘과 경쟁 능력의 부족으로 힘 있는 외세에게 국권이 침탈당하는 현실을 뼈저리게 곱씹어야 했던 이 당시 조선의 지식인들에게 '교육'과 '식산'은 나라의 힘을 배양할 수 있는 가장 직접적인 방책으로 생각되었기 때문일 것이다.

본 편역서는 『대한자강회월보』의 전체 기사를 교육, 학술, 식산 등의 주제 항목에 맞추어 편집하고 주석을 달았다. 이는 기본적으로 대한자강회라는 계몽운동 단체가 실질적인 운동방향으로 스스로 제시한 '교육, 식산, 애국' 등에서 실제로 어떤 내용의 운동을 진행했는지 확인해 보기 위함이다. 또한 이러한 작업은 근대 초입부터 우승열패의 신화 속에서 정신적·물질적 힘을 기르기 위해 고군분투해야 했던 한국 사회의 무의식에 대한 흥미로운 근거 자료가 되어줄 것이라 생각한다. 더 나아가 이 작업이 이 시대를 연구하는 현재의 연구자들에게 애국계몽 진영의 지식인들이 구성했던 '교육 담론', '경제 담론', '사회진화 담론' 등의 구체적인 단면에 접근하게 해주는 효과적인 자료로도 활용될 수 있기를 바란다.

가토 마스오(加藤增雄, 1853~1922) : 일본의 외교관. 대한제국에서 한국 주재 일본공사를 지냈다. 고종의 신임이 두터워 목포, 마산의 개항을 실행시켰고, 경부철도 부설권 획득에 노력하였다. 뒤에 일본의 궁내부고문으로 임명되었다.

강유위(康有爲, 1858~1927) : 중국 청나라 말기 및 중화민국 초의 학자이자 정치가. 자 광하(廣夏). 호 장소(長素). 별명 조이(祖詒). 광둥성 난하이현[南海縣] 출생. 무술변법(戊戌變法)의 중심적 지도자로 양계초 등을 교육했으며 베이징 · 상하이에 면학회(勉學會)를 조직하는 활동을 했다. '변법자강책(變法自彊策)'으로 개혁을 지도했다. 『신학위경고(新學僞經考)』, 『공자개제고(孔子改制考)』, 『대동서(大同書)』 등 많은 저서가 있다.

강위(姜瑋, 1820~1884) : 조선 말기의 학자, 개화사상가로 본관은 진주, 호는 추금(秋琴)이다. 김정희(金正喜)에게 배웠다. 이조판서, 형조판서 등을 역임한 정건조(鄭健朝)와 친분이 있어 그를 수행해 1873~1874년에 청나라에 다녀왔다. 1880년에는 김홍집의 서기로, 1882년에는 김옥균의 수행으로 두 차례 일본에 사행을 다녀왔다. 시인, 고증학자, 개화사상가로 이름이 높아 김옥균, 서광범 등에게 영향을 주었다.

구천(句踐, ?~B.C. 465) : 중국 춘추(春秋) 시대 월(越)나라 왕. 아버지 윤상(允常)이 오왕(吳王) 합려(闔廬)에게 패배하자 구천이 마침내 그 치욕을 갚았다. 합려의 아들 부차(夫差)가 회계에서 구천을 핍박하자 구천은 미녀와 보배를 범려(范蠡)를 시켜 오나라에 바치고 나서 국력을 길러 오나라를 멸망시켰다.

글래드스턴(William Ewart Gladstone, 1809~1898) : 4차례(1868~1974, 1880~1985, 1886, 1892~1994)에 걸쳐 영국 총리를 지냈다. 가장 위대한 영국의 수상으로 평가받는다.

김상범(金相範, 1870~1954) : 본관은 안동으로 충주 출신이며 아버지는 중추원 의관을 역임한 김형식(金亨植)이다. 김상범도 중추원 의관이었으며, 평안북도 창성 및 정주 군수를 역임하기도 했다. 대한자강회의 창립 회원이다. 1898년, 갑오개혁을 주도했던 박영효(朴泳孝), 서재필(徐載弼)에게 노륙(孥戮)의 형벌을 내릴 것을 청하는 상소를 올리기도 했다.

김성희(金成喜, ?) : 호는 송당(松堂), 대한자강회, 대한협회의 임원을 지냈고 국채보상운동에도 참여하였다. 『대한자강회월보』와 『대한협회회보』에 교육, 식산, 정치 등 다양한 주제의 글을 다수 게재하였다.

김윤식(金允植, 1835~1922) : 한말의 문신. 영선사(領選使)로 청나라와의 외교에 관여했으며 병조판서 등을 역임하였다. 정치적 알력으로 17년간 유배 생활을 하기도 하였다.

1910년 한일병합 조인에 가담하여 일본으로부터 자작 작위를 받았으나, 흥사단 등의 민족운동에 참여하기도 하였다.

남궁훈(南宮薰, ?) : 본관은 함열이고 강원도 홍천 출신이다. 관동학회의 발기인으로 이후, 대한자강회, 대한협회의 간부를 지냈고 회양군수를 지냈다. 1921년에 조선일보 사장에 취임했으며 1928년 조선교육회 회장으로 민립대학 설립에 관여했다. 시인 남궁벽(1894~1921)의 부친이기도 하다.

뉴턴(Sir Issac Newton, 1643~1727), 영국의 과학자로 중력을 발견하는 등, 물리학, 수학, 천문학 등 다방면에 업적을 남겨 근대과학의 비조로 꼽힌다.

다카다 사나에(高田早苗, 1860~1938) : 일본의 정치가 · 교육가이며, 와세다대학 총장, 문부대신을 지냈다. 1907년 4월 와세다대학이 교장–학감에서 총장–학장으로 직제가 바뀔 때 학장으로 취임하였다.

라트겐(Karl Rathgen, 1856~1921) : 독일의 경제학자로 함부르크대학 초대 총장이었다. 1882~1890년 동안 도쿄제국대학에서 법학과 통계학, 행정학을 가르쳤고 일본 농무성의 고문을 지냈다.

라이 산요(賴山陽, 1780~1832) : 에도 시대 후기의 역사가이자 문인. 유학자 가계에서 태어났으며, 막부를 배척하고 천황을 옹립하려 했던 메이지 유신의 사상적 배경이 된 『일본외사(日本外史)』를 저술했다.

라이프니츠(Gottfried Wilhelm Leibniz, 1646~1716) : 독일의 철학자, 정치가, 외교관이다. 미적분학을 창안하는 등 자연과학 분야에 다양한 업적을 남겼다. 철학적으로 모나드론을 주장했다.

라인(Wilhelm Rein, 1847~1929) : 독일의 교육학자. 슈토이와 칠러에게 배워 후기 헤르바르트 학파의 대표자가 되었다. 예나대학교의 교수로 교육학 발전에 공헌했다.

로크(John Locke, 1632~1704) : 영국의 철학자, 정치사상가이다. 인식론의 창시자이며 계몽철학을 주장하며 자연권 사상을 확립했다. 『인간오성론』(1690), 『교육론』(1693) 등을 저술했다.

루소(Jean Jacques Rousseau, 1712~1778) : 프랑스의 철학자, 작가, 계몽사상가이다. 스위스 제네바에서 태어났고 사회계약론, 직접민주주의, 공화주의를 주장했다. 『에밀』 등의 소설도 남겼고 『사회계약론』 등은 전유럽에 큰 영향을 끼쳤다.

마치니(Giuseppe Mazzini, 1805~1872) : 이탈리아의 혁명가이며 통일운동 지도자. 마르세유에서 청년 이탈리아당을 결성하여 이탈리아를 공화 정치로 통일할 것을 호소하고, 로마 공화국을 수립하였으나 프랑스군의 간섭으로 실패한 후 망명하였다.

몽테뉴(Michel Eyquem de Montaigne, 1533~1592) : 프랑스의 사상가 · 모랄리스트. 프랑스 르네상스기(期)를 대표하는 철학자이자 문학자이며 『수상록』의 저자이다. 자기의 체험과 독서생활을 근거로, 있는 그대로의 인간, 변천하는 대로의 인간을 그렸다. 자연에 대하여 단순히 몸을 맡기는 데에 인생의 지혜를 추구하였다.

몽테스키외(Baron de La Brde et de Montesqu, 1689~1755) : 계몽주의 시대 프랑스의 정치사상가. 권력분립에 대한 명확한 설명을 제시하여 많은 근대 국가 헌법에서의 분립주의 원칙의 기반을 제공한 인물이다.

묵적(墨翟, 묵자(墨子), B.C. 420?~390?) : 전국 시대 노(魯) 나라의 철학자. 제자백가(諸子百家)의 하나인 묵가(墨家)의 시조로서 그의 겸애설(兼愛說)은 일종의 공리주의적인 박애의 원리로서 유가의 인(仁) 사상과, 상동설(尙同說)은 평등주의 세계관으로서 유가의 차등을 인정하는 화(和)의 세계관과 비교된다.

문왕(文王, ?) : 중국 주나라 무왕의 아버지. 이름은 창(昌). 기원전 12세기경에 활동한 사람으로 은나라 말기에 태공망 등 어진 선비들을 모아 국정을 바로잡고 융적(戎狄)을 토벌하여 아들 무왕이 주나라를 세울 수 있도록 기반을 닦은 인물로, 고대의 이상적인 성인 군주의 전형으로 꼽힌다.

미쓰지 주조(三土忠造, 1871~1948) : 일본의 교육관료. 카가와현[香川縣] 출신으로 한학자 미쓰지 가에 양자로 들어갔다. 동경고등사범학교 졸업. 대한제국의 교육제도 조사에 참가하여 이를 계기로 정치에 관심을 가지게 되었다. 그 후, 중의원, 동경일일신문 편집장, 대장성 참사관을 거쳐 문부대신, 대장대신, 내무대신을 역임하여 정계의 중진이 되었다.

민영휘(閔泳徽, 1852~1935) : 대한제국기의 문신. 본관은 여흥(驪興). 자는 군팔(君八), 민씨 척족의 중심인물로 도승지, 이조판서, 병조판서 등을 역임하면서 탐관오리로 악명을 떨쳤다. 동학농민전쟁에서 원세개를 불러 들였으며 갑오개혁으로 실각했다. 그 후, 일제의 세력을 배경으로 중추원의장, 시종원경 등을 역임하였다. 1910년 한일병합의 공으로 자작 작위를 받았다. 1906년 휘문학교를 설립하였다.

박은식(朴殷植, 1859~1925) : 본관은 밀양이고 황해도 황주 출신이다. 호는 겸곡(謙谷), 백암(白巖)이다. 고향에서 한학을 수학하고 1882년에 상경하여 임오군란을 목격했다. 이후, 평안도의 박문일(朴文一)에게 배웠다. 『황성신문』, 『대한매일신보』 주필로 활동하고 『대한자강회월보』, 『서우』, 『서북학회월보』 등에도 자주 글을 게재하였다. 신민회에 참가하는 등 애국계몽운동을 전개했다. 1910년 이후에는 중국으로 망명하여 임시정부 대통령을 지내는 등 항일운동에 참여하는 한편, 『한국통사(韓國痛史)』, 『한국독립운동지혈사(韓國獨立運動之血史)』 등을 저술하였다.

박제순(朴齊純, 1858~1916) : 본관은 반남, 경기도 용인 출신이다. 성균관대사성, 이조참판 등을 지내고 외부대신, 내부대신에까지 올랐다. 1910년 이후에 일제로부터 자작 작위를 받고 중추원고문을 지냈다. 대한제국의 외교에 깊이 관여하고 이완용에 적극 협력하였다. 을사오적의 하나이다.

베인(Alexander Bain, 1818~1903) : 스코틀랜드의 철학자, 심리학자. 애버딘대학 교수를 역임하면서 교육가로서도 업적이 컸다. 존 스튜어트 밀과 가까운 관계를 유지했다. 그의 심리학 저서는 일본에서 번역되어 한국에도 영향을 끼쳤다. 주요저서로 *On the Study of Character*(1861), *Mental and Moral Science*(1868), *Mind and Body*(1873) 등이 있다.

볼테르(Voltaire, 1694~1778) : 본명은 프랑수아 마리 아루에(François Marie Arouet)로 프랑스의 사상가, 작가이다. 전제정치에 반대하는 자유사상가로 명성을 얻었으며 『캉디드』, 『관용론』 등을 남겼다.

브렌타노(Franz Brentano, 1838~1917) : 독일의 철학자 · 심리학자. 가톨릭 사제(司祭)이며 아리스토텔레스와 토마스 아퀴나스적인 실재론 철학을 배경으로 철학의 학문적 기초를 다졌다.

비스마르크(Otto Eduard Leopold von Bismarck, 1815~1898) : 독일의 정치가. 프로이센 총리로 '철혈정책'으로 독일을 통일했다. 보호관세정책으로 독일의 자본주의 발전을 도왔으나 전제적 제도를 그대로 남겨놓았다. 통일 후 유럽의 평화 유지에 진력하였으며 여러 동맹과 협상 관계를 체결했다.

빌헬름 1세(Wilhelm 1, 1797~1888) : 프러시아 국왕, 북독일 연방 의장, 독일제국 황제를 지냈다. 비스마르크를 등용하여 내정을 다스리고, 보오전쟁과 보불전쟁에 승리하여 1871년에 독일제국 황제가 되었다.

서상집(徐相集, 1865~1897) : 조선 말기의 문신. 본관은 대구(大丘). 자는 윤성(允成). 궁내부특진관 칙임관4등 공순(公淳)의 아들. 홍문관수찬(弘文館修撰), 부교리, 부호군(副護軍)을 지냈으며 갑오경장 이후 군국기무처회의(軍國機務處會議)에 회의원이 되고 그해 공무아문참의(工務衙門參議)를 역임하였다.

설총(薛聰, 655~?) : 신라의 학자로 아버지는 원효대사이고 어머니는 요석공주로 홍유(弘儒)의 시호가 고려 때, 추증되었다. 우리말로 경전을 가르쳐 유학의 종주가 되었다고 한다. 문묘에 배향되었다. 이두와 향찰의 집성에 공헌이 있었다고 한다.

설태희(薛泰熙, 1875~1940) : 유학자 · 계몽운동가. 호는 오촌(梧村), 필명은 반구실주인(反求室主人) · 반구자(反求子). 평안도 단천 출신. 대한자강회, 서북학회의 임원으로서 많은 논설을 기고했다. 갑산군수(甲山郡守), 영흥군수(永興郡守), 조선경제회 이사, 민우회 의원, 민립대학기성준비위원, 조선물산장려회 이사, 물산장려회 고문 등을 역임했으며 『대학신강의(大學新講義)』, 『다반경작(茶飯更嚼)』 등의 저술을 남겼다.

성삼문(成三問, 1418~1456) : 조선의 문신, 본관은 창녕, 충남 홍성 출신으로 시호는 문충

(文忠)이다. 훈민정음 창제에 공헌했고 예조참의를 역임했다. 사육신의 한 사람이다.

소무(蘇武, B.C. 140?~B.C. 80) : 중국 전한의 정치가. 자는 자경(子卿). 흉노에 사신으로 갔다가 잡혀 19년간 억류되었다가 귀국했는데, 절개를 굳게 지킨 공으로 전속국(典屬國)에 임명되었다.

손병희(孫秉熙, 1861~1922) : 항일 독립운동가. 자는 응구(應九) · 규동(奎東). 호는 의암(義菴). 1882년 천도교에 입교하여 1887년에 제3대 대도주(大道主)가 되었다. 3 · 1운동의 33인 대표 중의 한 명이었다.

순자(荀子, B.C. 315?~230?) : 조(趙)나라의 유학자(儒學者). 산서성(山西省) 출신으로 이름은 황(況). 맹자의 성선설에 반대하여 인간의 본성은 악하게 태어났기 때문에 그대로 방치해서는 안 되고, 예(禮)와 의(義) 등으로 규제하여 악한 본성을 제거해야 한다는 성악설을 주장했다.

슈타인(Heinrich Friedrich Karl vom und zum Stein, 1757~1831) : 프러시아의 정치가. 프러시아가 1806년 프랑스에 패전하자 슈타인개혁이라 불리는 일련의 쇄신책을 단행하여 농민해방, 내각제, 도시 자치권 확립 등을 기도한 인물이다.

슈토이(Karl Volkmar Stoy, 1815~1885) : 독일의 교육학자로 헤르바르트 학파의 중심인물이다. 예나대학에 근무하면서 교육학 발전에 공헌했다.

시데하라 타이라(幣原坦, 1870~1953) : 한국사를 전공한 역사학자이자 교육 관료. 야마나시현 출신. 도쿄제대 국사학과 졸업. 도쿄고등사범학교 교수, 대한제국 학정 참여관, 문부성 시학관, 도쿄제대 교수 역임. 타이페이 제국대학 창설에 노력하여 초대총장이 되었고 2차대전 후에는 추밀고문관을 지냈다.

시모타 우타코(下田歌子, 1854~1936) : 일본의 교육가이자 가인(歌人)이다. 기후현의 번사 집안 출신으로 여관(女官)이 되어 궁중에 출사하였다. 유학(儒學)의 학식에 더해 와카[和歌]의 재능이 뛰어나 메이지 황후의 총애를 받았다. 여자교육의 사정을 조사하기 위해 구미를 시찰하였다. 제국부인협회를 설립하고 짓센[實踐]학원 법인을 창설하여 여러 여학교를 세우고 운영하였다. 지금도 짓센 여자대학, 짓센 여자단기대학, 짓센 여중고 등이 운영되고 있다.

신숙주(申叔舟, 1417~1475) : 조선의 문신, 본관은 고령이고 시호는 문충(文忠)이다. 도승지를 거쳐 예문관대제학, 병조판서를 거쳐 삼정승을 지냈다. 외교와 학술, 역사편찬 및 군사 방면에까지 두루 업적을 남겼다.

심의성(沈宜性, 1873~?) : 본관 청송, 자 경명(敬明). 부는 심능욱(沈能昱). 고종 31년(1894) 갑오 식년시 진사에 급제한 후 태학의 유학생 신분으로 '축사(祝辭)를 개정하고 공자 성사(聖師)를 높이는 대법을 시행하도록 상소'를 올렸다. 중추원 3품 관원, 파주 군수를 역임하였다. 대한자강회 회원으로 활동하며 「이공업재설(理工業財說)」, 「공업이 재술(工業理財術)」 등의 논설을 실었다.

양계초(梁啓超, 1873~1929) : 청나라 학자 · 정치가. 강유위(康有爲)의 제자. 강유위와 함께 변법자강운동(變法自强運動)을 전개한 계몽사상가(啓蒙思想家). 750만여 자(字)에 이르는 방대한 저술을 남긴 문필가. 교육가. 중국 근대신문의 토대를 형성한 언론인. 중국 근대 역사학의 창시자이다.

양주(楊朱, B.C. 440?~360?) : 전국시대(戰國時代) 사상가이며 위아설(爲我說)을 제창한 인물이다. 맹자에 의하면, 양주의 위아설은 세계를 위한 일이라고 해서 털 하나라도 자신을 희생으로 삼는 것을 거부한다는 철저한 자기중심주의 사상이다. 그 요점은 생명 존중과 감각적 욕망의 해방과도 관계가 있다.

오가키 다케오(大垣丈夫, 1861~1929) : 계몽운동가를 내세웠지만, 정치 낭인 내지 브로커의 역할을 한 것으로 보인다. 필명은 금릉거사(金陵居士). 친일단체인 갑자구락부(甲子俱樂部)를 조직하고, 무당과 박수로 조직된 친일단체 경신무격조합(敬神巫覡組合)을 총지휘. 『조선신사대동보(朝鮮紳士大同譜)』, 『청년입지편(靑年立志編)』 등을 저술했다.

왕망(王莽, ?~B.C. 80) : 중국 한(漢)나라의 외척으로 한나라를 멸망시키고 신(新)나라를 세웠다. 그는 토지 제도를 개혁하여 천하의 토지를 전부 왕전(王田)으로 하여 매매를 금지했다.

윌리엄 펜(William Penn, 1644~1718) : 영국 퀘이커교의 지도자. 퀘이커교도들, 다른 비국교도, 유럽의 소수 종파들을 위한 도피처로서의 아메리카 펜실베이니아 연방의 설립한 종교의 자유 옹호자이다.

유근(柳瑾, 1861~1921) : 언론인 · 애국계몽운동가. 본관은 진주(晉州). 호는 석농(石儂). 경기도 용인 출신으로 『황성신문(皇城新聞)』 창간자 중 한 사람이며, 독립협회 · 대한자강회 · 대한협회 · 신민회 · 조선광문회에서 활동했다. 3 · 1운동 이후 개최된 13도 대표자의 국민대회에 대종교계 대표로 참석하여 임시정부인 한성정부의 정부체제 선택 및 각료 선정에 참가했다. 『신정동국역사(新訂東國歷史)』 · 『초등본국역사(初等本國歷史)』 · 『신찬초등역사(新撰初等歷史)』 등의 저술이 있다.

유형원(柳馨遠, 1622~1673) : 조선의 실학자이다. 본관은 문화이며 서울 출신으로 호가 반계(磻溪)이다. 김세렴(金世濂)과 이익의 당숙인 외삼촌 이원진(李元鎭)에게 배웠다. 과거를 포기하고 32세부터 죽을 때까지 전라도 부안군 우반동에 은거하였다. 여기서 다양한 저술을 했으나 현재 『반계수록(磻溪隧錄)』만이 남았다. 그의 사상은 이익, 안정복, 정약용에게 이어졌고 실학의 비조로 불린다.

윤치호(尹致昊, 1865~1945) : 정치가 · 계몽운동가. 호는 좌옹(佐翁). 본관은 해평(海平). 부친은 무관(武官) 출신의 개화파 인물 웅렬(雄烈). 대한자강회(大韓自强會) 회장, 평양의 대성학교(大成學校) 교장, YMCA 회장, 연희전문학교·기독연합재단법인·세브란스의학전문학교·이화여자전문학교 이사, 연희전문학교 교장, 흥업구락부 회장 등을 역임했다. 『우스운 소리』, 『영어문법첩경(英語文法捷徑)』, 『찬미가(讚美歌)』, 『의회통화규칙』, 『이솝우화』, 『걸리버 여행기』 등의 저역서가 있다.

윤효정(尹孝定, 1858~1939) : 조선 말기의 독립운동가. 본관은 파평(坡平). 호는 운정(雲庭), 별호는 조양(朝陽). 경기도 양주 출신으로 탁지부주사를 지내고, 고베[神戶]에서 조일의숙(朝日義塾)을 세워 한국 유학생들을 수용했다. 독립협회에서 활동했으며 대한자강회와 대한협회를 함께 조직했고, 저서로는 『풍운한말비사』가 있다.

이가백(李佳白, 1857~1927) : 원명은 Gilbert Reid로 미국에서 태어나 선교사로서 1882년 중국에 들어와 활동했다. 교육, 사회, 종교, 언론의 각종 방면에서 활동하고 이홍장 등과도 교유하였다. 상해에서 죽었다.

이기(李沂, 1848~1909) : 애국계몽운동가. 자는 백증(伯曾), 호는 해학(海鶴)·질재(質齋)·재곡(梓谷). 본관은 고성(固城). 전라북도 김제(金堤) 출신. 을사조약 체결 이후 대한자강회(大韓自强會), 자신회(自新會)를 조직하여 민중 운동과 항일 운동을 함. 『대한강역고(大韓疆域考)』 발문을 썼으며, 『호남학보(湖南學報)』, 『조양보(朝陽報)』, 『야뢰보(夜雷報)』, 『호남학보(湖南學報)』 등에 서문 및 논설을 기고했다. 문집으로는 『이해학유서(李海鶴遺書)』가 있다.

이능화(1869~1943) : 역사학자이자 민속학자로 본관은 전주이며 충북 괴산 출신이다. 아버지는 군국기무처 회의원을 역임한 이원긍(李源兢)이다. 관립법어학교에서 수학하는 등 영어, 프랑스어, 일어 등에 능통했다. 한성법어학교 교장과 국문연구소 위원을 역임했다. 이후, 불교진흥회 이사와 조선총독부의 조선사편수회 위원을 지내며 『조선불교통사』(1918), 『조선해어화사』(1926) 등 한국학 관계 저서를 남겼다. 일본제국주의에 협력한 혐의가 있어 친일반민족행위 704인 명단에 포함되었다.

이사(李斯, ?~B.C. 208) : 진(秦)나라의 명재상. 초(楚) 상채(上蔡 : 지금의 하남성 상채) 출신으로, 진시황(秦始皇)을 도와 육국(六國)을 통일하여 진(秦)의 법치주의 기반을 확립하는데 큰 기여를 한 인물. 통일 진나라의 도량형과 소전체 한문을 보급하였다. 진시황 사후, 진승과 오광의 반란 시에 조고의 탄핵으로 오형(다섯 가지 형벌)을 받아 참형되었다.

이용구(李容九, 1868~1912) : 경상북도 상주 출신이다. 1890년에 동학에 입교하여 손병희 등과 최시형의 고제(高弟)가 되었다. 1904년까지는 진보회를 조직하는 등 손병희를 도왔으나, 송병준과 손을 잡고 진보회를 일진회에 통합하여 러일전쟁에서 일본군에 협력했다. 1905년 손병희가 동학을 재조직한 천도교와 맞서서 시천교를 창설하고 교조가 되었다. 을사조약 체결에 앞장서고 고종양위 운동을 하는 등 친일파로 악명을 떨쳤다.

이용직(李容稙, 1852~1932) : 한말의 문신. 형조참판, 대사헌 등을 역임하였다. 1909년 이완용 내각 학부대신에 발탁되고, 국권피탈에 협력한 공으로 자작 작위를 받았다. 총독부 중추원고문 · 경학원 부제학을 지냈으나, 3 · 1운동에 가담했다는 혐의로 작위를 몰수당했다.

이익(李瀷, 1681~1763) : 조선 후기의 실학자. 자는 자신(子新), 호는 성호(星湖), 본관은 여주. 숙종 31년(1705) 증광시에 합격했으나 성명을 기록한 양식이 맞지 않아 회시에 응시 못하고 이후 학문 연구에만 몰두 근기실학(近畿實學)의 발원(發源)을 이루었다. 『성호선생문집』, 『성호선생속집』, 『질서(疾書)』, 『성호사설(星湖僿說)』, 『곽우록(藿憂錄)』, 『백언해(百諺解)』 등의 저술이 있다.

이재곤(李載崑, 1859~1943) : 본관은 전주이고 출신지는 경기도 양주이다. 왕족으로 학부대신을 역임하고 한일신협약 체결에 적극 협조하여 일본정부로부터 훈장을 받았다. 1910년 이후 일제에게 자작 작위를 받았다.

이종준(李鍾濬, ?) : 호는 만당(晩堂). 대한자강회 회원으로 활발한 활동을 했으며 『황성신문』에 기고문을 남긴 사항 외에는 인적 정보가 모두 미상이다.

이준(李儁, 1859~1907) : 본관은 전주이고 함남 북청 출신이다. 1895년 법관양성소를 졸업하고 일본으로 건너가 와세대대학 법과를 졸업하고 귀국하였다. 독립협회, 비밀결사, 한북흥학회 등 계몽운동과 항일운동에 참여했다. 국채보상운동에 참여하고 신민회에도 가입했다. 1907년 네덜란드 헤이그의 평화회의에 고종의 밀서를 가지고 참석하여 순국하였다.

임진수(林珍洙, ?) : 별호는 하정(荷汀). 1898년 만민공동회(萬民共同會) 서기를 역임했고 회장 윤치호(尹致昊), 부회장 이상재(李商在) 등과 함께 10월 종로에서의 공개연설회 등에 참가했다. 대한자강회를 발족한 최초 5인 중의 한사람이고, 동회 평의원을 지냈다.

잔 다르크(Jeanne d'Arc, 1412~1431) : 프랑스의 국민적 영웅이자 로마 카톨릭교회의 성인이다. 신으로부터의 계시를 받았다고 주장하며 1429년에 프랑스군을 지휘하기 시작하여 영국군의 여러 요새를 탈환했다. 이로써 백년전쟁의 전황을 프랑스에 유리하게 바꾸는 데 결정적인 역할을 했다. 1430년에 적군에게 사로잡혀 1431년 영국 점령지인 루앙에서 종교재판을 받고 화형 당했다. 백년전쟁이 1453년에 프랑스의 승리로 끝나는데, 1452년에 로마 교황청에서는 그녀의 종교재판을 재조사하기 시작했다. 1456년 그녀는 무죄를 선고받고 1920년에는 교황청에 의해 성인으로 시성되었다.

장지연(張志淵, 1864~1921) : 언론인. 자는 순소(舜韶), 호는 위암(韋庵) · 숭양산인(崇陽山人), 초명은 지윤(志尹). 본관은 인동(仁同). 조선시대 예학가 장현광의 12대 후손. 『황성신문』 사설(社說) 「시일야방성대곡(是日也放聲大哭)」의 저자로 만민공동회(萬民共同會) 총무위원, 『시사총보(時事叢報)』 · 『해조신문(海潮新聞)』 · 『경남일보』 주필, 황성신문사(皇城新聞社) 사장을 역임했다. 『대한신지지(大韓新地誌)』, 『중등수신교과서』, 『고등소학독본』, 『녀자독본』, 『채소재배전서』, 『조선유교연원(朝鮮儒敎淵源)』, 『대한강역고』 등의 저서가 있다.

정운복(鄭雲復, 1870~1920) : 황해도 평산군 출신으로 호는 극재(克齋)이다. 오사카 상업학교를 졸업하고 1897년에는 영국 유학도 경험했다. 친일개화파로 활동하다가 1899년에 흑산도에 3년간 유배되었다. 1906년 이갑(李甲)과 서북학회를 결성했다. 『제국신문』과 통감부 기관지 『경성일보』의 주필로 활동하였다. 친일파로 악명을 떨쳤고 2006년 친일반민족행위 106인 명단에 포함되었다. 소설가 정인택의 아버지이기도 하다.

정인지(鄭麟趾, 1396~1478) : 조선 초기의 문신으로 본관은 하동이고 시호는 문성(文成)이다. 부제학, 예문관제학을 거쳐 이조판서, 공조판서를 역임했다. 문한과 학술, 역사 편찬에 큰 업적을 남겼다.

존 듀이(John Dewey, 1859~1952) : 미국의 철학자이자 교육학자. 미네소타 · 미시간 · 시카고 · 컬럼비아 각 대학 교수를 역임했고 '전국교육협회' 명예회장을 지냈다. 서민의 경험을 프래그머티즘에 의해 소화하여 보편적 교육학설을 창출하여 세계 사상계에 기여했다. 『논리학－탐구의 이론』, 『경험으로서의 예술』 등의 저서가 있다.

존 스튜어트 밀(John Stuart Mill, 1806~1873) : 영국의 철학자, 정치경제학자이다. 제임스 밀의 장남으로 벤담에게도 배웠다. 동인도회사에서 근무했다. 정치, 경제, 논리학 부분에서 방대한 저술을 남겼다.

제임스 밀(James Mill, 1773~1836) : 영국의 정치학자, 경제학자, 계몽주의자이다. 스코틀랜드 출신으로 동인도회사 간부로 재직했다. 벤담과 함께 공리주의와 자유주의 사상을 펼쳤다.

지석영(池錫永, 1855~1935) : 본관은 충주이고 서울 출신으로 호는 송촌(松村)이다. 1880년 김홍집을 수행하여 일본에 가서 종두법을 배워서 조선에 종두를 시행하였다. 1887년에는 개화당과 도당을 이루었다는 혐의로 6년 동안 유배되었다. 유배에서 풀려난 후, 승지와 동래부사를 지냈고 1899년 경성의학교 교장에 취임하여 10년간 재직하였다. 1908년 국문연구소 위원이 되었다. 다수의 의학서를 출간하고 옥편 『자전석요(字典釋要)』를 간행하였다.

최정덕(崔廷德, 1865~?) : 친일파 정치가. 관립소학교 교원 등을 지내다가 독립협회에 참여하였는데, 1899년에 독립협회에 반대하는 관료들을 노리고 폭탄 테러 사건을 일으키고 일본으로 도피하였다. 일진회의 총무로 일제에 적극 협력하고 중추원 부찬의 등을 지냈으며 일본 정부로부터 여러 차례 상훈을 받기도 하였다.

최항(崔恒, 1409~1474) : 조선의 문신이자 학자. 본관은 삭녕이고 시호는 문정(文靖)이다. 집현전에 오래 근무하며 훈민정음 창제에 공헌했다. 도승지를 거쳐 형조판서, 공조판서를 역임하고 삼정승을 두루 지냈다. 학술과 역사, 법전 편찬 등에 업적이 컸다.

칠러(Tuiskon Ziller, 1817~1882) : 독일의 교육학자. 라이프치히대학교 교수로 재직하며 대학에 교원양성시설과 특수아동 수용시설을 설치한 인물. 과학적 교육학협회를 창립하고 연감(年鑑)을 발행하는 등 헤르바르트 교육학의 진흥 · 보급에 힘썼다.

카부르(Camillo Benso Cavour, 1810~1861) : 피에몬테 출신의 정치가이며 보수주의자. 국제적 대립 관계와 혁명 운동을 이용해 왕가중심의 이탈리아 통일을 이룩했으며 새 왕국의 초대총리를 역임했다.

칸트(Immanuel Kant, 1724~1804) : 독일의 철학자. 서유럽 근세철학의 전통을 집대성하고 전통적 형이상학을 비판하여 비판철학을 주창한 인물로 『순수이성비판』, 『실천이성비판』, 『판단력비판』 등의 저서를 남겼다.

코페르니쿠스(Nicolaus Copernicus, 1473~1543) : 폴란드의 천문학자. 의학을 공부하고 영국에 유학하여 신학과 천문학을 배웠고 목사, 의사로 활동하였다. 지동설을 주장한 저서 『천체궤도의 회전에 대하여』(1543)가 죽기 직전에 출간되었다.

크롬웰(Oliver Cromwell, 1599~1658) : 영국의 정치가이자 군인이다. 영국 동부의 지주 가문 출신이다. 1642년 왕당파와 의회파 사이에 내전이 일어나자 청교도혁명을 일으켜 1651년까지 내전을 계속했다. 1647년에 국왕 찰스 1세를 처형하고 1651년에는 찰스 2세를 프랑스로 축출했다. 이후 호국경에 취임하여 독재정치를 했다. 사후 아들이 호국경에 취임했으나, 1660년에 왕정이 복고해 찰스 2세가 즉위했다.

페스탈로치(Johann Heinrich Pestalozzi, 1746~1827) : 스위스의 교육가로 어릴 적에 부모를 여의고 가난하게 생활했다. 취리히대학에서 수학하던 당시 루소의 영향을 받았다. 사회개혁, 교육개혁, 빈민 운동에 참여하며 교육 관계 저술도 많이 남겼다. 고아와 빈민의 교육에 공헌이 컸으며 헤르바르트와 프뢰벨에게도 영향을 끼쳤다. 그의 업적으로 스위스의 문맹률이 하락했다고 한다.

프리드리히 프뢰벨(Friedrich Wilhelm August Fröbel, 1782~1852) : 독일의 교육가. 그리스하임에 일반 독일 교육연구소를 창설하였고 블랑켄부르크에 세계 최초의 유치원을 세워 유아교육에 앞장섰다. 이후 보모양성과 유치원사업 보급에 주력함과 동시에 여성교육의 발전에도 힘썼다.

하라 로쿠로(原六郞, 1842~1933) : 일본의 지사, 군인, 실업가이다. 효고현의 대지주 집안에서 태어나 메이지 유신에서 공을 세우고 미국과 영국에 유학하였다. 도쿄 저축은행과 요코하마 정금은행(正金銀行)을 세우는 등 실업계에서 활약했다.

한치유(韓致愈, 1857~?) : 정치가, 성균관 교수, 내부 참서관, 미국공사관 서기생, 일본공사관 참서관 및 유학생 감독 등을 역임하였다. 한일병합 뒤에는 전라남도 도참사 등을 지냈다. 일본 유학생들의 학회지인 『태극학보』에 「태극학보총설」 등을 연재한 바 있다.

허버트 스펜서(Herbert Spencer, 1820~1903) : 영국의 사회학자. '경쟁과 도태'를 '자연의 원칙'으로 보고 사회를 단순한 기계적 집합 이상의 '유기체적 몸'으로 보는 사회진화론을 창시하였다. 심리학과 수사학에 관계된 방대한 저술을 남겼다.

헤겔(George Wilhelm Friedrich Hegel, 1770~1831) : 독일 관념론 철학의 완성자. 『정신현상학』, 『대논리학』, 『법철학』 등의 방대한 저서를 남겼다. 그의 철학은 프러시아의 정치체제에 적합한 이념을 가졌지만, 마르크스 같은 좌파 이론가들에게도 큰 영향을 미쳤다.

헤르바르트(Johann Friedrich Herbart, 1776~1841) : 독일의 교육학자이며 철학자이자 교육사상가. 괴팅겐 대학과 쾨니히스베르크 대학교에서 강의하며 최초의 대학 부속학교인 실험학교를 설립했다. 윤리학과 심리학에 기초를 둔 교육학을 조직하였고, 교육의 궁극적 목적을 도덕적인 성격의 형성이라고 주장하며 세계 각국의 교육계에 큰 영향을 준 인물로, 주요 저서로는 『교육학 강의 강요(綱要)』가 있다.

헬무트 폰 몰트케(Helmuth von Moltke, 1800~1891) : 덴마크 출신의 프로이센 장군. 보불전쟁(普佛戰爭, 1870.7~1871.5)에서 프로이센의 20만 군대를 지휘하여 승리를 이끌었다.

홍필주(洪弼周, 1857~1917) : 충남 아산 출신으로 1904년 한일의정서가 체결되자 나철(羅喆), 이기(李沂) 등과 신사소청(紳士疏廳)을 설치하여 상소를 올리고, 1907년 나철, 이기와 같이 을사오적을 주살하고자 노력하는 등 항일운동과 계몽운동에 참여하였다. 대한자강회, 대한협회에서 간부로 활동하고 1910년 이후에는 기호흥학원(畿湖興學院)의 학무부장을 역임했다. 1990년에 건국훈장 애국장을 추서 받았다.

후쿠자와 유키치(福澤諭吉, 1834~1901) : 바쿠후(幕府) 말기의 난학자(蘭學者), 계몽사상가. 『서양사정(西洋事情)』, 『학문의 진보』, 『문명론의 개략』을 집필하여, 메이지 유신 당시 일본 사회에 큰 영향력을 끼쳤다. 서구식 자유주의를 표방하며 천부인권과 국민의 권리, 국가 자주권 등의 근대적 개념을 소개한 동시에 강한 민족주의 형성을 주장하여 훗날 일본의 침략적 제국주의 사상의 기반을 제공한 인물이기도 하다.

인명 및 기타

서명